KB036133

# 지속가능한 통일론의 모색

대북·통일정책에 대한 성찰과 남남갈등의 대안

이 도서의 국립중앙도서관 출판시도서목록(CIP)은 서지정보유통지원시스템 홈페이지(http://seoji.nl.go.kr)와 국가자료공동목록시스템(http://www.nl.go.kr/kolisnet)에서 이용하실 수 있습니다. (CIP제어번호 : CIP2014006845)

# 지속가능한 통일론의 모색

## 대북·통일정책에 대한 성찰과 남남갈등의 대안

조한범 외 지음

한울
아카데미

# 머리말

오늘날 한국 사회는 민주주의와 시장경제 발전의 양면에서 모두 성공한 국가로 평가받고 있다. 한국은 제2차 세계대전 이후 원조를 받던 나라에서 원조를 주는 나라로 전환한 최초의 사례로서 정치와 경제 두 분야에서의 발전을 바탕으로 경제협력개발기구(OECD) 진입에 성공했다. 그러나 한국의 급속한 성장의 이면에는 다양한 형태의 문제들이 잠재해 있으며, 특히 사회갈등은 오랫동안 한국 사회에 부정적 영향을 미쳐왔다. 이념 갈등과 지역갈등, 계층갈등 그리고 세대갈등은 대표적인 한국의 사회갈등이라 할 수 있으며, 이는 다양한 이슈들에 투영되어 재생산됨으로써 사회적 고비용 구조를 형성했다.

장기간 지속된 독재 체제는 반독재 민주화 운동을 잉태했으며, 이는 민주와 반민주, 그리고 진보와 보수라는 이분법적 지형이 한국 사회에 형성되는 기반으로 작용했다. 한국 사회의 성공적 발전에 따라 이 같은 이분법적 구도의 완화와 새로운 질서의 형성이 요구되고 있으나 과거의 관성이 지속되는 경향을 보이고 있다. 문제는 이 같은 구도가 한국 사회갈등의 기초로 작용함으로써 사회통합을 저해하고 있다는 점이다. 한국 사회의 다양한 이슈들은 그 자체의 논리보다는 진보와 보수라는 진영 간 논리에 의해 재단됨으로써 불필요한 갈등을 야기했으며, 다양한 이슈와 연계되어 확대·재생산되는 경향을 보여왔다.

통일과 관련된 이슈들은 한국 사회갈등의 주된 소재로 활용되었으며, 대북정책과 통일정책의 수립과 추진 과정 및 그 결과는 보혁 진영 간 대립으로부터 자유롭지 못했다. 대북포용정책의 구사는 남북교류의 일상화 시대를 열었으나 이로 인해 남남갈등으로 통칭되는 사회문제가 발생했다. 진보와 보수 진영은 각자 대북정책과 통일정책에 대한 찬반 여론의 중심축을 형성했으며, 정부정책의 성과는 진영 논리에 따라 평가되었다. 진보 정권에서는 보수 진영이, 보수 정권에서는 진보 진영이 각각 정부정책에 대한 핵심적 비판세력이었으며, 정부는 비판 진영의 협력을 유도해내는 데 한계를 보였다. 대북·통일정책을 둘러싼 한국 사회의 갈등 구조는 정책의 추진력을 약화시키는 주된 배경이었다.

남남갈등과 이로 인한 정책 추진력의 약화 추이는 김대중 정부 이후 각 정부에 공통적으로 나타난 경향이라고 할 수 있다. 이 같은 경험의 교훈은 효율적인 대북·통일정책을 구사하는 데 한국 사회 내부의 합의 기반 구축이 무엇보다 중요하다는 점이다. 통일의 과정에서 국내 정치적 문제는 남북관계 및 국제정치적 요소와 아울러 핵심적 중요성을 지니기 때문이다. 이는 국민적 합의를 바탕으로 한 대북·통일정책의 수립과 추진이 지속가능한 남북관계 형성과 중장기적 통일 로드맵의 구현에 필수적인 전제라는 것을 의미한다.

이 책은 이와 같은 문제의식에 기반을 두고 역대 대북·통일정책을 성찰적으로 고찰하고, 정책의 사회적 합의 기반을 위한 대안 모색을 목표로 했다. 이를 위해 제1장은 이 책의 주요한 문제의식인 남남갈등 해소의 필요성을 다루었다. 제2장은 통일정책의 형성과 변천을 다루고 있다. 이승만·장면 정부 시기부터 탈냉전·민주화 시기까지의 통일정책의 변동과 평가가 주요 내용이다. 제3장은 역대 대북정책 비교 평가와 대북정책의 주요 변수를 다루고 있다. 이를 위해 최근 남북관계의 변화와 역대 대북정책의 비교 평가, 역대 한국 정부의 대북정책 결정과 주요 변수, 북한 핵 문제의 전개와 대북정책의 시사점 그리고 역대 한국 정부의 대북정책 평가와 정책적 함의를 분석했다. 제4장은 한국의 통일

외교를 한미동맹을 중심으로 분석했다. 통일외교와 한미동맹의 과제, 탈냉전기 대북·통일정책을 둘러싼 한미관계와 한미동맹의 변화 과정, 한반도 통일에 대한 미국의 인식 그리고 통일을 위한 한국의 대미 전략 및 한미동맹 전략을 다루었다. 제5장은 남남갈등의 구조와 특성을 다루었다. 남남갈등의 기원과 변화 과정, 대북정책의 정쟁화 구조, 역대 선거 국면의 남남갈등 양상을 분석하고, 최근 남남갈등 사례의 분석과 아울러 향후 남남갈등을 전망했다. 제6장은 사례연구로서 서독의 독일 및 동방정책을 둘러싼 국내 갈등과 극복 노력을 다루었다. 서독의 독일 및 동방정책 전개 과정, 분단과 통일에 관한 서독 여론의 특징과 변화 추이, 정치·사회 분야별 갈등의 양상과 해소 과정의 분석에 이어 독일 사례의 교훈을 제시했다. 제7장에서는 통일정책의 사회적 합의안 형성 방안으로서 통일정책 정쟁화 구도 해소 방안, 통일정책의 국민적 합의 기반 강화, 긍정적 통일미래상 구축, 시민사회 소통 구조 형성, 실질적 통일 준비에 대한 사회적 합의 도출 방안 등을 제시했다. 제8장에서는 분단 체제와 통일 문제에 대한 성찰적 인식의 강조와 함께 대북·통일정책 분야의 구체적 합의안으로서 일종의 사회협약인 '통일국민협약' 체결을 대안으로 제시했다.

끝으로 이 책의 출판을 가능하게 해준 기관에 특별한 감사의 말씀을 전한다. 이 책은 남남갈등 해소를 위한 정책적 대안의 모색을 내용으로 하는 경제·인문사회연구회의 2012년 미래사회 협동연구 총서를 바탕으로 일부 수정한 것이다. 연구 결과의 대중적 확산이라는 취지에 공감해 기꺼이 출판을 허락해준 경제·인문사회연구회에 감사의 말씀을 전한다. 사회통합위원회는 통일 문제와 관련된 남남갈등 해소의 중요성에 주목, 이에 대한 정책적 대안의 모색을 위해 경제·인문사회연구회에 연구가 필요함을 제기해 이 연구가 가능하게 해주었다. 감사의 말씀을 전한다. 통일연구원은 이 책의 모태가 되는 미래사회 협동연구의 주관기관으로서 책의 출판을 위해 도움을 아끼지 않았다. 감사의 말씀을 전한다. 아울러 책의 출판을 지원해준 도서출판 한울에도 사의를 표한다.

# 차례

# 표·그림 차례

## 제1장

# 대북·통일정책의 고비용 구조

조한범

## 1. 남남갈등과 대북·통일정책

세계가 주목하는 한국의 압축적 성장 과정은 괄목할 만한 성과와 아울러 다양한 영역에서 문제를 동반했으며, 특히 사회갈등은 한국 사회가 풀어야 할 중요한 과제에 해당한다. 한국은 지정학적으로 냉전 체제의 최전선에 위치함으로써 이념적 경직성을 피할 수 없었으며, 이는 사회갈등지형 형성의 한 원인으로 작용했다. 조국 근대화의 명분 아래 정당화된 권위주의 정치체제와 성장 지상주의 정책은 계층, 지역, 그리고 세대갈등이라는 부산물을 낳았다. 오늘날 목도하고 있는 보혁 간 진영 대립은 한국의 사회갈등을 상징적으로 나타낸다.

갈등은 모든 사회에 존재하는 보편적 현상이다. 적대감, 전쟁, 경쟁, 긴장, 모순, 투쟁, 불합치, 논쟁, 폭력, 반대, 혁명 등은 모두 갈등적 요소를 내포하는 개념들이다. 갈등은 계급과 조직 등 집단적인 형태를 지닐 수도 있으며, 개인적 양상으로 발현될 수도 있다. 사회갈등은 구성원 간의 상호작용이라는 점에서 사회성을 띤다. 기존 논의들은 사회갈등의 특징으로 ① 사회적 희소 자원에 대한 경쟁과 불평등 분배 구조에 기인한다는 섬 ② 명시적인 시회적 상호작용과 다양한 사회적 기능을 수행한다는 점 ③ 수반되는 폭력의 정도에 따라 구분

된다는 점 ④ 사회변동의 원인으로 작용할 수 있다는 점 등을 들고 있다.[1]

사회갈등은 부정적 기능뿐 아니라 긍정적 기능을 수행할 수도 있다. 코저(L. A. Coser)는 갈등이 사회적 결속력을 강화하는 순기능을 수행할 수 있다는 점을 강조했다. 그는 외부갈등이 내적 통합을 강화하는 계기로 작용할 수 있다는 점을 주목했으며, 그 사례로 제2차 세계대전으로 영국 사회의 내적 통합이 강화된 것을 들었다. 외부적 갈등은 내적인 갈등을 해소하고 통합력을 증진시키는 기능을 수행한다는 것이다. 반대로 외부갈등이 내부갈등의 소지로 작용하거나 통합력을 약화시키는 계기로 작용할 수도 있으며, 내부갈등이 해당 사회의 기본 가치나 근본적 요인에서 기인할 경우 사회통합은 어렵게 된다.[2] 특히 사회갈등이 구성원의 수용 능력을 넘어서거나 진영 간 대립의 중심적 요소로 작용할 경우 사회 전반에 부정적 영향을 초래할 수 있다.

분단 체제는 오랫동안 존속해온 한민족 공동체의 분리를 불러왔으며, 민족국가 형성 및 근대화 과정의 정상적 진행을 저해했다. 분단 체제는 한국 사회의 발전 과정과 제반 영역에 영향을 미쳤다는 점에서 사회갈등의 구조적 배경으로 작용했다. 한반도는 세계 냉전 체제의 대립이 가장 극명하게 표출된 지역이었으며, 그 결과 한국전쟁이라는 민족사의 비극이 발생한 장소이기도 하다. 분단 체제는 다양한 차원에서 남북 간 갈등 구조를 형성했으며, 이는 다시 한국 사회 내부에 투영되어 남남갈등이라는 부산물을 낳았다. 남북관계 및 통일 이슈들이 한국 사회 내 갈등의 주요한 소재로 이용됨으로써 사회통합을 저해함은 물론 사회적 고비용 구조를 형성했다.

광의의 의미에서 남남갈등은 한국 사회 내부에 존재하는 갈등의 다양한 형

---

1) 조한범, 『북한의 체제 위기와 사회갈등』(서울: 통일연구원, 2010), 3쪽.

2) R. A, Wallace and A. Wolf, *Contemporary Sociological Theory*(Englewood Cliffs, N. J.: Prentice-Hall, 1980), pp.135～138.

태를 포괄한다. 이것은 한국 사회 내부에 구조적으로 존재하는 여러 갈등들, 예를 들어 자본과 노동 간의 관계, 성차별, 세대갈등, 지역갈등, 이념 갈등 및 기타 다양한 형태를 포괄하는 것으로 해석할 수 있다. 그러나 '남남'이라는 개념은 '남북'에 대한 대칭적 표현이라는 점에서 남남갈등은 기본적으로 남북갈등을 전제로 한다. 남북갈등이 한국 사회 내에서 재생산되는 구조 및 남북문제와 관련된 다양한 주체들 간의 이견과 대립 구조가 남남갈등의 내용이라고 할 수 있다. 이 같은 점에서 협의적 의미의 남남갈등은 남북관계, 대북·통일정책, 그리고 통일 문제와 관련된 한국 사회 내의 제반 갈등 현상이라고 할 수 있다.[3)]

남남갈등은 실질적인 남북교류가 시작된 1990년대 말 이후로 사회갈등의 주요한 형태로 나타났으며, 진영 간 갈등의 소재로써 이용되는 경향을 보이고는 했다. 특히 대북·통일정책의 추진 과정과 결과는 남남갈등의 주요 원인이자 보혁 진영의 입장과 가치가 상호 충돌하는 계기로 작용했다. 남남갈등은 한국 사회의 배타적 이념지형과 맞물려 지속적으로 발현되어 사회통합에 부정적 영향을 미쳤다.

대북정책과 통일정책은 상호 밀접하면서도 일정한 차이를 내포하고 있다. 하지만 두 개념의 규정과 차이에 대해 모두가 받아들일 수 있는 합의는 존재하지 않으며, 많은 경우 두 개념은 혼용되어 사용된다. 대북정책과 통일정책 개념의 혼용 현상은 분단 체제와 남북 대립이 장기간 지속되고 있는 현실과 관련이 있다. 통일 과제의 단계적 실현이 어려운 상황에서 중시되었던 것은 남북관계의 당면 현안들이었으며, 이는 대북정책이 부각되는 배경이었다. 반면 중장기적 관점의 통일 문제와 이와 관련된 정책에 대한 관심은 약화되었다.

1945년 분단 이후 통일은 역대 정부의 국시였다. 헌법상 북한 지역은 한반도의 영토이며, 분단 상태의 해소는 국가적 목표였다. 통일정책은 분단을 해소

---

3) 조한범, 『남남갈등 해소 방안 연구』(서울: 통일연구원, 2006), 9쪽.

하고 궁극적인 민족통합을 완성하는 기본적인 설계도에 해당한다. 통일 과업의 완수는 다양한 영역들의 문제가 종합적으로 해소될 때 비로소 가능하다는 점에서 통일정책은 다양한 하위 정책 분야를 포함한다. 대북정책과 통일정책을 구분하는 가장 일반적인 방법은 통일정책을 상위의 개념으로 설정하는 것이다. 통일은 남북관계와 아울러 국제관계, 북한 내 변화 및 한국 사회 내의 통일역량 강화 등 관련된 제반 영역을 포함한다.[4] 따라서 통일정책이 종합적·포괄적 관점을 견지하고 있는 반면, 대북정책은 그 주요 대상이 북한이라는 점에서 통일정책보다 협소한 범주를 가지며, 남북관계와 대북협상이 주요 정책 영역이라고 할 수 있다. 통일정책이 통일 로드맵의 구현이라는 중장기적 관점에서 해석될 수 있다면 대북정책은 북한과 관련된 당면 현안에 더 직접적으로 연계되어 있다고 볼 수 있다.

그러나 이 같은 구분도 명확한 것으로 보기 어려운 소지가 있다. 통일 문제가 포괄적 성격을 지닌 것은 사실이지만, 북한은 통일정책 구사의 핵심적 대상에 해당한다. 통일정책과 대북정책 모두에서 북한 문제는 중심적 위상을 지닌다는 공통점이 있다. 또한 대북정책은 북한이라는 명백한 대상을 전제로 하면서도 정책 추진의 맥락에서는 다양한 주체가 얽혀 있다. 예를 들어 현 단계의 대북정책 중 가장 시급한 현안이라 할 수 있는 북핵 문제의 경우, 남북 양자를 넘어 미국과 국제사회라는 다자가 관여하고 있다. 진보·보수를 막론하고 한국 역대 정권들은 북한 변화의 유도에 정책의 주안점을 두었다는 점에서 북한 내 문제는 대북정책의 주요 영역이었다. 대북정책의 추진 과정에서 발생하는 다양한 문제들이 남남갈등의 주요한 소재로 작용해왔다는 점에서 대북정책은 국내 정치의 맥락에서도 중요하다.

대북정책은 통일정책의 범주에 포함되면서도 상호 중첩적인 개념으로 이해

---

4) 조한범, "남북관계의 퍼즐", ≪대한매일≫, 2003월 7월 28일.

될 수 있다. 이는 대북정책의 주요 이슈들이 통일정책의 다양한 분야와 직간접적으로 연계되기 때문이다. 통일이라는 궁극적 정책 목표의 달성을 위한 과정에는 북한에 대한 정책적 고려가 우선적이며, 따라서 대북정책은 통일정책을 구체화하는 핵심적 영역에 해당한다는 점에 주목할 필요가 있다.[5] 장기간 지속되고 있는 분단 체제의 고착화 과정은 통일정책과 대북정책의 구분을 어렵게 만드는 환경적 조건에 해당한다. 중요한 것은 대북정책과 통일정책의 구현과정에서 다양한 형태의 남남갈등이 발생했으며, 이는 정책 추진력을 약화시켜왔다는 점이다.

김대중 정부 이후 지난 15년간의 대북·통일정책 추진의 교훈은 진보·보수 정권 모두 일정한 한계를 드러냈다는 점이다. 진보·보수 정권은 각기 자신들의 진영 논리에 기반을 둔 일방적 대북·통일정책의 추진에 주력했다는 점에서 결과에 대한 책임으로부터 자유롭지 못했다. 진보와 보수 정권 모두 통일 여정의 의미 있는 진전이라는 성과 도출에 한계를 보였으며, 북한의 대남 무력도발과 핵·미사일 위협은 증가해왔다. 이 같은 현실은 각 정권의 대북·통일정책의 추진과 결과에 대한 평가를 둘러싼 남남갈등의 배경이었다.

진영 논리에 기반을 둔 대북·통일정책의 추진은 남남갈등의 핵심적 원인이자 정책 추진력을 현저하게 약화시키고 정책의 결과에 대한 객관적 평가를 어렵게 만드는 구조적 요인이었다. 진영의 입장과 논리에 따라 정책 추진 결과에 대한 평가가 좌우되었으며, 생산적인 정책적 협력 구조는 형성되지 못했다. 정치권과 시민사회의 배타적 대립 구도는 대북·통일정책의 다양한 이슈들이 사회갈등을 촉발하는 휘발성 있는 요인으로 작용하는 구조적 환경이었다. 남남갈등은 통일 문제의 영역을 넘어 한국 사회의 제반 사회갈등과 연계되어 확대·

5) 이 같은 두 개념의 혼용 현실을 고려해 이 책의 경우도 대북정책과 통일정책에 대한 엄격한 구분에 기반을 둔 서술체계를 따르지 않고 있음을 밝혀둔다.

재생산되는 경향을 나타냄으로써 대북·통일정책의 추진력을 약화시키는 사회적 고비용 구조를 형성했다.

## 2. 남남갈등의 원인

### 1) 북한 변화 유도의 한계

역대 대북·통일정책의 평가에서 가장 중요한 기준 중 하나는 북한의 변화를 의미 있는 수준까지 유도했느냐의 여부라고 할 수 있다. 한반도의 항구적 평화체제 형성과 통일 과정의 순조로운 이행을 위해서 북한의 변화는 선결 조건에 해당한다. 남북관계의 교착 국면이 장기간 지속된 이명박 정권 시기를 포함해 오랜 시간 동안 북한이 취해왔던 대남 전략은 '도발과 대화의 병행'[6]으로 요약될 수 있다. 북한은 특히 도발을 주요한 협상 수단으로 활용하는 경향을 보였다. 북한은 한국에 대해서는 대선 및 총선 등 국내 정치에 대한 개입을 의도한 이른바 '북풍'을 비롯해, 다양한 형태의 무력도발을 시도했으며, 미국 및 국제사회에 대해서는 핵·미사일 실험을 협상력 제고를 위한 수단으로 활용해왔다. 이 같은 행태는 '위협을 통한 양보'를 강요하는 것이라는 점에서 정상적인 협상을 벗어나는 것이며 따라서 지속가능성을 확보할 수 없다.

한반도의 평화 정착과 통일 과정의 순조로운 이행을 위해서는 도발을 협상카드로 활용하는 북한의 변화가 필요하며, 북핵 문제에서도 북한의 진전된 태도가 있어야 한다. 북한은 인간 안보를 근본적으로 위협하는 경제 위기의 해소

---

6) 조한범, 「김정은 체제 대남 협상전략」, 『안보학술논집』(서울: 국방대학교 국가안전 보장문제연구소, 2012), 274~284쪽.

와 인권 상황의 개선에 주력해야 하며, 중장기적으로 세계의 보편적 질서를 준수하는 정상 국가로 변화해야 한다. 지난 15년 동안 진보와 보수를 오가는 정권 교체에도 각 정권의 대북·통일정책의 공통된 목표는 이 같은 내용을 포함하는 북한의 변화를 유도하는 것이었다. 그러나 북한의 변화는 가시화되지 않았으며, 진보·보수 정권을 막론하고 북한의 도발은 지속적으로 이어져왔다. 의미 있는 수준의 북한 변화를 유도해내는 데 성공하지 못했다는 점에서 진보 정권과 보수 정권은 모두 한계를 노정했다.

포용형과 압박형 대북·통일정책 모두 가시적인 북한 변화 유도에 한계를 보였으며, 이는 각 정권의 대북·통일정책의 효과성에 대한 논란의 중심으로 작용했다. 북한의 일방주의적 대남 협상 태도와 무력도발은 특정 시기에 국한되지 않았다. 북한의 무력도발은 진보·보수 정권을 막론하고 지속적으로 나타나는 경향을 보였다는 점에서 각 정권의 성향이 북한 대남 협상 태도에 영향을 주는 주요인이라고 하기 어렵다. 북한은 자신들의 이해관계 관철을 위해 도발과 대화의 병행이라는 대남 전략의 관성을 유지해왔다. 연평해전에서 연평도 포격에 이르는 다섯 차례의 직접적 무력도발이 한국의 특정 정권에 집중되지 않았다는 점이 이를 증명한다.

문제는 북한의 일방주의적 협상 태도와 대남 도발의 지속이 남남갈등의 주된 원인으로 작용했다는 점이다. 북한 변화 유도의 한계에 직면한 각 정권은 대북·통일정책 추진의 효과성에 대해 친화력이 있는 진영의 일방적 지지에 의존했으며, 이는 반대 진영의 비판을 초래했다. 정책의 효과성은 객관적 기준과 북한 요인이 아닌 한국 사회 내의 진영 논리에 따라 평가되는 경향을 보였다.

북한은 2013년 신년사를 통해 남북대결 해소의 필요성을 제기함으로써 한국 신정부에 대해 과거와 다소 다른 메시지를 보냈다. 이는 한국 신정부에 대한 북한의 기대를 반영하는 것이며, 남북대화 및 협상 국면으로의 전환을 위한 신호로 해석할 개연성도 있으나 근본적인 북한의 태도 변화로 보기에는 이르다. 이명박 정부 출범 이후 북한은 강경한 대남정책 기조를 지속했으며, 천안함 폭침과 연평도 포격 등 공세적인 무력도발을 시도했다. 최근까지 북한은 대남 강경책을 기조로 전술적 차원에서 대화 제의를 혼합하는 경향을 보였다.

체제 경쟁의 종식과 사회주의 위기 구조 심화에 따라 북한은 체제의 생존을 최우선적인 과제로 설정했으며, 외부세계의 변화 요구를 위협으로 간주해왔다. 핵무기 개발을 포함한 군사력의 강화를 체제 보위의 핵심적 수단으로 인식했으며, 주민들의 불만을 억압적 방식으로 통제했다. 북한의 선군정치는 이를 상징하는 개념이라고 할 수 있다. 이 같은 상황에서 북한은 한국 정권의 성향과 관계없이 자신들의 요구를 관철시키기 위한 대남 협상전략의 관성을 유지해왔다고 보는 것이 타당할 것이다.

북한의 무력도발 경향은 체제 위기의 지속으로 협상 수단에 제약을 받고 있는 내적인 문제에서 비롯된 것으로 볼 수 있다. 한국의 급속한 성장과 사회주의권의 붕괴로 남북한 간의 체제 경쟁은 사실상 종식되었으며, 군사 분야를 제외하고 남북한 간의 국력은 비교 자체가 무의미한 상황이다. 한국 정부는 대규모의 대북지원과 남북경협이라는 효과적인 협상 자원을 가진 반면, 협상 수단에 제약이 있는 북한은 상대적으로 강한 군사적 능력을 활용한 '위협(Korea Discount)'을 주요한 수단으로 활용해왔다. 아울러 핵·미사일 등 대량살상무기를 체제 수호를 위한 필수적인 수단으로 간주해왔다. 체제 내구력의 약화라는 구조적 환경에서, 북한은 다양한 형태의 도발을 활용하는 모험주의적 협상카드에 의존해왔다. 따라서 간헐적으로 관찰되는 북한의 온건주의적 태도를 대남·대외 협상 기조의 근본적 수정으로 해석하는 것은 무리라고 할 수 있다.

북한의 장기지속형 체제 위기는 구조적인 경제 모순으로부터 야기된 것이기 때문에 자생적인 회복이 어려운 상황이라고 할 수 있다. 이는 북한의 경제를 회생시키기 위해서는 외부로부터의 지원이 필수적임을 의미한다. 외부로부터의 지원과 관련해 한국의 역할은 특히 중요하다. 한반도의 긴장을 안정적으로 관리하고 통일을 지향해야 하는 한국의 입장에서 북한은 특수관계에 해당한다. 현실적으로 동북아라는 지정학적 특성과 핵 문제 이외에 국제사회의 주목을 받을 만한 자체의 요인을 가지고 있지 않은 북한이 한국을 제외한 외부로부터 대규모 지원을 이끌어내기는 어렵다.

김정은 체제의 등장과 장성택의 중국 방문으로 북·중 경협과 중국의 역할이 주목받고 있으나, 북한의 입장에서 남북경협은 여전히 중요한 화두에 해당한다. 남북관계의 각종 악재와 장기적인 경색 국면에도 불구하고 개성공단사업이 유지되고 있으며, 성장세를 지속하고 있다는 점이 이를 증명한다.[7] 이명박 정부 출범 후 남북관계가 장기간 교착 국면을 지속했음에도 개성공단사업은 꾸준히 성장해왔다. 이는 대남 강경책을 구사하고 있는 북한조차 한국과의 경제 교류의 중요성을 인지하고 있음을 의미한다. 2013년 자신들이 일방적으로 폐쇄한 개성공단사업의 재개 협상 과정에서 보여준 북한의 적극적인 태도는 과거에는 찾아보기 어려웠다는 점을 주목할 필요가 있다. 남북경협과 대북지원은 2000년대 북한 체제의 위기 국면을 해소하는 데 중요한 역할을 해왔다고 볼 수 있다. 대남 무력도발을 지렛대로 한국의 양보와 지원을 얻어내려는 북한의 전략은 이 같은 점을 토대로 하고 있다.

문제는 도발을 주요한 협상 수단으로 활용해온 북한의 대남 전략 기조가 한국 내 대북피로감 형성에 영향을 주고 있으며, 대북·통일정책의 효과성 논란과

---

7) 2011년 말을 기점으로 개성공단 입주 기업의 총 생산액은 4억 달러를 돌파해 전년 대비 24.3%의 성장세를 나타냈으며, 근로자 수도 5만 명을 넘어섰다. 개성공단은 2005년 남북한 근로자 6,520명으로 출발했으나 2008년 3만 9,986명, 2009년 4만 3,496명, 2010년 4만 7,088명, 그리고 2011년에는 5만 642명으로 증가했다. 이는 최근 4년간 매년 근로자 수가 3,000명에서 4,000명씩 증가했다는 것을 의미한다. 2012년 8월 현재 북한 근로자 1인당 127.1달러가 지급되어 매달 635만 달러, 연간 7,626만 달러가 북한에 지급되며, 이것 외에도 개성공단 입주 기업과 한국 측 근로자들은 북한 당국에 세금을 내고 있다. 북한이 개성공단사업을 포기하기 어려운 이유이다. ≪NKchosun.com 뉴스≫, 2012년 8월 16일.

함께 남남갈등의 주요한 원인으로 작용해왔다는 점이다. 이는 한국 정부의 대북협상 폭을 좁게 만들고 있으며, 진보·보수 정권의 대북정책이 모두 국민들에게 성공한 것으로 평가받지 못하는 근본적 이유라고 할 수 있다. 향후 남북관계는 북한의 무력도발 종식과 핵·미사일 문제에 대한 근본적·평화적 해법의 제시 및 국제사회의 규범에 맞는 북한의 태도 변화가 선행되어야 한다는 점에서 단기간에 정상화를 낙관하기 어려운 상황이다. 특히 심화되는 북한 체제의 구조적 위기와 김정은 후계체제의 등장 등 상황적 요인들이 북한 체제의 불안정성을 지속적으로 악화시킬 가능성이 크다.

한반도 긴장의 평화적 관리와 함께 북한 내의 급변 상황에 대응할 수 있는 준비 태세의 완비는 매우 중요한 국가적 과제라고 할 것이다. 이를 위한 북한 변화를 유도하는 장기적 과정에서 한국 사회의 '인내'가 필요하다. 그러나 대북·통일정책 추진 과정에서 발생하는 문제들이 남남갈등과 함께 국민적 합의 기반 형성을 저해함으로써 정책적 효율성을 약화시켜왔다. 진보·보수 진영으로 양분된 배타적인 구조는 집권세력의 대북·통일정책이 북한의 의미 있는 변화를 도출해냈는가의 여부를 두고 갈등 구조를 형성해왔다. 남남갈등 상황에서 남북관계의 모든 책임은 집권세력에게 돌아갔으며, 남북관계 주요 사안의 정쟁화 구조는 한국 사회의 주요한 갈등의 소지로 작용하는 경향을 보였다.

### 2) 한국 정치의 대립 구도

배타적으로 양분된 한국의 정치 구조는 민족문제의 정쟁화와 남남갈등의 중요한 원인에 해당한다. 분단 체제의 한국 정치 구조는 대화와 타협보다는 승자독식 및 배제와 강요의 정치문화를 형성했으며, 이는 다양한 사회갈등의 대처에 한계로 작용했다. 한국 정치의 구조적 문제는 통일 분야에서도 동일하게 나타났다. 김대중·노무현 정부의 대북포용정책 추진 과정에서 보수 진영의 요구는 외면되었으며, 보수 성향의 이명박 정권의 등장 이후에는 반대의 상황이 연출되었다. 대화와 타협의 문화가 발전하지 못한 한국 정치문화에서 남북관계와 통일 문제가 특정 진영의 배타적 논리에 의해 추진됨으로써 정책 추진력이 약화되는 현상이 반복되었다. 이는 정책 추진 과정의 부담이 고스란히 특정 진영에게 전가됨을 의미했으며, 진보·보수 정권의 정책 모두 성공적인 평가를 받지 못하는 중요한 원인으로 작용했다.

다양한 차이와 갈등적 요소들이 관용과 토의 문화 속에서 건설적으로 해소되기 어려운 사회구조의 경우 이념이나 근본적 가치와 관계된 이슈들은 사회적 고비용을 초래하는 문제로 확산될 소지가 크다. 통일 문제는 한국 사회 구성원 모두의 생활세계에 영향을 미치는 핵심적 과제라는 점에서 다양한 사회적 가치들이 복합적으로 연계되어 있는 영역에 해당한다. 대북·통일정책 추진상의 주요 이슈들에 따라 사회갈등이 반복적으로 재연되었으며, 이는 남남갈등 현상으로 고착되어왔다. 대북·통일정책을 둘러싼 사회갈등은 합의문화가 결여된 정치문화와 시민사회라는 구조적 요인에 기반을 둔 것으로 볼 수 있다. 반대 진영의 의사를 반영하지 않은 집권세력의 일방적 정책 수립 및 추진 구도는 한계를 지닌 것이었으며, 이에 대해 야권은 오직 비판에만 주력했다. 정권의 교체는 대북·통일정책의 계승이 아닌 과거 정권의 잘못된 정책을 시정하는 것으로 해석되었다.

유권자의 압도적 지지를 받아 집권할 수 있는 게 아니라면, 한국 정치의 구조적 취약성을 극복하기 위해서는 무엇보다도 합의에 기반을 둔 정책의 수립과 추진이 필요하다. 문민정부 이후 한국의 대선에서 과반을 상회하는 절대다수의 지지로 탄생한 정권은 찾아보기 힘들다. 집권에 성공한 경우 대부분 과반에 미달했으며, 2012년 선거에서 박근혜 후보는 51.6%를 획득했으나, 문재인 후보를 지지한 유권자가 48%에 달했다는 점에서 격차는 3.6%에 지나지 않는다. 대부분의 정권은 집권과 동시에 내재하게 된 불안정한 요인의 해소와 효율적인 정책의 추진을 위해 반대 진영의 협력을 도출해야 할 필요성에 직면했다. 그러나 집권세력은 협력 구도의 형성보다는 일방적인 정책 추진을 지향함으로써 어려움을 겪었다. 노무현 정부의 수도권 이전 문제 및 탄핵 사태, 이명박 정부의 4대강 사업 등은 모두 이와 같은 문제를 반영한 것으로 해석될 수 있다.

협력보다 대결 구도에 기반을 둔 한국 정치의 구조적 문제는 독재 체제의 해체 과정에서 형성된 정치권의 오래된 갈등 구조가 근본적으로 해소되지 않은 것에서 기인한다. 장기간 지속된 군사독재와 권위주의 정권은 민주화 운동이라는 반작용을 야기했으며, 민주와 반민주의 대결 구도는 오랫동안 한국 정치를 대표했다. 한국 사회의 급속한 발전에도 이 같은 대결 구도는 관성을 잃지 않고 갈등적 정치문화의 기본 지형을 형성했다. 이는 사회적 중요성을 지니는 갈등적 이슈들이 정치권에서 확대·재생산되는 정쟁화 구조의 원인이라고 할 수 있다. 대립과 불신을 저변으로 하는 한국의 정치권과 시민사회의 구조적 한계는 국가적인 이슈들에 대한 국민적 합의를 저해했으며, 이는 사회갈등의 고조라는 고비용 구조를 형성했다.

정치권의 배타적 대립 구도는 여야 간의 협력을 어렵게 만드는 동시에 주요 정책 현안을 정쟁화시킴으로써 정권의 부담을 가중시킨다. 합의 기반이 결여된 정책의 일방적 추진 과정에서 발생하는 사소한 문제나 실패도 곧 정책 전반 및 정권의 신뢰성에 의문을 제기하는 상황을 초래할 수 있기 때문이다. 이 같은 구조에서 국가적 사안이나 대형 국책사업의 경우 신속한 추진보다는 여야, 진영 간 최소한의 합의 구도 형성이 필수적이라고 할 수 있다. 이를 통해 정책 추진의 위험성을 분산시키는 동시에 여야가 공동으로 책임을 부담하게 함으로써 다양한 문제 상황에서도 지속적인 정책 추진이 가능하기 때문이다. 이 같은 점에서 한국 정치의 구조적 현실로부터 비롯되는 정치권의 협력과 합의문화의 결여는 대북·통일정책의 고비용 구조와 남남갈등의 주요한 원인에 해당한다고 할 수 있다.

### 3) 냉전문화

분단 체제로부터 비롯된 냉전문화는 남남갈등의 문화적 기반에 해당한다. 냉전적 대립은 차이와 다양성이 용인되는 사회적 관용의 지형을 협소화했으며, 획일적 이념과 가치의 '강제적 동질화'를 내용으로 하는 냉전문화를 형성해왔다. 배제와 강요를 내용으로 하는 강제적 동질화는 냉전문화의 주요한 특징이다. 남북한은 오랜 시간 사회주의와 자본주의라는 두 체제의 이념적 대립의 최전선에 위치해 있었으며, 남북한의 근대화 역시 이 과정에 의해서 지배되어 왔다. 상대방은 극단적으로 적대시되었으며, 상대방의 가치에 대한 그 어떠한 이해나 동조도 이적행위와 동일시되었다. 이는 배제와 강요를 내용으로 하는 냉전문화가 형성되는 구조적 환경이었다고 할 수 있다. 남북한의 근대화는 분단과 극단적 대립으로 인해 기형적으로 진행되어 왔으며, 이 같은 특성의 문화적 표현이 냉전문화라고 할 수 있다.

분단 이후 남북한은 상호 이질적인 체제에서 존속해왔으며, 냉전적 대립 구도는 남북한 사회 모두에 중요한 영향력을 행사해왔다. 장기간 지속된 남북한 간의 대립과 갈등은 남북관계뿐만 아니라 남북한 사회 내부에도 영향을 미쳐 냉전문화로 재생산되었으며, 정상적인 시민사회의 형성에 부정적 영향을 초래했다. 냉전적 대립은 한국 사회 내에 획일적 문화를 구조화시켰고, 사회적 관용이 자리 잡기 어려운 경직된 환경을 형성했다. 냉전문화는 남북한 간 극단적 대치 상황의 내적 표현이었으며, 단일한 가치를 배제와 강요의 방식을 통해 사회구성원들에게 제시했다. 냉전문화 속에서 사회구성원들 간의 차이와 다양성은 대화와 협력의 과정을 통해 발전적으로 해소되는 것이 아니라 갈등적 상황을 야기할 가능성이 높다는 이유로 문제시되었다.[8)]

---

8) 조한범, 『남남갈등 해소 방안 연구』(서울: 통일연구원, 2006), 9~14쪽.

남남갈등의 특성을 이해하기 위해서는 한국 시민사회가 급속한 성장에도 냉전문화의 유제를 아직 해소하지 못했다는 점에 주목할 필요가 있다. 분단 체제는 냉전문화를 한국 시민사회에 구조화시켰으며, 이 같은 비정상적 상황에서 발전한 시민사회의 내적 특성들이 남남갈등의 현재화에 영향을 미치고 있다. 남남갈등은 남북관계와 북한을 바라보는 입장뿐만 아니라 대미관, 양극화, 성차별, 지역주의 등 다양한 이슈들을 중심으로 재생산되는 양상을 보인다. 한국 사회의 다양한 갈등 구조와 분단 체제가 상호 연계되어 재생산되는 경향이 나타나고 있는 것이다. 예를 들어 대북지원을 둘러싼 대립 구조는 미국을 바라보는 입장이나 이라크 파병 문제에서도 거의 동일하게 재연되었다. 분단이라는 구조적 특성은 남한 사회 내의 보수와 진보라는 양 진영의 형성에 중요한 영향을 미쳤으며, 진영 간의 대립은 남북관계의 이슈를 넘어 전 영역에 걸쳐 나타나고 있다. 따라서 분단 체제에서 진행된 한국 사회의 발전 과정의 특성을 내재한 보혁 구조 및 진영 간 대립은 사회 내 전 분야에 걸쳐 형성되고 있으며, 남북관계와 통일 문제를 둘러싼 남남갈등은 그 주요한 형태라 할 수 있다.

1980년대 후반 사회주의권의 붕괴라는 세계사적 변화에도 한반도는 아직까지 냉전의 고도(孤島)로 남아 있다. 세계사적 차원에서 체제 경쟁은 종식되었으며, 발전 격차에 따라 남북한 간의 체제 경쟁도 사실상 의미를 상실했다. 한국이 이룩한 민주화와 시장화 양 측면에서의 괄목할 성장은 체제 위기를 지속하고 있는 북한과 극명하게 대비된다. 남북한 간 체제 경쟁의 종식은 경제적 차원을 넘어 정치, 사회, 문화 등 제반 영역에서도 발견할 수 있다. 한국의 발전은 세계 자본주의체제로의 정상적 편입을 의미하며, 한국 사회의 지배적 행위 기준이 민족 패러다임에서 자본주의체제의 합리성 패러다임으로 전환하게 되었음을 의미한다.

체제 경쟁의 종식과 세계적인 냉전 구조의 해체는 냉전적 패러다임 속에서 안주했던 우리에게 새롭게 구축된 질서에 적응할 것을 요구하고 있다. 하지만 장기적인 분단 구조와 냉전문화에 익숙한 한국 사회는 새로운 변화를 수용하는 데 한계를 보였으며, 특히 합의에 의한 정책 추진이라는 민주주의의 기본적인 정신을 구현하는 데 어려움을 겪어왔다. 냉전문화의 가장 큰 문제는 분단체제의 긴장을 배경으로 배제와 강요의 문화를 장기간 사회구성원들에게 일상화시키며, 사회적 관용의 확산을 저해한다는 점이다. 냉전문화는 문화적 다원성과 이념적 포용성의 형성을 극단적으로 억제했으며, 이는 한국 사회의 다양한 갈등 구조에 투영되었다. 이념과 가치를 중심으로 한국 사회의 이분법적 대립 구조가 형성되었으며, 대화와 타협의 지형은 협소화되었다. 진보·보수 성향의 정권을 막론하고 재연된 한국 사회의 이념적 대립 구도가 이를 증명하고 있다. 대북·통일정책, 한미관계, 쇠고기 수입 파동, 노무현 전 대통령 서거, 천안함 폭침 등의 한국 사회 제반 이슈를 중심으로 제기된 보혁 간의 극단적 대립과 여론의 분열에서 냉전문화는 중요한 요인으로 작용했다. 남남갈등은 대북·통일정책의 영역을 넘어 이념 대립과 보혁 진영 간의 갈등 구조와 연계되어 한국 사회의 다양한 이슈들로 재생산되는 경향을 보였다.[9)]

분단은 체제 간 적대적 관계뿐 아니라 일상생활에서 냉전문화라는 형태로 재생산 되어왔다는 점에서 남북한 간의 통합은 남북 양자 차원의 관계 발전만으로 달성되기 어렵다. 남북관계가 급속하게 발전하는 과정에서 이에 비례해 남남갈등이 증폭되어왔다는 점을 주목해야 한다. 분단의 내적 표현인 냉전문

9) 2003년 8월 MBC 조사의 경우 국내 보수·진보 진영 간의 갈등에 대해서는 79.1%가 '심각하다'라는 입장을 보였고, 편가름과 갈등을 조장하는 주체로 정치인을 꼽은 사람이 73%로 가장 많았다. 이는 보혁갈등의 심각성과 정치권에서 보혁갈등을 주요한 정쟁화 소재로 활용하고 있음을 반증하는 것이라 할 수 있다. 또한 같은 조사에서 응답자 자신의 경우 34.3%가 '중도', 28.8%가 '진보', 27.5%가 '보수'라고 응답, 보혁이 비슷한 분포를 나타냈다(≪연합뉴스≫, 2003년 8월 8일). 이명박 정부 출범 이후에도 이와 같은 문제는 지속성을 보이고 있다. 2008년 7월 조사의 경우 '진보와 보수의 갈등이 심각하다'는 인식은 85.6%로 나타났다.(≪한국일보≫, 2008년 7월 17일). 노무현 전 대통령 서거의 영향을 조사한 여론조사의 경우 이념 분열이 심화될 것을 우려하는 의견이 59.8%로 이념 대결 구도가 줄어들 것이라는 의견보다 압도적으로 많았다(리얼미터 여론조사, 2009.5.26).

화 해소 없이 남북통합과정의 순조로운 진행은 어렵다. 이해관계와 가치가 상충하는 통일의 여정은 다양한 갈등적 요소를 내재하고 있으며, 대화와 타협, 관용과 이해 문화의 형성이 결여될 경우 감당하기 어려운 사회적 고비용 구조가 나타날 수 있다는 점을 고려해야 할 것이다.

## 3. 대북·통일정책의 핵심 과제로서 남남갈등 해소

남남갈등이라는 형태로 한국 사회 내부에서 형성된 갈등 구조는 대북·통일정책의 효율적 추진을 저해하는 핵심 요인에 해당한다. 대북·통일정책을 둘러싼 정쟁화 구도에 따라 여야 간 생산적 협력은 이루어지지 않았으며, 정권의 성향과 관계없이 대북·통일정책에 대한 상반된 평가가 평행선을 달려왔다. 시민사회는 보수와 진보 진영 간 배타적인 상호 배제의 구도를 형성했으며, 대북·통일정책과 관련된 대화와 협력의 기반은 마련되지 못했다. 남북관계의 발전과 비례해 한국 사회 내부의 문제들이 증폭되었으며, 이는 다시 대북정책의 추진력을 약화시키는 주요인으로 작용했다.

국민의 정부와 참여정부에서 전개된 남북관계의 변화 과정은 개성공단으로 상징되는 성과를 도출했으며, 남북관계의 패러다임을 변화시켰다. 반면 '북한이 갑이 되는 일방적 남북관계' 및 '북한의 잘못된 행동에 대한 보상'이라는 관행을 낳았으며, 이는 북한 문제에 대한 국민적 피로감의 원인으로 작용했다. 이명박 정부의 출범은 진보 진영에서 보수 진영으로의 실질적 정권 교체를 의미했다. 이는 김대중·노무현 정부의 대북·통일정책 추진 과정에서 제기된 비판적 견해들을 정책에 반영할 수 있는 정치적 기반의 형성을 의미했다. 특히 북한 문제 피로감 원인의 해소와 한미동맹 강화 등은 이명박 정부가 대선 과정에서부터 주장한 이슈였다. 통일정책과 관련, 이명박 정부의 출범은 김대중 정부 이후 10년간 지속된 대북포용정책에 대한 변화의 필요성을 반영한 것으로 볼 수 있다.

이명박 정부의 대북정책이 남북관계의 성과 도출에 성공하지 못했음에도 2012년 대선에서 보수 성향의 박근혜 후보가 승리했다. 남북관계에서 '신뢰구축'을 지향하는 박근혜 정부의 대북정책은 이명박 정부와 차별화되는 유연성을 겸비하고 있지만 이를 근본적인 정책 기조의 변화로 보기는 어렵다. 이명박 정부는 남북관계의 잘못된 관행의 시정을 위해 '원칙 있는 대북정책'을 지향했으며, 이는 북한의 성의 있는 태도 변화의 유도를 의미했다. 이명박 정부 집권기 내내 지속된 남북관계 교착 국면에 피로감을 느끼면서도 유권자들이 다시 보수 정권을 선택했다는 것은 '정상적 남북관계의 정착'에 대한 국민적 요구가 '남북관계의 성과 도출' 요구보다 더 컸기 때문으로 해석될 수 있다.

남북교류·협력이 실질적 의미를 지니기 시작한 김대중 정부 이후 남남갈등은 진보 정권과 보수 정권을 막론하고 점차 구조화하는 양상을 보인다. 남남갈등의 주요 사례들은 진영 간 배타적 갈등 및 불신 구조에 따라 논란의 소지가 되는 이슈의 객관적 규명 자체가 어려울 수 있다는 점을 보여주었다. 김대중·노무현 정부에서 본격적으로 나타나기 시작한 남남갈등은 이명박 정부에서도 재연되는 추세를 보였다. 남북관계의 비정상적인 관행들에 대한 시정을 시도한 이명박 정부의 대북정책 추진에 대해 북한은 대남 강경책으로 일관했으며, 천안함 폭침과 연평도 포격 도발을 시도했다. 이에 따라 이명박 정부 대북정책의 효과성에 대한 의문들이 제기되었으며, 남북관계 교착과 교류·협력 중단 상황에 대한 비판적인 여론이 형성되었다. 천안함 폭침 사건을 둘러싸고 나타난 여론의 분열 양상은 남남갈등의 심각성을 보여주는 상징적 사례라고 할 수 있다. 전함의 폭침이라는 인과관계가 비교적 명확한 사안에 대해서도 사건 초기 국민 여론이 분열되는 양상이 나타났으며, 이 같은 양상은 북한에 의한 명백한 도발인 연평도 포격 사건 발생 이후 비로소 약화되기 시작했다.

진보와 보수 정권을 막론하고 남남갈등이 지속되는 양상을 보이는 것은 통일 이슈의 정쟁화 구도와 무관하지 않다. 북한은 자신들의 영향력을 이용해 한국 정치에 개입하려는 시도를 지속했으며, 이는 이른바 '북풍'으로 통칭되어 왔다. 또한 한국 정치권 일부에서도 북한 문제를 국내 정치에 이용하는 경향을 보였다. 가장 극명한 사례는 1997년 발생한 '총풍 사건'이다. 이 사건은 당시 여당의 유력 대선 주자였던 이회창 후보 관련 인사가 지지율을 높이기 위해 대선 직전 북한 측에 휴전선에서 무력시위를 해달라고 요청한 혐의로 기소된 사건을 말한다. 안보 불안감을 조성해 보수표를 결집, 당시 보수 성향의 여권에 유리한 선거 국면을 형성하려 시도한 사례로 볼 수 있다. 이 사건은 한국 정치에 대한 북한 문제의 영향력과 후유증을 보여준 대표적 사례에 해당한다.

김대중 정권은 2000년 4월 총선 직전 남북정상회담을 발표함으로써 야권으로부터 선거 개입이라는 비난을 받았다. 이명박 정부 역시 천안함 사건에 대한 조사 결과를 6월 지방선거 직전에 발표함으로써 야권의 반발을 야기했다. 두 사례 모두 한국의 국내 정치 일정상 민감한 시점에 발생했다는 점에서 북한·통일 문제를 정략적으로 이용한다는 비난으로부터 자유로울 수 없었다. 정치권의 대립 구조와 냉전문화라는 구조적 환경과 더불어 통일 문제의 정쟁화는 남남갈등 심화의 기반으로 작용함으로써 대북·통일정책의 추진력을 약화시켰다.

박근혜 정부 역시 '48%'의 시각으로부터 자유롭지 않으며, 일방적 정책 추진보다는 협력 구도를 형성함으로써 정책 추진 기반을 확보하는 것이 필요하다. 박근혜 정부는 '국민 통합'을 주요 화두로 삼고 있다. 중요한 것은 선언적 차원을 넘어 실현가능한 차원에서 이를 구체화하는 것이며, 효율적인 대북·통일정책의 추진을 위한 남남갈등 해소가 박근혜 정부의 주요한 정책 과제가 되어야 한다. 김대중 정부 이후 지난 15년간 추진했던 대북·통일정책의 교훈은 북한의 변화를 유도하는 과제에서 진보와 보수 정권 모두 일정한 한계를 드러냈다는 점이다. 이는 정권의 성향이 대북·통일정책의 성패를 가르는 요인이 아니라는 것을 의미한다. 북한의 변화는 남북관계 외에도 북한 내 상황과 국제정치 구조가 영향을 미치는 복합적 문제에 해당한다. 중요한 것은 북한의 변화와 통일 로드맵의 구현이라는 장기적 과정의 문제를 소화해낼 수 있는 한국 사회의 역량이라고 할 수 있다. 이 같은 점에서 대북·통일정책은 장기적인 관점에서 접근할 필요가 있으며, 대북·통일정책과 관련된 국내 정치적 안정성의 확보는 무엇보다 중요하다. 남북관계의 이슈들을 둘러싼 정쟁화 구도와 진영 간 극단적 견해차 및 갈등 구조는 정책의 추진력을 현저하게 약화시키기 때문이다. 중요한 것은 북한·통일 문제의 정쟁화 구도를 해소하고 대북·통일정책의 합의 구도 형성을 통해 정책 추진의 책임과 부담을 분산시키는 것이다. 이를 위해 단기적 성과주의를 넘어 여야의 실질적 협력 구도에 기반을 둔 초당적 정책 추진 구도를 형성할 필요가 있다.

효율적인 대북·통일정책의 수립과 추진을 위해서는 새로운 환경 변화에 대한 고려와 더불어 지속가능한 남북관계의 패러다임 정립을 지향하는 관점이 필요하다. 특히 대북·통일정책 추진 기반을 약화시켜온 남남갈등에 대한 성찰적 반성과 대안의 모색이 필요하다. 남남갈등은 분단 구조가 지속되는 상황에서 발생하는 과도기적 특성이라고 할 수 있다. 갈등상황이 안정적으로 관리·해소되지 못하면서 한국 사회의 제반 사회갈등으로 확산되고, 이로 인해 사회적 고비용이 발생함은 물론 효율적인 대북·통일정책의 추진이 저해되고 있다. 대북·통일정책의 효율적 추진은 한국 사회 내의 합의 기반의 구축 정도에 영향을 받는다. 대북·통일정책 추진 과정에서 남남관계는 남북관계 못지않게 중요하다. 대북·통일정책과 관련된 국민 통합은 남북관계의 안정적 발전과 통일의 준비를 위한 핵심적 전제이다. 남북문제를 둘러싼 보혁갈등과 정치 구조의 양극화 상황에서는 어떤 정부, 어떤 정파도 추진력 있는 대북정책을 구사하기 힘들기 때문이다. 이는 대북·통일정책의 주요 목표가 되어야 하며, 국민적 합의 기반의 구축에 더 많은 노력이 필요함을 의미한다.

갈등은 모든 사회의 보편적 현상이라고 할 수 있다. 그러나 한국 사회의 남남갈등과 민족문제의 정쟁화 구도는 과도한 사회적 비용을 발생시키고 있을 뿐 아니라 해소되지 않은 분단 구조와 연계되어 제반 사회갈등으로 확산되고 있다. 통일 문제는 정파와 진영의 이익을 넘어 한국 사회의 미래라는 관점에서 접근해야 한다. 따라서 특정 정파가 배타적으로 대북정책을 주도하거나 반대 진영이 일방적 비판을 형성하는 구도는 바람직하지 않다. 보혁 양 진영이 진지한 자세로 민족문제의 해결을 위해 협력해야 할 시점이다.

북한은 장거리 미사일과 핵실험을 통해 지속적으로 핵 능력을 강화해왔다. 국제정치적 상황을 고려할 때 북한이 공식적인 핵보유국으로 인정받기는 현실적으로 불가능하다. 그러나 북한이 실질적인 핵 위협능력 향상을 통해 동북아 안보환경에 변화를 초래하고 있다는 점에는 별다른 이견이 없다. 한국은 안보적 대응 방향의 근본적인 변화를 검토해야 하는 상황에 놓여 있다. 자위적 차원의 핵보유와 미국의 전술 핵 도입 등 다양한 대안들이 제시되고 있으나 현실적으로 이 방안들을 채택하기는 어렵다. 세계 10위권의 경제력을 지닌 한국이 국제사회의 제재와 압력을 무시하고 핵무기를 개발하기는 쉽지 않다. 미군의 전술 핵 도입 역시 군사전략적 측면에서 득보다 실이 많은 상징적 조치이며, 실현가능성도 높지 않다. 현실적인 대안은 한국이 북핵 위협에 대해 최대한의 자위적 억지력을 확보하는 것과 군사적 대응 수단을 확보하는 것이며, 미국이 더욱 확실하게 대칭전력과 억지전력에 대해 보장하는 것이라고 할 수 있다.

한미동맹과 동북아 국제정치 역학, 그리고 세계 질서의 현실을 고려했을 때 우려되는 것은 북한이 실질적으로 핵무기를 사용할 가능성보다 핵 위협을 통해 다양한 차원에서 대남 협상력을 제고하는 한편 한국의 국내 정치에 개입할 가능성이다. 핵 능력이라는 배경을 담보로 북한은 과거에 비해 국지적인 재래식 도발에 자신감을 가질 가능성을 배제할 수 없다. 또한 남북관계의 당면 현안이나 한국 국내 정치의 주요 사안에 대해 영향력을 행사함으로써 여론의 분열과 아울러 남남갈등을 자극할 가능성도 크다. 이 같은 점에서 남남갈등 현상의 해소와 대북·통일 문제에 대한 정치권의 협력 구도 형성은 어느 때보다 중요성을 지닌다고 할 수 있다.

북핵 위협이 현실화하고 있는 상황에서 특정 정권과 정책에 책임을 전가하는 것은 생산적이지 못하다. 진보와 보수 진영의 책임 공방과 분열은 북한의 전략적 목표이며, 소모적인 고비용 구조를 초래할 뿐이라는 점을 직시할 필요가 있다. 진보와 보수 진영 모두 성찰적인 자세로 현 상황에 대처해야 하며, 협력 구도를 형성해 대북·통일정책의 추진 기반을 강화할 시점이다. 합의를 기반으로 한 대북·통일정책의 추진 구도 형성을 통해 북한의 새로운 위협에 효과적으로 대응하고 통일 여정의 구체화를 위해 노력할 시점이다. 통일은 복합적 성격을 지닌 민족문제라는 점에서 보수나 진보 어느 한 진영의 지지만으로 정책의 추진 기반이 마련될 수 없다. 남남갈등 현상이 지속되는 한 생산적인 대북·통일정책의 추진은 불가능하다는 점에 주목해야 한다.

제2장

# 통일정책의 형성과 변천

이정우

국가가 행하는 모든 정책은 시대를 반영하려는 노력이자 그 결과이다. 국가의 정책은 때로 국민들의 생각을 앞서 나가기도 하고 때로 거기에 뒤처지기도 한다. 우리의 통일정책 역시 마찬가지이다. 국민 여론과 충돌하고 때로는 융합하면서, 정부의 통일정책은 하나의 흐름을 형성해나갔다. 분단 70년을 앞둔 현재에 이르기까지 우리 국민들의 통일에 대한 인식은 많은 변화를 거듭했고, 통일정책 또한 각 정부의 대북 인식에 따라 다양한 변화를 경험했다.

분단 이후 한국 정부의 정책 순위에서 통일정책[1]은 명목상 상위의 어젠다로 지속되어왔다. 그렇지만 각 정부의 대북·통일정책이 실제로 통일지상주의에 따라 수립되고 집행되었던 것은 아니다. 냉전이라는 외부적 환경과 민주화와 독재의 내부적 정치발전 단계에 따라 각 정부는 종종 정권의 유지·강화를

---

1) '대북정책'과 '통일정책'이라는 용어에 대해, 학계에서는 엄격한 구분과 일반적 혼용이 병행되고 있다. 특히 '대북정책'과 '통일정책'에 대해 각기 다른 정의를 내림으로써 혼동을 초래하기도 한다. 이 글에서는 통일이 완성되기 전까지는 모든 대북정책이 통일정책의 범주에 있는 것으로 상정해 굳이 엄격한 구분을 하지 않기로 한다. 통일정책과 대북정책에 관한 논의는 김연철, 「대북정책과 통일정책의 상관성: '과정으로서의 통일'과 '결과로서의 통일'의 관계」, 2011년 북한연구학회 하계학술대회 발표문, 22~31쪽 참조.

위해 통일이라는 목표를 수단화하기도 했다. 즉 통일이라는 우리 민족의 지상 과제는 항상 국가정책의 우선순위에 있었지만, 그 실천 과정에서 각 정부의 정치적 목적에 따라 하나의 수단이 되었다. 이로 인해 대북·통일정책 역시 그 이름이 무색하게 '반(反)통일정책'이라는 오명을 쓰기도 했다. 사실 통일을 민족적인 정책 과제로 놓는 행위는 인위적인 반면에 정권의 유지·강화는 본능적으로 지켜야 할 즉각적인 과업이라는 점에서 양자 간의 화합과 일치는 쉽지 않은 목표라고 할 수 있다.

분단 이후 통일 문제는 정부 차원에서뿐만 아니라 시민사회를 중심으로도 논의가 지속되어온 국가와 사회 공동의 현재진행형 과제이다. 최근까지도 통일세 도입, 급변 사태에 따른 통일 대비 등과 같은 주제를 둘러싸고 상이한 시각에 따른 논의와 논쟁이 벌어졌다. 그런데 국내외적 현실을 도외시하거나 상대방인 북한의 입장을 고려하지 않는 일방주의적 통일정책은 경험적으로 별다른 소득을 얻지 못했다. 국내외의 현실적 여건을 무시한 통일정책들은 통일에 대한 민족구성원의 강한 열망에 부응하지 못했을 뿐 아니라 오히려 통일회의론을 강화시키는 결과를 가져왔다. 그런데 이러한 논점은 남한뿐만 아니라 북한에도 똑같이 적용된다. 통일이라는 미완의 과제를 '남조선 해방'이라는 혁명과제에만 예속시킨다면 현실적인 통일의 가능성은 존재하지 않을 것이며, 통일에 관한 논의는 그저 정권과 체제 유지를 위한 근거로써 활용될 것이다. 남북한 모두 통일 논의는 마치 쇠락하는 종교의 교리와 같이 실천력은 부재하고 원칙만 살아 있는 신기루와 같은 모습에 머물고 있다.

현재 남북한 간의 체제 경쟁은 사실상 끝났고 새로운 환경 속에서 통일 논의도 새로운 국면에 놓여 있다. 커다란 변수로 작용하고 있는 북핵 문제가 해결의 가닥을 잡아간다면 그 과정에서 남북관계를 재정립하고 통일 문제에 대한 논의를 다시 한 번 활성화할 수 있을 것이다. 그러나 지금까지와 같은 이기주의적 통일정책으로는 통일 파트너를 설득하기 어렵기 때문에 대화를 통한 평화적 통일의 가능성은 여전히 낮다. 인류 역사상 국가 단위의 통일·통합은 무력에 의한 것, 연합·연방에 의한 것 또는 흡수에 의한 것 외에 다른 방식은 존재하지 않았다. 그런데 우리의 경우 통일 방식에 대해서는 40여 년 전 규정된 7·4 남북공동 성명의 3대 원칙(자주, 평화통일, 민족대단결) 외에 아무것도 합의된 것이 없으며, 그 실천 방식도 여전히 남북이 다른 경로를 따르고 있다. 탈냉전의 과정에서 다양한 협정이 맺어지기도 했지만, 본질적인 측면에서 볼 때 남북한 통일론은 40년 전의 '합의' 수준에서 아직 한 발걸음도 앞으로 나아가지 못하고 있다고 볼 수 있다.

여기에서는 역대 통일정책의 형성과 변화를 각 정부별로 살펴보고, 남북한의 통일 논의가 어떤 길로 나아가야 할 것인지를 전망함으로써 향후 남북한의 통일 논의가 실효성이 있는 경로를 찾기 위해서는 어떤 노력을 해야 할 것인지를 알아보기로 한다.[2)]

## 1. 냉전·정부 독점 시기 통일정책의 형성과 변화

### 1) 이승만·장면 정부 시기의 통일정책

남북한 단독정부 수립 이후 한국의 통일 방안을 보면, 기본적으로 평화적 방법을 통한 통일을 추구하지만 필요할 경우 무력을 통해서라도 통일을 달성할 것임을 분명히 하고 있다. 즉 이승만 정부의 통일 방안은 대한민국 주도로 북

---

2) 각 정부의 통일정책 전개와 관련한 아래의 내용들은 이정우, 「한국 통일정책의 전개 과정: 현실주의적 해석의 관점에서」, ≪북한연구학회보≫, 제15권 제2호(2011), 241~253쪽의 내용을 현재의 시점에서 재구성하고 보강한 것임을 밝힌다.

한에서도 선거를 실시해 통일을 실현한다는 주장에서 출발했지만, 북한 정권이 수립되고 국제적인 냉전 상황의 영향을 받으면서 북한 공산 정권 타도라는 방향으로 정리되었다.

당시의 이념적 혼란과는 별개로 대다수 국민들의 열망은 당연히 통일된 자주독립국가 수립이었다. 그러나 좌우 대립의 격화로 인한 한국 사회의 분열은 한국전쟁을 통해 정리되었고 이후 반공주의 노선이 강화됨으로써 좌익 성향의 이념과 활동은 거의 자취를 감추었다. 한국전쟁의 결과 한국 사회에는 우익적이며 반공적인 국가 질서가 정착되었다. 또 전쟁의 경험은 반공태세를 강화하지 않으면 국가 존립이 위협받는다는 일반적 믿음을 한국에 정착시켰다. 이와 함께 전쟁 기간에 한국으로 유입된 수십만 명의 월남 피난민들도 철저한 반공집단이 되었다.

한국전쟁 이후 이승만 정부의 대북·통일정책은 냉전의 공고화라는 국제적 환경 속에서 진행되었다. 즉 이승만 정부는 미국과의 긴밀한 협력을 기반으로 반공전선의 첨병으로서의 역할을 수행해나갔다. 이승만 정부는 철저한 반공정책을 실시했으며, 북한을 독립된 국가로 인정하지 않았다. 이승만 정부는 대한민국이 한반도 전체를 대표하는 유일한 국가이며, 북한은 반국가단체라고 규정했다. 따라서 이승만 정부의 통일정책은 북한 지역을 회복하는 것이었다. 이에 따라 휴전 이후에도 이승만 정부의 '북진통일론' 주장은 계속되었다.

이승만 정부는 국제적으로는 '유엔(UN) 감시하 남북한 총선거'를 주장했지만, 국내적으로는 대한민국의 유일합법성을 기반으로 북한을 '승공통일'하겠다는 의지를 숨기지 않았다.[3] 한편 분단과 전쟁으로 강화된 반공주의로 인해 한국 사회에서는 좌파는 물론 중도적 세력까지 용공세력으로 탄압받았다. 이에 따라 야당과 사회단체의 통일 논의 및 운동은 한계를 가질 수밖에 없었다.

---

3) 김보영, 『제네바 정치회담과 남북한 통일정책의 비교연구』(서울: 국사편찬위원회, 1997) 참조

정전협정에 따라 1954년 4월 제네바에서 참전국과 관련국 외상들이 참석한 고위급 정치회담(제네바 회담)은 분단 이후 처음으로 남북의 정부 대표가 참여해 한반도 통일정부 수립 방안을 논의한 것이었다.[4] 그러나 미소 대결 구도와 그 연장선상에 있는 남북한의 팽팽한 대치가 계속되면서 결국 그해 6월 15일 회담은 결렬되었다.[5]

1960년 4·19혁명으로 이승만 정권이 물러나고 허정 과도내각이 수립되면서 통일 논의는 일면 새로운 차원으로 변화되는 것처럼 보였다. 정권 차원에서는 7월 29일 총선거를 치른 결과 민주당이 압도적인 승리를 거두고 장면 정부가 출범했다. 새로운 정부는 기존의 무력북진통일론을 폐기했으나, 유엔 감시하의 남북한 총선거 방안을 유지하면서 별다른 통일 비전을 제시하지는 않았다. 어떻게 보면 장면 정부는 통일정책에서 보수성과 소극성을 이승만 정권과 공유하고 있었다고 할 수 있다. 장면 정부는 통일 논의보다는 당시 당면 과제라 할 수 있는 국민경제건설을 제1과제로 선정했다. 즉, '선(先)건설, 후(後)통일'의 논리를 주장했다.

4·19혁명을 계기로 한국 사회에서는 이승만 정권하에서 억제되어왔던 통일 논의가 한꺼번에 분출되기 시작했다. 특히 학생운동을 중심으로 남북학생회담론이 제기되면서 남북대화와 교류, 평화통일 주장 등이 강하게 제기되었다. 그러나 전향적인 통일정책의 체계화 작업과 정부 주도의 통일 논의의 장을 마련하는 데 실패한 장면 정부는 집권 민주당의 신구파 갈등과 경제적·사회적 불안 속에서 결국 1961년 5월 16일 반공을 제1의 국시(國是)로 삼은 군부세력의 쿠데타에 의해 정권을 잃고 말았다. 이로 인해 1년여간 활성화되었던 통일 논의

4) 김연철, 「1954년 제네바 회담과 동북아 냉전 질서」, ≪아세아연구≫, 제54권 제1호(2011. 3), 192~219쪽.

5) 심지연, 『한국정당정치사』(서울: 백산서당, 2004), 40쪽.

는 또다시 침체에 빠질 수밖에 없었다.

### 2) 박정희 정부 시기의 통일정책

1961년 5월 16일 군사 쿠데타에 의해 장면 정부는 막을 내리고 18년간의 박정희 정부시대가 시작되었다. 이로 인해 4·19혁명을 계기로 사회적으로 활성화되었던 통일 논의도 침체될 수밖에 없었다. 그렇지만 18년이라는 시간 동안 남북관계 및 통일 논의에는 많은 변화가 있었다. 남북한 정부 모두 통일 문제를 정치적으로 이용한 면이 있지만, 어쨌든 이 시기 남북대화를 통해 '7·4 남북공동 성명'을 발표하기도 했다. 1960년대까지만 해도 기존의 '대화 없는 대결' 시대라는 특징을 공유했다면, 1970년대에 들어서는 '대화 있는 대결' 시대로 접어들었다고 할 수 있다.

박정희 정권의 통일정책은 크게 두 단계로 나눌 수 있다.[6] 첫 번째 단계는 5·16 쿠데타 이후 일관되게 펼친 '선건설, 후통일' 노선에 기반을 두고 실력배양을 통한 승공통일을 주장한 1960년대 시기이다. 두 번째 단계는 어느 정도의 경제적 성과를 이룬 뒤 당시 세계 정세의 변화로 동서화해 무드가 시작되자 이에 적응하기 위해 시도된 남북협상으로 '7·4 남북공동 성명'이라는 성과를 내며 대화 있는 대결 시대로 접어든 1970년대 시기이다. '7·4 남북공동 성명'을 통해 통일에 대한 남북한 국민들의 기대가 부풀기도 했지만, 그 기대는 오래가지 못했다. 한국 사회에서는 정부가 통일 문제를 정치적으로 이용한다는 국민적 비판과 독재 권력 강화에 따른 대정부 불신풍조가 팽배해졌다. 박정희 정권의 통일정책을 단계별로 나누어 좀 더 구체적으로 살펴보면 다음과 같다.

---

6) 권장희, 「박정희 대통령의 정치성향과 안보환경인지가 통일정책에 미친 영향에 관한 연구」(서울대학교 박사학위논문, 1999).

첫째, '선건설, 후통일' 노선과 실력배양을 통한 승공통일을 주장한 시기이다. '반공을 제1의 국시로 삼고' 출범한 이른바 '군사혁명 정부'는 '혁명공약' 제5항에서 "민족의 숙원인 국토통일을 위해 공산주의와 대결할 수 있는 실력배양에 전력을 집중한다"는 방침을 밝히며 일체의 통일 논의 및 운동을 중지시켰다.[7] 이에 따라 그때까지 통일운동에 앞장섰던 민족일보 관계자, 혁신계 인사 및 학생들과 남북협상, 한미경협 반대, 외군 철수 등을 주장한 인사들에 대한 일제 검거를 실시했다. 그뿐 아니라 학술·종교단체를 제외한 모든 정당, 사회단체를 5월 22일자로 해산시키며 정치와 경제, 사회 전반에 대한 통제조치를 취했다. 이로 인해 1963년 1월 금지되었던 정치활동이 재개되기까지 재야는 물론 정부 당국도 특별한 통일 방안을 밝히지 않았다. 다만 종래에 한국 정부가 통일 방안으로 내세운 범주 안에서 그 필요성을 명목상으로 재확인하는 정도였다.

군정기간에는 통일 문제에 대해 별다른 논의가 없었다. 이후 민정이양을 통해 형성된 박정희 정권의 통일정책은 이승만과 장면 정부와 마찬가지로 대화나 협상에 대한 불가 입장을 고수했다. 즉 대내적으로 민간 차원의 통일 논의를 금지시켜 관변통일론만 존재하도록 한 것이다. 당시 제도권 내 주요 정당의 통일정책은 정부의 정책에서 크게 벗어나지 않았다. 민주사회당의 사례에서 알 수 있듯이 남북교류나 협상을 비롯한 정부의 통일 논의와 다른 혁신적 내용의 주장은 「반공법」과 「국가보안법」 등에 의해 탄압받을 수밖에 없었다.

한편, 북한은 5·16 군사 쿠데타로 박정희 군사정권이 등장하자 새로운 대남전략을 수립해나갔다. 북한은 1964년 2월 27일 노동당 중앙위원회 4기 8차 전원회의에서 전 한반도의 공산화를 위해 3대혁명역량 강화라는 방침을 채택하고, '남조선혁명론'을 통일 방안으로 확정했다. 기존의 '민주기지론'이 북한의

7) 양영식, 『통일정책론』(서울: 박영사, 1997), 151쪽.

혁명역량과 역할만을 결정적인 담보로 간주하고 그것을 근거로 한국 지역에 혁명을 확산시켜 통일을 실현한다는 전략인 것에 반해, 남한의 혁명역량을 상대적으로 중요시한 남조선혁명론은 남한의 혁명세력이 주체가 되어 정권을 장악하면 북한의 사회주의 역량과 합작해 통일을 실현한다는 전략이었다. 즉, 분단이라는 특수한 조건을 고려해 남북 두 지역에 각각의 현실적 조건에 맞는 혁명과업을 제기하고 그에 적합한 투쟁 방법으로 혁명을 추진해 전국적 범위에서 민족해방민주주의혁명을 승리로 완수한다는 것이다. 3대혁명역량 강화에 따르면 민족해방혁명을 완수하기 위해서는 세 가지 혁명역량이 잘 준비되어 있어야 하는데, 첫째는 북한의 혁명역량, 둘째는 남한의 혁명역량, 셋째는 국제적 혁명역량이다.

둘째, 대화 있는 남북대결의 시기이다. 1970년대 초 국제적 데탕트(deténte) 분위기 속에서 남북한 역시 변화의 환경에 노출되었다. 한반도에까지 파급된 변화의 물결에 남북한은 별도의 대책을 마련해야 했다. 국제적인 해빙 분위기를 외면할 수 없었기 때문에 이에 편승하는 방향으로 나아간 것이다. 내부적으로도 남북이 모두 전략상의 변화를 추구해야 하는 시점에 이른 것이 사실이어서 북한이 대화를 제의하고 한국이 이를 수용했다. 한국으로서는 그동안 경제개발에 주력한 결과 남북관계에서 어느 정도 힘의 균형이 이루어졌다고 판단했고, 북한으로서는 국제적인 여건의 변화로 남측과의 대화에 유리한 국면이 조성되었다고 판단한 결과였다.

이와 같은 시대적 배경을 바탕으로 '7·4 남북공동 성명'이 채택되는 역사적 사건이 발생했다. 그러나 이후 남북한 양 정권 공히 장기 독재의 길을 선택함으로써 각기 체제 안정화에 전력하는 모습을 보였다.[8] 결국 1970년대 전반기에 남북대화가 활발히 이루어졌던 것에 비해, 중·후반기에는 외형상 과거와 크

8) 양영식, 『통일정책론』, 168~169쪽.

게 구분되는 변화가 나타나지 않았다. 그럼에도 '7·4 남북공동 성명'이라는 큰 사건을 계기로 남북관계는 '대화 없는 대결'의 시대에서 '대화 있는 대결'의 시대로 전환되었다는 평가를 받는다.[9] 그러나 이 시기 정부 주도의 남북대화에 당시 여당은 물론이고 야당조차도 수동적으로 대응할 수밖에 없었다. 정부 입장에서 벗어나는 통일 논의나 제안을 주장하기는 힘든 시기였기 때문이다.

물론, 한국 사회 내에서는 7·4 남북공동 성명이라는 역사적 사건을 계기로 억눌려 있었던 민간 차원의 통일운동이 다시 고개를 들기도 했다. 이 시기 비정부 차원에서 대두된 가장 대표적인 통일 방안은 1971년 대통령 선거에서 김대중 후보가 내세운 '3단계 평화통일론'이다.[10] 민간 차원에서는 장준하, 함석헌, 문익환 등의 인물이 통일운동에 큰 영향력을 행사했으며 대학가에서도 1974년의 민청학련(전국민주청년학생총연맹)이나 1976년 결성된 남민전(남조선민족해방전선준비위원회) 산하의 민주구국학생연맹이 통일에 대한 자신들의 입장을 피력했다.

### 3) 전두환 정부 시기의 통일정책

군사정권 및 유신체제하에서 억눌려 있었던 통일 논의와 통일운동은 정부의 탄압과 조작 속에서도 꾸준히 전개되었다. 그러나 1979년 10·26사태를 기점으로 전개된 민주화 노력이 군부에 의해 좌절됨에 따라 1980년대 초반까지는 모든 움직임이 위축될 수밖에 없었다.

1979년 '10·26사태'로 한국 사회에서는 그동안 억눌렸던 민주화 열기가 급

---

9) 김지형, 「7·4공동 성명 전후의 남북대화」, ≪사림≫, 제30호(2008. 6), 27~49쪽 참조.

10) 김대중의 3단계 평화통일론의 내용에 대해서는 아태평화재단 엮음, 『김대중의 3단계 통일론』(서울: 한울, 2000) 참조.

격히 분출했다. 그러나 '12·12 쿠데타'를 통해 권력을 장악한 전두환 신군부세력은 이러한 열기를 강압했고, 최종적으로 '광주 민주화 운동'이 폭력적으로 진압되면서 민주화 열기는 억압되었다. 이런 과정을 거쳐 1980년 9월 1일 출범한 전두환 정부는 민주적 정통성의 결여라는 치명적인 약점을 안고 있었다.

정치적 정당성 문제를 가지고 있었던 전두환 정부 시기에 남북관계 및 대북·통일정책 측면에서는 적지 않은 진전이 있었다. 우선 기존 통일 방안을 집대성하고 체계화한 '민족화합민주통일 방안'이 제시되었고, 남북관계 역사상 최초로 이산가족 고향 방문과 예술 공연단의 서울·평양 교환 방문이 진행되었다. 물론 정당성 문제를 갖고 있었던 정권의 한계를 통일 문제를 통해 극복해보고자 했던 측면이 있었고, 남북한 정부 모두 통일 문제에 진지하게 접근하기보다는 정치적으로 이용하려는 의도를 보였다는 점을 간과할 수는 없다. 그러나 이 당시 남북 간의 제의와 접촉은 남북관계사에서 매우 중요한 사건들로 기록되는 것들이라 할 수 있다.

10·26사태와 12·12사태로 한국 사회가 매우 혼란한 상태에서 북한은 전격적으로 대화 재개를 제안했다. 1980년 1월 12일 북한은 신현확 국무총리 앞으로 보내는 이종옥 정무원 총리의 서한을 통해 남북총리회담을 제의했고, 한국이 이에 동의하면서 1980년 2월 6일 판문점 중립국감독위원회 회의실에서 남북총리회담을 위한 제1차 실무대표 접촉이 성사되었다. 하지만 이렇게 시작된 실무 접촉은 1980년 8월 20일까지 열 차례나 진행되었음에도 합의점을 찾지 못했다. 이후 제11차 실무대표 접촉을 이틀 앞둔 9월 24일, 북한은 한국 내 정국상황을 이유로 성명을 통해 실무대표 접촉의 중단을 일방적으로 선언하고 남북 간의 직통전화마저 두절시켰다. 북한은 같은 해 10월 10일 조선노동당 제6차 당대회에서 김일성이 '고려민주연방공화국 창립방안'을 제시했다.[11)]

11) 심병철, 『조국통일 문제 100문 100답』(평양: 평양출판사, 2003), 35~37쪽.

집권 초기 전두환 정부는 이러한 북한의 행위에 대한 대응 방안을 마련해야 했다. 그것이 바로 '민족화합민주통일 방안'이었다. 그런데 이 방안은 어떤 새로운 통일 철학이나 발상에서 작성된 것이라고 보기 힘들다. 즉, 기존 통일정책의 맥락을 유지하는 가운데 통일 방안을 보완·체계화한 하나의 청사진과 같은 것이었다.[12] 이와 함께 정부는 1982년 2월 1일 손재식 국토통일원 장관 성명을 통해 민족화합을 위해 20개항에 걸친 구체적인 시범 사업을 함께 추진해 나갈 것을 북한에 제의했다. 이것은 당시로서는 획기적이었던 남북정상회담과 금강산 관광, 남북도로 연결, 이산가족 상봉, 각계 인사의 상호 방문, 국제경기 단일팀 구성 등의 제안을 포함하고 있었다. 이러한 제의는 1980년 초반이 여전히 냉전 시기였음을 감안하면 매우 적극적인 대북정책으로 평가할 수 있다. 이때 제안된 사안들은 1980년대 후반 냉전이 종식되면서 '7·7선언'과 '한민족공동체 통일 방안'으로 이어지는 기반이 되었다.

한편, 1986년 8월 한국 사회는 큰 폭우로 인해 많은 인적·물적 재해를 입었다. 북한은 이에 구호품을 보내기로 하고, 이를 한국 정부가 수용함으로써 수재물자 인도인수가 이루어졌다. 이를 계기로 남북적십자회담이 성사되어 이산가족 고향 방문과 예술 공연단 교환 방문이 이루어지게 되었다.[13] 북측의 수재물자 제공을 계기로 돌파구를 마련한 남북대화는 1985년 한 해 동안 적십자회담, 경제회담, 국회회담을 위한 예비 접촉, 체육회담 등 모두 열세 차례나 이루어졌지만 구체적인 결실은 맺지 못했다.

이렇듯 전두환 정부 시기 통일정책은 과거에 비해 매우 활발하게 이루어졌다. 결과만 놓고 보면 통일 문제에서 실제적으로 진전된 사항은 없었으나 남북

---

12) 자세한 내용은 통일노력60년 발간위원회(편), 『하늘길 땅길 바닷길 열어 통일로』(서울: 다해, 2005), 97쪽 참조.

13) 같은 책, 111쪽.

한이 서로의 통일정책을 공식화하고 상호 방문을 하는 등 여러 측면에서 교류와 협력의 활성화가 이루어졌다. 이런 상황 변화 속에서 시민사회는 '선민주화, 후통일론'의 입장에 입각해 민주화 운동에 더 역점을 두었다고 할 수 있다. 또한 통일운동의 측면에서는 구체적인 통일 방안을 제시하기보다 통일의 저해 요인들을 조명하고 통일운동을 활성화하는 데 주력했다. 특히 이 시기 학생운동도 활발하게 전개되기 시작했는데, 1987년 6월 항쟁에 이어, 전국 대학생들의 조직체로서 전대협(전국대학생대표자협의회)이 결성됨으로써 이후의 학생 통일운동을 주도해나가기 시작했다.

## 2. 탈냉전·민주화 시기 통일정책의 형성과 변화

### 1) 노태우 정부 시기의 통일정책

1988년 2월 출범한 노태우 정부는 소련의 개혁과 개방, 동구 공산권의 민주화, 미국과 소련의 중거리 핵미사일(Intermediate-range Nuclear Forces: INF) 폐기협정 체결 등 범세계적인 탈냉전 추세와 점차 고조되는 국민의 통일 여망에 부응하기 위해 6월 2일 통일 논의 자유화 조치를 취했다. 이후 같은 해 7월 7일 '민족자존과 통일번영을 위한 특별선언(이하 '7·7 특별선언')'을 발표했다. 이 선언은 북한을 대결의 상대가 아니라 '선의의 동반자'로 간주하고, 남과 북이 함께 번영을 이룩하는 민족공동체적인 관계로 발전해나가는 것이 통일 조국을 실현하는 지름길이라는 인식을 바탕으로 남북 간 대결 구조를 화해 구조로 전환하겠다는 정책 선언이었다.[14]

---

14) 박찬봉, 「7·7선언체제의 평가와 대안체제의 모색: 기능주의에서 제도주의로」, ≪한국 정치학회보≫,

7·7 특별선언은 민족공동체 형성을 위해서는 무엇보다 남북한 간의 인적·물적 교류와 협력이 활성화되어야 한다는 인식에 따라 이를 위한 실천 조치와 정책 방향을 제시했다. 그리고 이를 법적·제도적으로 뒷받침하기 위해 1990년 8월 1일 「남북교류·협력에 관한 법률」을 제정·시행했다. 이는 법과 규범의 틀 안에서 이루어지는 남북교류·협력 시대의 개막을 대내외에 알리는 역사적 전환이라고 평가된다.

이에 더해 노태우 정부는 국민 각계의 의견을 수렴해 통일의 원칙과 방향을 담은 '한민족공동체 통일 방안'을 1989년 9월 11일 대통령의 국회연설을 통해 발표했다. '한민족공동체 통일 방안'은 전두환 정부 시절 발표된 통일 방안의 미비점을 보완하는 동시에, 통일 방안으로서의 틀과 체계성을 보강하는 내용으로 구성되어 있다.[15] '한민족공동체 통일 방안'은 남북한 간에 누적된 불신과 대결 의식, 그리고 이질화 현상을 그대로 둔 채 일거에 통일을 이룩하는 것은 현실적으로 어렵다는 점을 전제로 하고, 남북교류와 협력을 통해 먼저 민족공동체를 회복·발전시킨 뒤 이를 바탕으로 점진적으로 정치적 통일을 실현해 나간다는 구상을 바탕에 깔고 있었다.

'한민족공동체 통일 방안'은 통일의 원칙으로 자주·평화·민주를 제시하고 통일 국가의 미래상으로는 자유·인권·행복이 보장되는 민주국가를 제시했다. 통일 국가의 수립 절차로는 '남북대화를 통한 신뢰회복 → 남북정상회담 개최 및 민족공동체헌장 채택 → 과도적 통일체제인 남북연합 구성(남북의 공존공영과 민족사회의 동질화, 민족공동생활권의 형성 등을 추구) → 통일헌법 제정 → 통일헌법이 정하는 바에 따라 총선거 실시 → 통일국회와 통일정부 구성' 등이 제시되어 있다. 이 같은 절차 및 방법을 통해 완전한 통일 국가인 통일민주공화

---

제42집 제4호(2008), 339~365쪽 참조.

15) 윤병익, 「한민족공동체 통일 방안과 남북관계」, ≪민족통일논집≫, 제8권(1993. 6), 59~66쪽 참조.

국을 건설하는 것이 최종적인 목표이다.

노태우 정부는 7·7 특별선언의 후속 조치 일환으로 남북고위급회담을 비롯한 다각적인 대화와 교류를 추진했다. 1988년 12월 28일 강영훈 국무총리는 연형묵 북한 정무원 총리 앞으로 서한을 보내 남북총리회담의 개최를 제의했다. 1989년 2월 8일부터 1990년 7월 26일까지 여덟 차례의 예비회담과 두 차례의 실무대표 접촉을 가진 끝에 제1차 남북고위급회담이 1990년 9월 4일 서울에서 개최되었다. 남북고위급회담은 예비회담에서 합의한 절차와 의제에 따라 1992년 9월까지 여덟 차례에 걸쳐 진행되었다. 남북 쌍방은 상호 신뢰구축과 긴장 완화 문제 등 민족의 현안 및 상호 관심사를 협의하며 의견의 접근을 위해 노력한 결과, 1991년 12월 서울에서 개최된 제5차 회담에서 전문과 25개 조항으로 구성된 '남북 사이의 화해와 불가침 및 교류·협력에 관한 합의서(약칭 '남북기본합의서')'를 채택할 수 있었다. 아울러 한반도 핵 문제를 협의하기 위한 대표 접촉을 갖기로 합의했다.[16]

1992년 2월 19일 평양에서 개최된 제6차 남북고위급회담에서는 '남북 사이의 화해와 불가침 및 교류·협력에 관한 합의서', '한반도의 비핵화에 관한 공동선언', '남북고위급회담 분과위원회 구성·운영에 관한 합의서'가 발효되었다. 이후 남북 쌍방은 제7차 회담에서 '남북군사공동위원회 구성·운영에 관한 합의서'와 '남북교류·협력 공동위원회 구성·운영에 관한 합의서', '남북연락사무소 설치·운영에 관한 합의서'를, 제8차 남북고위급회담에서 '남북화해공동위원회 구성·운영에 관한 합의서', '남북화해의 이행과 준수를 위한 부속합의서', '남북불가침의 이행과 준수를 위한 부속합의서', '남북교류·협력의 이행과 준수를 위한 부속합의서'를 채택하고 발효시켰다.

그러나 이후 북한의 핵무기 개발 의혹이 증폭되었고, 북한 당국이 한미 간의

16) 정규섭, 「남북기본합의서: 의의와 평가」, ≪통일정책연구≫, 제20권 1호(2011), 1~24쪽.

팀스피릿(Team Spirit) 훈련을 구실로 1993년 1월 29일 모든 남북 당국 간 대화 중단을 선언함으로써 1990년대 초 모처럼 해빙을 맞았던 남북관계는 다시 교착상태에 빠지게 되었다.

### 2) 김영삼 정부 시기의 통일정책

김영삼 대통령은 1993년 2월 25일의 취임사와 1994년 취임 1주년 기자회견에서 김일성과 만날 용의가 있음을 밝힘으로써 정상회담 추진 의지를 천명했다. 그러나 1993년 3월 12일 북한이 핵무기 확산방지조약(Nuclear non-proliferation treaty: NPT) 탈퇴를 선언하고, 핵무기 개발 의혹에 의한 제재 조치에 '서울 불바다', '전쟁불사' 등의 발언으로 위협함으로써 남북관계는 최악의 위기 국면으로 치닫게 되었다.

북한 핵 문제 해결을 위해 고위급회담이 북·미 간에 세 차례 개최되었으며, 그 결과 미국과 북한은 1993년 6월 11일 북한 NPT 탈퇴 유보에 관한 공동 성명을 발표했다. 이후에도 북핵 협상이 계속 열렸고, 1994년 10월 21일 북·미 간에 제네바 기본 합의문이 채택됨으로써 북한 핵 문제는 일단 고비를 넘기게 되었다.

1994년 6월 북한을 방문하고 돌아온 지미 카터(Jimmy Carter) 전 미국 대통령은 김일성 주석이 김영삼 대통령의 정상회담 제의에 호응하겠다는 의사를 밝혔다고 전해왔다. 이에 따라 1994년 6월 남북정상회담 개최절차 문제를 협의하기 위한 부총리급 예비 접촉이 이루어졌고, 그 결과 '남북정상회담 개최를 위한 합의서'가 채택되었다. 이를 통해 남북정상회담 개최를 위한 준비가 진행되었으나, 1994년 7월 8일 김일성이 갑자기 사망함으로써 아쉽게도 남북정상회담은 개최되지 못했다.

한편, 김영삼 대통령은 1994년 8월 15일 광복절 경축사를 통해 기존의 '한

민족공동체 통일 방안'을 보완·발전시키면서, 전반적인 통일 환경의 변화를 반영한 '한민족공동체 건설을 위한 3단계 통일 방안(약칭 '민족공동체 통일 방안')'을 천명했다.[17] '민족공동체 통일 방안'은 통일을 추진하는 과정에서 견지해야 할 기본 원칙으로 '자주·평화·민주'를 제시했다. 또한 통일은 하나의 민족공동체를 건설하는 방향에서 점진적·단계적으로 이루어져야 한다는 기조에 따라 통일의 과정을 '화해·협력 단계 → 남북연합 단계 → 통일 국가 완성 단계'의 3단계로 설정했다.

1990년대에 들어 북한의 경제난 및 식량난이 심화되기 시작했는데, 특히 1995년의 수해로 북한은 심각한 식량난에 직면했다. 김영삼 정부는 같은 동포에 대한 인도적 견지에서 북한 주민의 식량난을 덜어주기 위한 노력을 전개했다. 김영삼 정부는 1995년 6월부터 10월까지 국내산 쌀 15만 톤을 북한에 직접 전달했다. 이 과정에서 '씨 아펙스(Sea Apex)'호에 대한 인공기 강제 게양 사건과 '삼선 비너스'호 강제 억류 사건이 발생하기도 했다. 김영삼 정부는 대북 쌀 직접 지원 외에도 1996년과 1997년 국제기구를 통해 2,737만 달러 상당의 식량 등 인도적 물품을 간접 지원했으며, 민간 차원에서도 1995년 6월부터 1997년 말까지 2,229만 달러 상당을 지원했다.

김영삼 정부는 한반도에 평화를 정착시키기 위한 노력도 본격적으로 전개했다. 김영삼 대통령은 1995년 8월 15일 광복절 경축사를 통해 '한반도 평화체제 구축 3원칙'을 천명했는데, 그 주요 내용은 다음과 같다. 첫째, 한반도 평화체제 구축문제는 반드시 남북 당사자 사이에서 협의·해결되어야 한다. 둘째, '남북기본합의서'와 '한반도 비핵화 공동선언'을 비롯한 모든 남북 간의 합의사항이 존중되어야 한다. 셋째, 한반도 평화체제 구축은 관련 국가들의 협조와

17) 이헌경, 「김영삼 정부의 민족공동체 통일 방안」, ≪동아시아: 비교와 전망≫, 제9집 제1호(2010. 2), 95~100쪽.

뒷받침이 있을 때에야 비로소 그 실효성을 보장받을 수 있다.

이러한 입장에 따라 한국과 미국의 정상은 1996년 4월 16일 제주에서 정상회담을 갖고 남북한과 정전협정 서명 관련국인 미국과 중국이 참여하는 4자회담을 제의했다. 1997년 8월부터 11월까지 세 차례의 4자회담 예비회담을 거쳐 4자회담 제1차 본회담이 같은 해 12월 9월 스위스 제네바에서 개최되었다.

1994년 10월 북한의 핵 개발 저지를 위한 북·미 제네바 합의에 따라 대북 경수로 지원 사업이 추진되었다. 1995년 3월 9일 한국과 미국, 일본 등이 중심이 되어 경수로 지원 및 대체에너지 공급 등 제네바 기본 합의문의 이행을 위해 한반도에너지개발기구(Korean Peninsula Energy Development Organization: KEDO)를 공식 발족시켰다. KEDO는 같은 해 12월 15일 북한과 '경수로 공급협정'을 체결했고, 이로써 경수로 지원 사업이 안정적으로 추진될 수 있는 법적 기반이 마련되었다. 이후 KEDO는 한국전력을 주계약자로 지정하고, 1996년 3월 20일 KEDO·한국전력은 주계약자 합의문에 서명했다. 또한 KEDO와 북한 간에 경수로 공급협정 이행을 위한 후속 합의서 채택도 순조롭게 진행되어 '특권·면책 및 영사보호 의정서', '통행 의정서', '통신 의정서' 등이 체결되었고, 이로써 1997년 8월 19일 북한 신포 지역에서 경수로 부지준비 공사가 착공되었다.

### 3) 김대중 정부 시기의 통일정책

1998년 2월 출범한 김대중 정부는 집권 초기부터 통일의 달성보다는 남북관계 개선이 우선적으로 실천되어야 한다는 시각에서 이른바 '햇볕정책(Sunshine Policy)'으로 불리는 대북 화해·협력정책을 추진했다.[18] 김대중 정부는 평화·

---

18) 햇볕정책에 대한 정책적 평가는 이재호, 「대북정책의 다차원적 연계성과 햇볕정책의 효율성」(고려대

화해·협력의 실현을 통한 남북관계 개선을 대북정책의 목표로 설정하고, ① 북한의 무력도발 불용납 ② 흡수통일 배제 ③ 남북 간 화해 협력의 적극적 추진을 대북정책 3원칙으로 삼고 ① 안보와 화해 협력의 병행 추진 ② 평화 공존과 평화교류의 우선 실현 ③ 북한의 변화여건 조성 ④ 남북 간 상호이익 도모 ⑤ 남북 당사자 해결 원칙하에 국제적 지지 확보 ⑥ 국민적 합의에 의한 대북정책의 추진을 대북정책의 기조로 제시했다.

김대중 정부는 집권 첫해인 1998년 6월 정주영 현대그룹 명예회장의 '소떼 방북'을 계기로 현대와 북한 아시아태평양평화위원회(약칭 아태평화위원회) 간에 금강산 관광사업이 성사될 수 있도록 지원했다. 아울러 대북 인도적 지원에서도 김영삼 정부가 견지하던 창구 일원화(대한적십자사로 대북지원 창구를 단일화한 것) 방침을 철회하고 1998년 3월 18일과 9월 18일 2차에 걸쳐 민간단체의 대북지원을 활성화시키는 조치를 취했다. 이와 같이 김대중 정부는 금강산 관광 등 남북경협 확대와 대북 신뢰회복을 위해 노력하는 한편, 2000년 3월 베를린 선언을 발표함으로써 남북정상회담 개최의 여건을 조성했다.

이후 남한과 북한은 베이징에서 비공개 특사 접촉을 거쳐 남북정상회담 개최를 위한 절차에 합의하고, 2000년 6월 분단 반세기 만에 처음으로 남북정상회담을 개최했다. 정상회담 결과 남북한의 두 정상은 6·15 남북공동선언에 서명했다. 6·15 공동선언은 한민족에 의한 통일 문제의 자주적 해결, 남북한 통일 방안 사이의 접점 도출 노력, 이산가족과 비전향장기수문제 해결, 경제·사회·문화 등 다방면의 교류·협력 실천, 당국 간 대화 및 김정일 위원장의 서울 답방 등에 대한 합의를 담고 있다. 이 선언의 채택에 힘입어 남북한은 2000년 8월부터 2001년 2월까지 세 차례에 걸쳐 서울·평양을 오가며 이산가족방문단을 교환했다. 이는 1985년 9월 남북한 간에 이산가족 고향 방문단이 처음 교환

---

학교 박사학위논문, 2008) 참조.

된 이래 15년 만에 이루어진 것이었다. 이후 한국은 북한 측의 입장을 고려해 금강산에서 이산가족 상봉행사를 진행했으며, 2000년 9월 63명의 비전향장기수가 일시에 북한 측에 송환되었다.

남북정상회담이 개최된 이후 다양한 분야에서 남북 당국 간의 대화가 진행되었다. 장관급회담, 국방장관회담, 특사회담, 경제협력추진위원회 등 다양한 형태의 당국 간 대화가 진행되면서, 남북한 간의 실질적 문제들이 논의되고 실천 방안들이 모색되었다. 이 시기 경의선과 동해선 철도·도로 연결, 개성공단 건설, 부산 아시안게임 북한 측 선수단 참가 등 다방면에 걸쳐 남북교류·협력이 양적으로 크게 증대했다. 무엇보다도 햇볕정책이 거둔 최대 성과는 이산가족의 고통을 완화하는 한편, 금강산 관광 실현 등을 통해 남북교류·협력의 지평을 넓혔다는 점에 있다. 더불어 남북화해·협력 및 정치적 신뢰구축의 토대를 마련한 것 역시 성과라고 할 수 있다.

하지만 남북정상회담 추진 과정에서 4억 5,000만 달러의 뒷거래 등 투명하지 못했던 점이 사회적으로 논란이 되었고, 6·15 공동선언문 속의 '우리 민족끼리'의 협력과 '낮은 단계 연방제' 부분은 임기 후반 내내 남남갈등의 소재가 되기도 했다. 또한 지속적인 '햇볕 쪼이기'에도 불구하고 북한은 1999년과 2002년 두 차례에 걸쳐 서해교전을 일으켰으며, 북한의 서해 북방한계선(Northern Limit Line: NLL) 침범에 대해 김대중 정부가 안일하게 대응했다는 비판도 제기되었다. 이 밖에도 제네바 기본 합의문(1994.10.21)상의 핵동결 의무에도 북한이 은밀히 우라늄 농축 방식의 핵무기 개발(Uranium Enrichment Program: UEP)을 추진해왔다는 것이 2002년 10월 세상에 알려짐에 따라 제2의 북핵 위기가 발생했다. 이로 인해 햇볕정책은 안보에 둔감한 정책이라는 비판을 받기에 이르렀다.

### 4) 노무현 정부 시기의 통일정책

참여정부를 표방하며 2003년 2월 출범한 노무현 정부는 햇볕정책의 후속 정책이라고 할 수 있는 '평화·번영 정책'을 추진했다.[19] 평화·번영 정책은 한반도 평화 증진과 남북한 및 동북아의 공동 번영을 목표로 한 것으로, ① 대화를 통한 문제 해결 ② 상호 신뢰 우선과 호혜주의 ③ 남북 당사자 원칙에 기초한 국제 협력 ④ 국민과 함께하는 정책을 4대 추진 원칙으로 제시했다. 또한 평화·번영 정책의 추진 구도 또는 추진 전략으로는 북한 핵 문제 해결(1단계) → 한반도 평화체제 구축(2단계) → 동북아 경제 중심 건설(3단계)의 3단계 구도가 제시되었다.

노무현 정부의 입장에서는 김대중 정부 말기에 불거져 나온 북한 EUP 문제 해결이 최대의 당면 현안이었다. 이를 위해 미국 및 중국과의 공조하에 2003년 8월부터 베이징에서 6자회담을 개최하기 시작했고, 제4차 2단계 6자회담의 결과 2005년 9월 '9·19 공동 성명'을 채택, 북한 핵 문제 해결의 밑그림을 마련했다. 하지만 이후 터진 이른바 BDA('방코 델타 아시아' 은행의 북한 계좌 동결) 문제가 '9·19 공동 성명'의 합의사항 이행을 가로막았다. 여기에 이어 북한의 2006년 7월의 장거리 미사일 발사와 10월의 핵실험 등으로 남북관계는 급속도로 냉각되었다.

노무현 정부는 미국과의 긴밀한 공조 아래 북·미 양자 간의 고위급 접촉을 거쳐 북한의 6자회담 복귀를 설득했다.[20] 그 결과 2007년 2월 13일 5차 6자회담에서 '9·19 공동 성명의 이행을 위한 초기 조치'에 관한 합의서(일명 '2·13합

---

19) 평화·번영 정책에 대한 분석은 김영재, 「노무현 정부 평화번영정책의 분석」, ≪영남국제정치학회보≫, 제9집 1호(2006. 6), 77~101쪽 참조.

20) 김근식, 「노무현 정부의 평화번영정책과 위기의 한반도」, ≪광장≫, 통권 제7호(2010), 146~156쪽.

의', '초기이행조치합의')가 채택되고, 이후 2007년 10월 3일 '9·19공동 성명 이행을 위한 2단계 조치'에 관한 합의서(일명 '10·3합의', '2단계 이행조치합의')가 채택되었다. 이 합의서들에 따라 북한 핵 문제 해결 구도는 '핵폐쇄(Shut Down) → 북핵 불능화(Disabling) 및 핵 프로그램 신고 → 핵 폐기(Dismantlement)의 3단계'로 결정되었다. 북한은 '2·13합의'에 규정된 대로 중유 5만 톤 가운데 1차 선적분이 2007년 7월 14일 도착하자 그 다음날 곧바로 영변 핵 시설 폐쇄(가동 중단)를 단행하고, 이를 15일 오전 한국과 미국 등 관련국에 통보했다.

'2·13합의'에 따른 1단계의 핵폐쇄가 취해진 후 2단계의 북핵 불능화는 '10·3합의'에 의거, 2007년 11월 1일부터 북한에 의해 시행되기 시작했다. 북한은 원래 '10·3합의' 제1조 제2항의 규정에서 "2·13합의에 따라 모든 자국의 핵 프로그램에 대한 완전하고 정확한 신고를 2007년 12월 31일까지 하기로 합의"했으나, 이를 이행하지 않았다.

노무현 정부는 6·15 공동선언에 기초해 남북장관급회담과 남북경제협력추진위원회 및 분야별 실무회담·접촉을 개최하는 한편, 금강산 지역에서의 이산가족 상봉, 금강산 관광사업과 개성공단 건설 등을 지속적으로 추진함으로써 남북 간 신뢰구축을 위해 노력했다. 이산가족 상봉과 관련해서는 2005년 8월 31일 강원도 고성군 온정리 조포마을에 이산가족면회소 건립을 위한 착공식을 거행했다. 남북한은 2007년 6월부터 내금강 지역으로까지 금강산 관광의 범위를 확대했고, 2007년 12월부터 개성 관광을 실시하기 시작했다. 또 2007년 11월 3일 현대아산과 북한의 아태평화위원회는 백두산 관광도 실시하기로 합의했다.

다른 한편, 노무현 정부는 2차 남북정상회담을 통한 남북관계 향상을 위해 임기 내내 공을 들였다. 이와 관련해 노무현 대통령은 몽골 방문 시 조건 없는 물질적·제도적 지원을 언급하기도 했다. 이런 노력이 결실을 거두어 2차 남북정상회담이 임기 만료 4개월을 앞둔 2007년 10월 마침내 평양에서 열리게 되었다. 그러나 야당과 일부 언론은 정부가 남북정상회담을 국내 정치적으로 이용하려 한다는 정치적 의혹을 제기했다.

2차 남북정상회담을 통해 남북한의 정상은 '남북관계 발전 및 평화번영을 위한 선언'[21]에 합의했다. 이 선언문을 통해 남북한은 상이한 체제에 대한 상호 존중을 토대로 정치·군사·경제·사회·문화·인도·외교 등의 영역에서 통일을 위한 공동사업들을 추진할 것에 합의했다. 이후 남북한은 2007년 11월 1차 남북총리회담과 2차 남북국방장관회담을 열어 합의문을 채택하는 등 정상회담의 분위기를 이어가려고 노력했다.

그러나 북한의 핵 문제가 해결되지 않았고 북한 체제의 변화 역시 미미한 가운데 합의·추진된 남북교류와 협력, 대북지원 등은 국민적인 합의와 지지를 이끌어내기에 부족했다. 노무현 정부 5년 동안 남북대화, 교류·협력 및 대북지원 등이 외형적으로는 활발하게 이루어졌지만, 북한의 파행적인 남북관계의 반복과 '대북 퍼주기' 논란은 국내 정치적으로 노무현 정부의 대북정책 추진력을 약화시켰다. 아울러 북한 인권 문제에 대한 국내외적 논쟁이 심화되면서 대북정책은 국민 여론을 선도하지 못하고 오히려 마찰의 강도를 높이는 측면을 보이게 되었다.

## 3. 한국 정부 통일정책 변화의 국내외적 요인

이상에서 이승만 정부 이래 노무현 정부까지의 통일정책을 개략적으로 정리해보았다. 여기에서는 각 정부별로 어떠한 국내외적 요인이 각 정부의 통일

---

21) 백종천, 「남북관계 발전과 평화번영을 위한 선언: 주요 내용과 의미」, ≪세종정책연구≫(2009) 참조

정책 형성과 변화에 영향을 미쳤는지 살펴보기로 한다.[22)]

### 1) 이승만·장면 정부 시기 통일정책 변화 요인

전반적으로 이승만 정부는 철저한 반공 정책을 실시했으며, 북한을 반국가 단체로 규정했다.[23)] 따라서 이승만 정부의 통일정책은 북한 지역을 회복하는 것이었다. 이 때문에 휴전 이후에도 이승만 정부는 '북진통일론'을 주장했다.

이승만 정부는 국제적으로는 '유엔 감시하 남북한 총선거'를 주장했지만, 국내적으로는 대한민국의 유일·합법성을 주장하면서 북한을 '승공통일'하겠다는 의지를 숨기지 않았다. 그리고 분단과 전쟁으로 강화된 반공주의 속에서 한국 사회의 좌파는 물론 중도적 세력까지 용공세력으로 탄압받았기 때문에 통일 논의는 한계를 가질 수밖에 없었다.

이러한 흐름 속에서 이승만 시기 통일정책 형성의 국내적 요인들을 살펴보면, 첫째, 이승만 대통령은 통일에 대한 외형적 의지는 강력했지만 무력통일이라는 방식을 주장함으로써 현실적인 통일 가능성을 축소시키는 모습을 보였다. 둘째, 국내 정치적으로 여당의 독주 속에서 한국전쟁이라는 참혹한 경험을 바탕으로 반공주의를 정착시킴으로서 통일에 대한 논의는 크게 확산되지 않았다. 셋째, 승공통일이라는 대전제하에서 국민들의 통일 인식은 제한적이었고 정부의 통일정책에 적극적인 비판이 이루어질 수 없는 상황이었다.[24)]

---

22) 여기에서 전개되는 각 정부별 통일정책 요인 분석은 최병섭, 「한국정부의 통일정책 지속성에 관한 연구: 정책변동에 대한 요인 분석을 중심으로」(경기대학교 정치전문대학원 박사학위논문, 2011)의 일부 내용과 부분적으로 중복되는 점이 있음을 밝힌다.

23) 이러한 규정은 남북한 유엔 동시가입에도 불구하고 여전히 한국 사회에서 대북정책 혼란의 원인이 되고 있다.

24) 제1공화국 시기 혁신계 정당은 사회당, 민주사회당, 노동당(민족주의 사회당), 민주혁신당, 진보당 등이 있었다. 남북 분단으로 인한 이데올로기의 양극화와 대립 속에서 좌파는 물론 중도적 세력까지 용공

대외적 요인으로서 첫째, 국제정치적인 측면에서 한국전쟁과 같은 전 지구적 냉전의 고착화가 이루어지던 시기에 한국 정부가 택할 수 있는 통일정책은 승공통일 외에 다른 대안이 없었다. 특히 미국과의 외교적 관계 속에서 안보 및 경제적 지원을 획득해야 하는 상황에서 미국의 동아시아 전략에 반하는 전략을 세우는 것은 사실상 불가능했다. 둘째, 북한은 당시 군사적으로 우월한 지위와 이데올로기적 대남 자신감을 바탕으로 평화통일을 거듭 제안했다.[25] 이러한 상황에서 이승만 정부가 북한과의 적극적 대화에 나서기는 사실상 힘들었을 것으로 판단된다. 셋째, 당시 북한 김일성체제는 전쟁의 실패에도 불구하고 전후 정비과정에서 정적(政敵)들을 제거함으로써 오히려 정치권력을 공고화하는 모습을 보였다.

결국 당시의 국내외적인 통일정책의 요인들은 이승만 정부가 평화적 통일정책을 펼치기보다 국내적으로 정치권력을 안정화하고 제2차 전쟁을 방지하는 것을 최우선 과제로 여기게끔 만들었다고 할 수 있다. 이러한 조건 속에서 국민들의 통일에 대한 열망도 일상의 생존문제 속에서 크게 부각되지 못했다.

한편 장면 정부하에서 기존의 북진통일론은 폐기되었다. 그러나 장면 정부는 국민경제건설을 제1과제로 선정함으로써 통일 논의는 정부 차원에서 활발

---

세력으로 탄압받았기 때문에 혁신계 정당의 통일 노력은 분명한 한계를 가지며 정부의 통일 방안과 대동소이한 입장을 제시할 뿐이었다. 신영석, 『역대 정권의 통일정책 변천사』(서울: 평화문제연구소, 2008), 제3장 3절 참조.

25) 대표적으로 북한은 1956년 4월 개최된 조선노동당 제3차대회에서 '조국의 평화적 통일을 위하여'라는 선언문을 채택했다. 여기서 미국과 이승만이 새로운 전쟁을 일으키려 한다고 비난하고 조국통일은 평화적인 방법으로 해결될 수 있다고 주장했다. 평화통일을 위한 방안으로 조선노동당은 6개 항을 제시했다. 그 내용은 한반도 문제의 종국적 해결은 민족의 자주적인 의사에 기초해 실현되어야 하며, 평화통일을 가져오기 위해서는 정전협정의 성과를 공고한 평화로 전환시켜야 하고, 인민의 애국적 열성과 적극성이 발휘되도록 하기 위해 한국의 사회·정치 생활에서 민주적 제 원칙이 실현되어야 하며, 남북의 부자연한 장벽을 제거해 남북 인민 상호 간의 접촉과 왕래가 이루어져야 하고, 통일 문제를 구체적으로 도의하기 위해 국회, 정부, 정당 사회단체의 대표들로 구성된 상설위원회를 구성해야 한다는 것 등이었다. 국토통일원, 『조선노동당대회 자료집』(서울: 국토통일원, 1980), 539~542쪽.

하게 제기되지 않았다. 장면 정부 시기 통일정책 형성의 요인들을 살펴보면, 국내적 요인으로서 첫째, 이승만 정부의 무력통일론은 폐기되었지만 유엔 감시하 남북 총선거라는 기존의 통일 전략에서 전혀 나아가지 못함으로써 실질적인 남북대화 구조를 형성하지 못했다. 장면 정부는 내부적으로 분출하는 여러 사회적 욕구들을 체계적으로 수용하기 힘든 상황이었고, 이러한 혼란 속에서 통일정책에 대한 특별한 조치를 내놓을 상황이 아니었다. 둘째, 이승만 체제는 끝났지만 사회적으로 안정되지 않은 상황에서 통일 문제를 국정의 화두로 내세울 상황이 아니었으며, 또한 정치적 혼란 속에서 다양한 통일 논의를 정책적으로 수용할 능력이 부족했으므로 정부 차원에서 별다른 대안을 제시하지 못했다. 셋째, 장면 정부의 통일에 대한 소극적 태도에도 그동안 억눌렸던 국민들의 통일 의지는 분출되었다.[26] 그러나 장면 정부는 이와 같은 국민들의 여론을 체계적으로 수용할 능력도 시간도 부족했다.

대외적 요인은 첫째, 동아시아에서의 냉전 체제는 더욱 공고화되었으며 미국과 소련을 축으로 하는 동서 냉전 속에서 양보를 바탕으로 하는 타협과 화합의 가능성을 확보하기 힘든 상황이었다. 둘째, 이 시기 북한은 무력을 통한 통일을 추진하는 대신 평화적인 공세를 통해 한국 내부의 분열을 도모하려 했다. 이러한 상황에서 장면 정부의 통일 전략은 소극적인 수준에 머무를 수밖에 없었다. 셋째, 1960년대 북한의 경제 발전은 체계적 주민 동원과 소련·중국으로부터의 지원을 통해 상당한 성과를 이루고 있었다. 당시 경제적 우위에 있는 북한의 적극적 통일 제안은 체제 안정성 차원에서 장면 정부가 수용하기 부담

---

26) 당시 주요 정당 및 사회운동 차원에서 제기된 통일 논의의 특징을 살펴보면, 우선 혁신계의 통일 방안과 주장이 중심을 이루고, 여기에 여러 가지 통일 논의가 활발히 전개되었다. 이러한 통일 논의는 우선 '민족 자주성의 원칙'을 강조했다. 이는 장면 정부가 고수한 유엔에 의한 한반도 통일 추진에 근본적인 회의를 표명하는 것이었다. 그리고 외군 철수, 남북협상, 남북교류, 북한 정권의 존재 인정, 중립화 통일 등 장면 정부의 소극적이고 보수적인 정책과 정면으로 충돌하는 내용들이었다. 신영석, 『역대 정권의 통일정책 변천사』, 91쪽.

스러운 것이었다.

### 2) 박정희 정부 시기 통일정책 변화 요인

5·16 쿠데타 이후 군부는 남북협상 및 교류를 주장한 혁신계 인사들과 남북학생회담을 주장한 대학생들을 일제히 검거함으로써 민간 통일 논의에 찬물을 끼얹었다. 또한 1961년 7월 4일 반공법이 공포되면서 정부와 의견을 달리하는 비정부 통일론은 단순한 통제의 대상을 넘어 용공 행위처럼 다루어졌다. 이에 따라 민간의 통일 논의는 억압되고 사실상 정부의 통일 논의 독점 시대가 열렸다고 할 수 있다.[27]

경제력뿐만 아니라 국방력에서도 북한에 열세였던 당시 상황에서 실력배양우선론이 정당화되었다. 이에 따라 남과 북이 유엔 감시하의 남북한 총선거를 실현하려면, 다양한 통일 논의로 시간을 낭비할 것이 아니라 우선 국력을 다지는 일이 최선이라는 논리가 부각되었다. 그러나 박정희 정부는 '선건설, 후통일'의 기조 속에서도 1969년 3월 1일 국토통일원을 설립함으로써 북한의 대남통일 공세에 대응하고, 통일 문제에 대한 체계적인 정책을 수립하고자 했다. 제3공화국의 '선건설, 후통일론'을 기초로 한 경제성장 전략은 두 차례의 경제개발 5개년 계획을 통해 이루어졌고 그 결과 한국은 1960년대 후반에 들어서면서 북한에 대한 경제적 열세에서 어느 정도 벗어났다.

대외적으로는 1970년대 초 미국과 소련 사이에서 데탕트가 진행되고 미국과 중국 사이의 관계가 개선됨에 따라 그 여파가 한반도에까지 파급되었다. 남북관계는 이러한 국제적 환경 변화에 따라 전략적으로 양자 간 '작은 데탕트'의 모습을 띠었다. 또한, 남북한 모두 전후 20년이 되어가는 시점에서 양자 간

27) 같은 책, 151쪽.

의 새로운 관계를 정립할 필요성을 느꼈다. 한국은 경제 부문의 성장에 따라 북한에 대해 어느 정도 자신감을 회복했고, 북한 또한 유리한 대화의 환경이 조성되었다고 판단했다.

그 결과 1972년 역사적인 '7·4 남북공동 성명'이 채택되면서 남북화해 무드가 무르익었지만, 남북한 정부 모두 남북대화를 정략적으로 이용함으로써 그 분위기는 오래가지 못했다. 한국의 경우 1972년 10월 17일 비상조치를 통해 '10월 유신'이 선포되었고, 북한은 1972년 12월 사회주의헌법을 제정하면서 김일성 1인 독재 체제를 강화했다. 1970년대 전반 남북 사이의 대화가 활발하게 전개되었던 것에 비해 1970년대 중·후반에 들어 남과 북은 냉랭한 대결을 지속했지만, 7·4 남북공동 성명을 계기로 남북관계는 대화 없는 대결에서 대화 있는 대결의 시대로 전환했다고 평가할 수 있다.

박정희 정부 시기 통일정책 형성의 요인들을 살펴보면, 국내적 요인으로서 첫째, 쿠데타로 정권을 탈취한 박정희 정부는 무엇보다도 국내적 정치 혼란과 경제적 빈곤을 탈피하는 데 정치적 역점을 두었다. 따라서 통일보다는 실력배양이 우선이었다. 이후 경제적으로 북한을 추월하는 상황에서 통일 문제에 대해 적극적인 자세를 보이기도 했으나 그것은 정치권력의 안정화를 위한 도구로 활용되었다. 대표적인 예가 7·4 남북공동 성명의 경우이다. 둘째, 국내 정치상으로 볼 때, 박정희 정부에 대한 야당의 도전은 지속되었다. 김대중·김영삼과 같은 '젊은' 정치가들이 집권에 도전하는 모습을 지속했다. 따라서 통일 문제의 정책적 우선순위는 권력 유지라는 원초적인 목표 앞에서 뒤로 밀릴 수밖에 없었다. 셋째, 권력 유지에 우선순위를 두면서도 국민들의 통일에 대한 의지의 분출에 대해서는 적절한 대응을 해야 했는데, 그 결과 국토통일원을 만들어 통일에 대한 제도적 의지를 보였다. 그러나 7·4 남북공동 성명의 환희가 유신헌법으로 이어지면서 통일정책에 대한 국민의 지지는 하락했고, 제도권 밖에서의 통일 논의가 탄압 속에서도 활성화되었다.[28)]

대외적 요인으로서 첫째, 미국과 중국의 데탕트는 동북아에서 냉전의 긴장을 상당 부분 희석할 수 있는 이벤트였다. 따라서 남북한 간에도 통일 또는 분단 관리의 차원에서 어떤 조치가 필요했다. 그러나 남북한 모두 권력공고화를 위한 수단으로 통일 논의를 활용함으로써 남북한의 역사적 합의는 일회성으로 마감되었다. 둘째, 북한은 대남 경제적 우세를 마감한 후 한국에 대해 평화의 메시지와 경쟁의 구도를 동시에 노정했다. 고려연방제의 주장을 통해 통일 논의의 주도권을 가지고 남북관계를 이끌려고 했으나 그 성과는 정치 선전의 기능 외에 거의 없었다. 셋째, 이 시기 북한은 장기 집권을 공고화하는 작업을 통해 북한 체제의 안정성을 지속해나가고 있었다.

### 3) 전두환 정부 시기 통일정책 변화 요인

전두환 정부 초기 북한은 선제적으로 남북대화 재개를 제안했다. 이후 남북총리회담을 개최하고, 연이어 실무회담이 이어졌으나 별다른 결실을 맺지 못했다. 그러나 남북대화의 불씨는 이어졌다. 1981년 새해 국정연설을 통해 전두환 대통령은 아무런 부담과 조건 없는 남북한 당국 최고 책임자의 상호 방문을 제의했다. 연이은 한국의 제의에도 북한은 응하지 않았고, 이 시기 남북한 양측은 각각의 통일 방안을 공표하며 통일에 대한 주도권을 행사하려 했다.

제5공화국 시기 시민사회는 통일운동의 측면에서 구체적인 통일 방안을 제시하기보다는 통일의 저해 요인들을 조명하고 통일운동을 활성화하는 데 주력했다. 예를 들면 민중 주체의 통일을 목표로 남과 북의 군사력을 점진적으로 축소하여 각각의 병력을 20만 이하로 낮추는 단계적인 군사력 감축의 실현이

---

28) 유신헌법과 통일에 대한 당시 정부의 주장을 알기 위해서는 김영준, 「유신헌법과 조국의 평화통일: 유신헌법과 제4공화국」, ≪국회보≫, 제127권(1973. 3), 22~25쪽 참조.

나 남북 당국 간 대화와 교류를 비판하면서 통일 논의와 실천의 주체로서 민중의 참여를 보장하는 민간 차원에서의 남북교류의 실시 등의 주장이 나오기도 했다. 이러한 분위기 속에서 학생들의 통일운동도 점차 확대되기 시작했다.

전두환 정부 시기 통일정책 형성의 요인들을 살펴보면, 국내적 요인으로서 첫째, 쿠데타로 정권을 탈취한 전두환 정부는 무엇보다도 취약한 정통성을 확보하기 위해 통일 문제에 적극적으로 임했다. 이는 기존의 통일정책을 총망라해 체계화시킨 '민족화합민주통일 방안'이 탄생하는 계기가 되었다. 이 통일 방안의 골격은 현재까지 유지되고 있다. 둘째, 국내 정치적으로 볼 때, 전두환 정부는 광주 민주화 운동을 폭압적으로 진압했다는 태생적 업보 때문에 야당으로부터 지속적인 도전을 받았다. 특히 정권 말기로 갈수록 정치권 내외로부터 수많은 도전이 동시다발적으로 제기되었다. 이 과정에서 민주화와 함께 통일에 대한 국민들의 열의는 확산되어갔다. 셋째, 그동안 '선건설, 후통일'이라는 기조 아래 진행되었던 통일 논의에서 의도적으로 제외되었던 국민들의 통일에 대한 열의가 민주화 과정을 통해 강렬해졌다. 즉 민주화의 열기가 커질수록 통일에 대한 국민들의 논의도 활발해졌으며, 그중에서도 특히 대학생들에게 통일은 민주화와 구분되는 별개의 영역이 아닌 함께 진행해야 하는 목표가 되었다.

한편 대외적 요인으로는 첫째, 냉전 말기에 이르러 국제사회의 정세는 이데올로기를 축으로 하는 극단의 대립에서 미국의 우위를 확인하는 과정으로 접어들었다. 이런 상황에서 전두환 정부는 우세한 경제력을 바탕으로 북한에 대한 통일정책을 적극적으로 펼칠 수 있는 토대를 가지게 되었다. 둘째, 이 시기 북한은 한국에 대한 공세를 강화하는 한편 변화하는 국제 정세 속에서 안정적인 남북관계를 형성하고자 했다. 새로운 통일 방안을 발표하는 등 변화에 대응하는 모습도 보였다. 그러나 기본적으로 북한의 통일 전략에는 변화가 없었고, 그나마도 체제 안정을 위한 수단으로서 통일 문제를 정치화했을 뿐이다. 셋째,

1980년대 들어 한국의 경제력이 북한을 현격하게 앞지르는 상황이 되었지만, 북한 체제의 안정은 유지되었다. 김일성의 위상은 막강했고 후계자인 김정일의 위치도 안정적이었다. 이런 상황에서 북한은 남북관계에서 큰 변화를 도모하기보다는 오히려 변화의 과정에 유연하게 대응하는 전략을 펼쳤다.

### 4) 노태우 정부 시기 통일정책 변화 요인

당시 한반도를 둘러싼 주변 정세는 급격한 변화를 거듭했고, 고르바초프(Mikhail Gorbachev)를 중심으로 한 소련의 개혁·개방정책을 동력으로 공산권 국가들의 개혁과 개방 추세가 빠르게 진행되면서 세계적으로 화해·협력의 분위기가 형성되었다. 이러한 국제 정세의 흐름 속에서 출범한 제6공화국은 헌법 전문에서부터 조국의 평화통일의 사명을 규정하고, 제4조에서 통일은 자유민주적 기본 질서에 입각해 평화적으로 달성되어야 한다는 점을 명확히 했으며, 제66조 3항에서는 대통령은 조국의 평화적 통일을 위한 의무를 진다고 규정했다. 헌법에 통일 관련 조항을 규정함으로써 통일이 관념과 이상의 문제가 아니라 현실적인 실천 과제임을 더 분명히 하게 되었다.

한편 한국 민주주의사에서 주목할 만한 전환점이라 할 수 있는 6월 민주항쟁과 6·29선언 이후 우리 사회에 대한 각계각층의 정치적 각성이 높아졌고 이에 따라 민간의 대중운동이 활성화되었다. 이런 사회적 분위기 속에서 그동안 억눌려 있던 통일운동 역시 민간에서 활발하게 일어났는데 이는 문익환 목사와 임수경의 방북 등 기존의 통일 논의의 수준을 넘어선 더 조직적이고 대중운동적인 모습으로 나타났다. 바야흐로 통일 논의는 정부와 사회의 여러 주체 사이에서 봇물처럼 나오게 되었다.

노태우 정부 시기 통일정책 형성의 요인들을 살펴보면, 국내적 요인은 첫째, 6월 민주화 항쟁이라는 진통을 통해 출범한 노태우 정부는 나름대로의 정치적 정통성을 확보했고, 새로운 헌법을 통해 통일에 대한 적극적인 자세를 공식화했다. 특히 노태우 대통령은 전두환 정부의 민족화합민주통일 방안을 한층 체계적으로 정리한 한민족공동체 통일 방안을 제시함으로써 이후 정권이 변동할 때마다 발전된 통일 방안을 제시하는 관례를 만들었다. 또한 남북기본합의서를 작성하는 등 제도적으로 통일을 추진하려는 적극적인 태도를 보였다. 둘째, 국내 정치적으로 볼 때, 노태우 정부는 전두환 정부의 승계 정권으로서 태생적 취약점을 가지고 있었기 때문에 비록 대선에서 승리해 정권을 차지했지만 야당으로부터 많은 도전을 받았다. 그러나 3당 합당 등을 통해 정치적 안정을 취한 노태우 정부는 선도적 자세를 갖고 북방정책과 더불어 대북정책을 추진해 나갈 수 있는 상당한 동력을 얻을 수 있었다. 셋째, 민주화 사회에서 통일에 대한 국민들의 열기는 점점 고조되었고 문익환 목사와 임수경의 연이은 방북으로 내부적으로 통일 방안과 속도에 관한 구체적인 논쟁이 가열되었다. 이 과정에서 노태우 정부의 통일정책은 수세에 몰리기도 했으나, 이를 계기로 적극성 유지와 사회 안정이라는 두 측면에서 균형점을 잡는 데 더 많은 관심을 쏟게 되었다.

한편 대외적 요인은 첫째, 탈냉전의 시작으로 국제적인 이데올로기 대치가 끝나면서 공세적인 통일정책을 펼칠 수 있는 계기가 마련되었다. 중국·소련과의 관계 개선을 위한 북방정책을 추진하면서 외교적으로 주도권을 잡은 한국 정부는 북한에 대한 공세적인 통일정책을 펼칠 수 있었다. 둘째, 이 시기 북한은 냉전의 해체 속에서 기존의 대남공세와 함께 체제 안정에도 노력을 기울여야 하는 상황에 빠졌다. 이에 따라 북한은 한국의 적극적인 대북정책에 수동적인 입장에서 호응하게 되었고 그 결과 남북한 간의 여러 합의가 이루어졌다. 셋째, 1988년 서울올림픽을 기점으로 남북한의 경제력 격차는 급격하게 벌어졌고, 남북한 간 체제 경쟁에서 북한의 패배가 확실히 나타났다. 뒤바뀐 국제정세와 체제 불안정 요인이 확대되면서 북한은 한국과의 대화를 통한 안정성

확보와 함께 동맹 균열로 인한 군사력 열세에 대한 해결책을 모색하게 되었다.

### 5) 김영삼 정부 시기 통일정책 변화 요인

3당 합당이라는 과정을 통해 대통령에 당선된 김영삼은 '문민정부'라는 이름에 걸맞게 대북·통일정책에서도 매우 의욕적인 모습을 보였다. 즉 김영삼 대통령은 1993년 2월 25일의 제14대 대통령 취임사를 통해 "어느 동맹국도 민족보다 더 나을 수는 없다"[29]며 민족 우위의 매우 혁신적인 입장을 보였고, 남과 북의 진정한 화해와 통일을 논의하기 위해 남북정상회담의 개최가 필요하다는 소신을 밝혔다. 출범 초기 정책면에서 김영삼 정부는 전임 노태우 정부와 마찬가지로 북한과의 교류·협력의 지속·확대를 통해서 북한을 변화시킨다는 이른바 '접촉을 통한 변화'를 기치로 내걸고 점진적·단계적으로 통일을 성취한다는 통일 구상을 공표했다. 김영삼 정부는 초기에 월등한 경제력과 정치적 민주화, 그리고 유리한 국제 환경으로 대북 통일정책을 펴기에 여러모로 유리한 여건을 갖추고 있었다.

그러나 출범 이전부터 불거진 북핵 문제에 대한 국제사회의 우려는 문민정부의 대북정책에 악영향을 끼쳤고, 그 과정에서 여러 악재가 겹치면서 남북관계의 발전에도 한계가 드러났다. 김영삼 정부 시기 북한에서는 최대 300만 명으로 추정되는 아사자가 발생했다. 이른바 '고난의 행군'이라 불리는 이 시기에 배고픔을 견디지 못한 북한 주민 중 다수가 식량을 찾아 국경을 넘으면서 북한 붕괴론이 크게 대두되었다. 이런 상황에서 한국은 정부와 민간을 통해 북한에 대한 인도주의적 식량지원을 했다. 그러나 초기의 큰 의욕과는 달리 강릉 잠수함 침투 사건과 같은 북한의 안보 교란 때문에 국내 정치적으로 반대론이

---

29) ≪조선일보≫, 1993년 2월 26일.

크게 제기되었고, 이러한 분위기는 북핵 문제가 지속되면서 그 진행 상황에 따라 크게 영향을 받았다.

김영삼 정부 시기 통일정책 형성의 요인들을 살펴보면, 국내적 요인으로서 첫째, 김영삼 대통령 개인의 통일에 대한 의지 또는 역사의식은 출범 초기부터 적극적인 통일정책 구상으로 나타났다. 특히 취임사에서 그가 밝힌 '동맹'보다 '민족'을 우선한다는 인식은 냉전 기간 내내 미국과의 동맹이 민족화해와 통일보다 우선시되던 기존의 인식을 깨는 중대한 것이었다. 그러나 북핵 문제의 대두와 북한의 대남 침투 사건이 이어지면서 대북정책은 강경론으로 선회했다. 둘째, 국내 정치적으로 볼 때, 김영삼 정부는 스스로 '문민정부'라는 이름을 붙임으로써 자유를 강조했지만 통일 논의에서는 이전 노태우 정부와 크게 다르지 않은 모습을 보였다. 국민들의 여론을 적극적으로 수용하기보다는 정부의 정책에 국민들이 따라오도록 해 사실상 제한적인 부분에서만 자율성을 허용했다. 또한 국내 정치적으로 여소야대를 경험하면서 적극적인 통일정책을 펼치기보다는 정치 라이벌인 김대중의 제안과 차별성을 두려는 모습을 보였다. 셋째, 학생운동이 조직화되고 시민사회가 성장하면서 통일에 대한 논의는 단순히 맹목적 열의로만 나타나는 것이 아니라 학문적인 영역과 사회운동의 공간에서 지속적으로 요청되었다. 그러나 김영삼 정부는 북핵 문제의 등장과 함께 남북관계의 중심추를 미국에 넘겨줄 수밖에 없었다.

한편 대외적 요인으로는 첫째, 탈냉전 이후 유일한 강대국인 미국이 핵확산방지를 국제정치의 주요 화두로 제기한 상태에서 북한이 일으킨 핵 문제는, 한반도를 다시금 전운이 감도는 위험한 지역으로 만들었다. 북한이 위기 조성을 통한 위기 돌파라는 강공책을 사용하면서 한반도에는 한때 전쟁의 기운이 감돌기도 했으나, 결국 협상을 통한 문제 해결을 모색하게 되었다. 둘째, 이 시기 북한은 북핵 문제를 축으로 해 일거에 열세적 상황을 벗어나기 위해 모험주의적 정책을 선택했다. 김일성은 한국과의 정상회담을 통해 상황을 반전시키려고 했으나 정상회담일을 목전에 두고 사망하고 말았다. 이에 따라 북한은 정권 교체기의 혼란을 막기 위해 체제 내부뿐만 아니라 대외정책에서도 침체되고 경직된 모습을 보이게 된다. 이른바 유훈통치가 시작된 것이다. 셋째, 김일성 사망 이후 북한의 붕괴를 점치는 주장까지 나올 정도로 북한의 경제 사정은 매우 안 좋은 방향으로 나가고 있었다. 고난의 행군이라 불릴 정도로 당시 상황은 엉망이었고 대규모 탈북 사태와 아사자의 발생 등으로 체제의 존립이 불가능한 상황으로까지 비추어졌다. 그렇지만 이러한 경제적 곤경에도 김정일 체제는 안정적으로 권력을 계승했다. 그러나 경제적 곤경은 계속되었고 권력의 경제적 토대가 약해지는 대신 정치권력의 강건함이 강조되면서 북한의 대남정책과 대외정책에서 강경정책이 나타나기 시작했다.

### 6) 김대중 정부 시기 통일정책 변화 요인

이른바 수평적 정권 교체를 통해 선거를 통한 최초의 여야 간 정권 교체를 이룬 김대중 정부는 대북정책의 획기적 전환을 통해 최초의 남북정상회담을 성사시키는 등 한반도 평화 정착을 위해 노력했고, 김대중 대통령은 이 공로를 인정받아 노벨평화상을 수상했다. 1998년 2월 김대중 정부의 출범과 함께 추진된 대북포용정책은 과거의 어떤 대북·통일정책보다 국내외로부터 큰 주목을 받았다.

1998년 2월 25일 김대중 대통령은 취임사에서 '대북 화해·협력정책'을 발표해 대북정책의 목표와 원칙을 설정했고,[30] 국민의 정부는 이를 임기 내내 일관되게 추진했다. 이른바 햇볕정책이라고도 불린 이 정책은 대립과 갈등의 지난 남북관계의 틀을 벗고 남북 간의 화해와 협력을 추구하는 것을 최우선의 명

---

30) ≪조선일보≫, 1998년 2월 26일.

제로 둔 정책이었다. 즉 북한이 스스로 변화의 길로 나올 수 있는 적합한 환경을 조성하고 한반도의 평화와 안전을 도모하자는 것이었다. 김대중 정부는 성급하게 법적·제도적 통일실현을 위해 서두르는 것은 비현실적이라고 판단하고, 우선 평화의 토대를 확고히 유지하는 가운데 교류와 협력을 꾸준히 활성화함으로써 남북이 상호 이해의 폭을 넓히고 민족 동질성을 회복하는 '사실상의 통일 상황'을 실현시키는 데 역점을 두었다.[31]

제네바 합의를 통한 북핵 문제 해결 구조가 와해되고 제2차 북핵 위기가 시작되는 등 한반도를 둘러싼 국제 환경은 북한에 적대적인 상황이었지만, 국민의 정부는 최대한 일관성을 유지하면서 대북정책을 펼쳐나갔다. 6·15 공동선언은 지금도 유효한 남북관계의 틀로 기능하고 있다. 이 시기 남북 간의 교류와 협력은 북핵 문제라는 악재 속에서도 괄목할 만한 성장을 보였다. 특히 금강산 관광사업을 통해 한국의 인사들이 북한 땅을 별다른 조건 없이 갈 수 있었던 것이나 개성공단 건설의 토대를 쌓은 것은 남북관계에서 중대한 진전이라고 평가된다.

김대중 정부 시기 통일정책 형성의 요인들을 살펴보면, 국내적 요인은 첫째, 야당 대표이자 재야세력의 원로로 오랜 기간 활동한 김대중 대통령은 재임기간에 그때까지 구축했던 통일 구상을 실천하는 일관된 모습을 보였다. 단계적 통일론에 기반을 둔 김대중 정부의 통일정책은 무엇보다도 활발한 교류를 우선시했고 일부의 우려와 비판에도 그러한 기조를 계속 유지했다. 둘째, 국내정치적으로도 '정치9단'이라고 불리는 정계원로에게 대적할 상대는 거의 없었다. 김대중 대통령은 초기 통일부 장관을 우파 인사로 임명하는 등 정치적 수완을 발휘해 보수층의 우려를 다독거리며 꾸준하게 대북 접촉면을 확대하는 데 주력했다. 하지만 북핵 문제가 난관에 봉착하고 서해교전이 발생하면서 정

31) 통일부, 『국민의 정부 5년, 평화와 협력의 실천』(2003), 2쪽.

책의 추진력은 상당 부분 약화되었다. 셋째, 진보 진영과 학생들의 지지 속에서 김대중 정부의 초기 대북정책은 감성적으로도 실질적으로도 많은 지지를 얻었다. 그러나 임기 말에 차기 정권을 둘러싼 권력투쟁 과정에서 보수 야당이 북핵 문제를 필두로 하는 안보 문제를 부각하면서 햇볕정책의 안보적 취약성을 강조하는 상황이 전개되었다.

한편 대외적 요인으로는 첫째, 김대중 정부는 미국 클린턴(Clinton) 행정부와 부시(Bush) 행정부라는 대조적인 성격의 미국 행정부를 경험했다. 이 과정에서 한국은 핵무기 비확산을 위해 적극적으로 노력하지 않는다는 비판을 받기도 했으나, 한편으로는 미국의 대북 강경정책을 누그러뜨리는 역할을 했다. 둘째, 김대중 정부 시기 북한은 남북교류를 통한 여러 경제적 이익을 얻기 위해 많은 대화와 협력에 임했으며, 결국 정상회담을 수용하는 모습을 보였다. 그러나 경제적 지원을 수용하면서도 정치적 합의에 한계를 보이는 등 양면적인 모습을 보이기도 했다. 이러한 북한의 태도로 인해 김대중 정부의 대북정책은 보수층으로부터 비판을 받기 시작했다. 셋째, 1998년 김정일 체제가 수립된 이후 북한 경제는 한국을 포함한 외부로부터의 지원으로 최악의 상황은 벗어났으나 위기가 지속되었다. 즉 외형적으로는 정권이 안정된 것처럼 보였으나 내부적으로는 탈북자가 속출하는 등 지지 기반은 과거와 같지 않았다. 따라서 남북교류를 통한 북한 사회 내부의 혼란을 방지하는 것이 북한 정부의 중요한 정책적 과제가 되었다. 이런 요인은 남북교류의 확대가 일정 수준 이상으로 발전되기에는 한계가 존재한다는 점을 현실적으로 부각시키는 계기가 되었다.

한편 정권 차원에서 대북정책을 살펴보면 김대중 정부의 통일정책은 어떠한 정치외교적 상황에도 남북한 간의 교류와 접촉의 공간을 계속 유지했다는 점에서 과거와 큰 차별성을 보인다. 지난 정권들이 초기의 의지와는 달리 북한의 대남 적대정책에 따라 통일정책의 지속성을 확보하는 데 실패했다면, 김대중 정부는 끝까지 북한과의 대립각을 세우지 않기 위해 노력했다. 이러한 모습은 통일정책의 새로운 국면을 마련했다는 점에서 높이 평가되는 부문이다.

### 7) 노무현 정부 시기 통일정책 변화 요인

정권 초기 새천년민주당이 열린우리당과 민주당으로 분화됨으로써 정치적 토대가 변모했음에도 노무현 정부는 이전 김대중 정부의 대북·통일정책을 계승하기로 공언했다. 그렇지만 노무현 정부는 김대중 정부의 '대북 화해·협력정책'을 그대로 답습하는 대신 자신들의 대북·통일정책을 '평화·번영 정책'이라고 명명하고 한층 발전적 단계로의 남북관계 제도화를 도모했다. 즉 기존 대북정책의 계승과 발전을 통해 한반도의 평화 정착과 함께 민족의 번영을 도모한다는 계획이었다. 이는 불안정한 정전체제하에서의 상호 불신과 남북 적대관계를 청산하고 평화 공존과 화해 협력의 남북관계를 정착시켜 나감으로써 한반도의 항구적인 평화를 실현하고자 한 것이다.[32] 이를 위해 노무현 정부는 당면한 북한 핵 문제의 평화적 해결을 도모함과 아울러 남북한 간 교류·협력의 심화·확대 및 군사적 긴장 완화와 신뢰구축을 통한 한반도 평화 정착의 기반을 조성하는 데 주력했다.

임기 내내 북핵 문제의 진행에 따라 남북관계는 전진과 후퇴를 반복했다. 특히 북한의 미사일 발사, 핵보유 선언, 핵실험 등이 발생할 때마다 남북관계는 국제 환경과 국내 여론의 압박에 의해 경직성을 띠게 되었다. 결국 평화·번영 정책은 당초의 원대한 꿈을 이루지 못한 채 그저 하나의 과정과 시도의 수준에 머물렀지만, 동북아 국가들의 경제적 이해관계의 충족이라는 틀 속에서 남북관계의 원동력을 얻으려 했던 노력은 긍정적 평가를 받을 수 있는 부분이다.[33]

---

32) 통일부, 『2007 통일백서』(서울: 통일부, 2007), 15쪽.

33) 평화·번영 정책을 동북아 국가 간 경제이해의 측면에서 바라보는 시각은 김근식, 「노무현 정부의 평화

여기에는 임기의 전반기 대부분을 북핵 위기에 대처할 수밖에 없었던 시대적·환경적 한계가 크게 작용했다고 보아야 할 것이다. 이런 악조건 속에서 노무현 정부는 북핵 문제의 평화적 해결과 남북관계의 발전이라는 두 마리 토끼를 쫓았지만, 북핵이라는 환경적 제약은 다른 모든 노력을 압도하는 장애물이었다.

노무현 정부 시기 통일정책 형성의 요인들을 살펴보면, 국내적 요인으로서 첫째, 전임 김대중 대통령의 정치적 지원과 대통령 본인의 통일에 대한 지론에 따라 대북 화해·협력정책이 지속되었다. 이로 인해 남북화해와 북핵 문제 해결이라는 상반되는 두 과제 속에서 남북화해의 측면에 더 무게를 둠으로써 이른바 '퍼주기' 논란을 야기하기도 했다. 둘째, 국내 정치적으로 노무현 정부는 탄핵 국면을 극복하면서 정치적인 추진력을 얻었지만 부동산 가격의 폭등과 같은 경제적 문제들로 인해 국민들의 지지가 약화되었고, 야당으로부터 대북정책에 대한 집중공격을 받으면서 효과적인 정책을 펼치는 데 한계가 있었다. 또한 통일정책을 설정하고 실행하는 데 야당과의 협상보다는 국민들을 설득하는 데 주력했으나 그 역시 임기 말로 갈수록 효력이 떨어졌다. 또한 야당 등은 남북공조가 한미동맹에 균열을 일으켜 안보적으로 위험한 상황을 초래했다고 정부와 여당을 공격했다. 셋째, 국민 여론의 측면에서 보면 진보 진영의 일방적인 지지 속에서 출범한 노무현 정부는 그들로부터는 많은 지지를 얻었지만 반대로 보수 진영으로부터는 상당한 비판을 받았다. 또 ≪조선일보≫·≪중앙일보≫·≪동아일보≫ 등을 비롯한 보수 언론들이 노무현 정부에 대한 비판을 대북·통일정책 분야에서 집중적으로 제기하면서 국민 여론은 극단적인 남남갈등으로 나타났다. 이에 따라 통일정책은 국민들과도 잘 소통이 되지 않는 상황에 처하게 되었다.

한편 대외적 요인으로는 첫째, 9·11 테러 이후 전 세계적으로 테러와의 전

---

번영정책」, ≪통일 문제연구≫, 제16권 1호(2004), 9~11쪽 참조

쟁을 수행해온 미국과 그 위험 요인으로 지목된 북한 사이에서 한국이 취할 수 있는 외교적 선택의 폭은 크지 않았다. 여러 측면에서 한국 정부는 미국과 마찰을 빚었으며 통일정책은 제약을 받았다. 정경분리 원칙에 따른 북한에 대한 지원 역시 미국과의 관계 속에서 속도 조절을 해야 했다. 둘째, '악의 축', '폭정의 전초 기지'와 같은 표현으로 드러난 북한에 대한 부시 행정부의 노골적인 적대감은 북한의 위기의식을 높였고 나아가 '체제 전환'을 언급한 미국의 대북 강경외교는 북한이 강경한 외교정책을 취하게끔 만들었다. 이에 따라 한미동맹에 대한 북한의 비난도 재개되었다. 셋째, 고난의 행군을 마치고 어느 정도 체제의 안정성을 찾아가던 북한에 부시 행정부의 강경외교는 체제의 안정성에 대한 심각한 위협으로 다가왔다. 핵무기를 지렛대로 미국과의 외교적 관계 수립을 목표로 하던 북한에 부시 행정부의 강경한 외교는 기존의 유화적 분위기를 모두 물거품으로 만드는 것이었다. 이라크 전쟁에서 나타난 미국의 가공할 화력을 다시금 목격하고 또한 독재자 사담 후세인(Saddam Hussein)의 말로를 지켜본 북한 정권으로서는 체제 수호를 위해 외부와의 협력 대신 단절을 선택할 수밖에 없었다.

## 4. 현 단계 통일정책의 방향과 과제

지금까지 대한민국 국가 창설 이후 각 정부의 통일정책과 그 요인들에 대해 간략하게 살펴보았다. 사실 앞서 설명한 내용보다 훨씬 많은 구체적 사료들이 존재하고, 각 정부의 통일정책을 해석하는 여러 다른 시각들도 존재한다. 그러나 확실한 사실 하나는 현실적으로 분단의 고착화가 진행되는 과정 속에서도 정부를 포함한 남북의 여러 행위자들은 현실을 극복하고 통일의 미래를 추구하고자 해왔다는 점이다. 또한 이러한 통일 의지의 민족적 총합은, 비록 그것이 서로 다른 목표를 추구하는 것일지라도, 시간의 흐름과 함께 커져온 것이 명확하다.

그런데 지난 이명박 정부의 통일정책은 결과적으로 이러한 흐름과 비교되는 독특한 것이었다. 김대중·노무현 정부의 대북지원을 이른바 '퍼주기'로 규정한 보수 진영의 인식과 북한 정권에 대한 한국 사회의 뿌리 깊은 반감 등이 어우러져, 이명박 정부의 통일정책은 북한에 대해 '원칙의 수용'을 강제하는 대북정책으로 전개되었다. 그러나 천암함·연평도 사건 등과 같은 안보 불안이 야기되면서 결과적으로 정책의 효용은 떨어졌고, 임기 내내 남북한 간에 안보적 긴장이 팽배해졌다. 이 시기 형성된 긴장은 2013년 남북한의 정부가 모두 교체된 상황에서도 지속되었다. 이명박 정부가 표방한 상생과 공영은 좌절로 마무리되었고, 그 결과 박근혜 정부는 출범 초부터 남북대화와 통일 여건의 측면에서 매우 열악한 조건으로 시작할 수밖에 없었다.

결국 이명박 정부의 '원칙'에 갇힌 '실용'은 아무런 효과도 발휘할 수 없었다. 또한 한국의 체제적 우월함이 북한 체제의 열악함을 흡수해야 한다는 인식 속에서 이루어진 통일 논의는 상대가 없는 공허한 정책이 되고 말았다. 상황이 닥치면 수용할 수밖에 없는 것이지만, 북한 체제 붕괴에 따른 결과로서의 통일 준비가 우리의 통일정책 기조로 부상하는 것은 매우 위험하다. 왜냐하면 우리의 통일은 결과로서가 아니라 과정으로서의 통일이고 진정한 통합을 위한 노력이어야 하기 때문이다.

통일은 단순한 영토적 통합이 아니다. 남북한 주민 모두에게 자유와 정의가 실현됨으로써 서로 어울려 살아가는 사회적 통합을 전제로 하는 것이다. 굳이 예멘통일의 예를 들지 않더라도 단순한 영토적·법적인 통일만으로는 사회적 통합을 완성할 수 없다. 통일을 완성해나가는 과정으로서의 통일정책은 이후의 사회적 통합에 긍정적인 방향으로 이루어져야 한다. 따라서 화해와 협력의 대북정책은 비록 그 한계성을 노출했을지언정 앞으로도 변함없이 실천되어야 할 정책 방향으로서 가치를 가진다.

다른 한편으로 생각해보아야 할 사안은 통일과 평화의 관계이다. 통일하면 떠오르는 것이 평화통일이다. 무력 충돌이 벌어질 경우 가공할 피해가 발생한다는 점에서 전쟁을 통해 통일을 이룬다는 것은, 통일을 하지 않는 것보다 부정적 결과가 초래될 수 있다. 통일을 민족의 과제로 상정하더라도 평화적인 방법이 아니라면 추구할 목표라고 하기 어렵다. 통일을 미루더라도 평화를 유지하는 것이 미래의 통일을 긍정적으로 만드는 과정이 될 수 있을 것이다. 이런 관점에서 남북관계의 '정상화'를 천명해온 이명박 정부의 대북정책은 그 과정과 결과에서 전반적으로 대립주의적인 양상을 초래했다는 점에서 한계를 지닌다고 할 수 있다.

평화와 통일에 대해 선차성(先次性) 논의가 중대한 의미를 가지는 이유는 지난 이명박 정부의 대북정책이 화해와 협력을 통한 접근 방법의 구체화보다는 통일 대비로 급격히 선회하는 경향을 보였기 때문이다. 예를 들면 2010년 8·15 경축사에서 '통일세' 논의가 나온 것은 단순한 언급으로 보기 어렵다. 그것은 남북관계와 통일 문제를 바라보는 이명박 정부의 전반적 인식과 태도에서 나온 결과물이라고 할 수 있다. 비록 여론의 반발로 통일세 징수 논의가 구체적으로 진행될 수는 없었지만, 이명박 정부의 대북정책은 남북의 화해와 협력보다는 북한 붕괴론에 기반을 둔 통일 대비라는 지적을 받을 소지가 있다.

김대중·노무현 정부 10년 동안 펼쳐진 대북 화해·협력정책이 분단 관리에만 치중한 나머지 남북관계의 궁극적 종착지인 통일에 대한 구체적 논의를 의도적으로 회피한 것은 사실이다. 그러나 북한 체제 붕괴에 따른 통일을 준비하는 일에 주력하는 것 역시 문제의 소지가 있다. 우리가 추구해야 할 것은 결과로서의 통일이 아니라 과정으로서의 통일이고, 진정한 통합을 위한 노력이어야 하기 때문이다. 북한 주민들의 일반적 의식 수준은 과거 독일 통일 당시 동독 주민들의 그것과는 달리 스스로 체제변혁을 도모할 수준이 아니다. 또 권력

엘리트들은 통일에 대한 두려움이 크다. 이런 측면에서 볼 때, 북한 체제의 자발적인 급변 가능성은 높지 않다고 볼 수 있다. 김정일 위원장의 급작스러운 사망에도 별다른 동요 없이 북한 체제가 김정은 체제로 계승된 것은 이 점을 증명하는 확실한 사례이다.

물론 어떤 충격적 돌발 사태에 의해 본질적으로 허약한 북한 체제가 일시에 무너질 가능성을 부정할 수는 없다. 그러나 중국과 러시아가 한국과 미국 주도의 통일에 대해 경계하고 있는 이상 급변 상황에 따른 변화 구도가 우리에게 유리하게 펼쳐질 것이라고 볼 수만은 없다.

이런 측면에서 볼 때, 통일 훈련의 첫걸음은 교류와 협력을 확대하고 화해와 협력의 분위기를 정착시키는 것이다. 이런 점에서 대북 화해·협력정책은 포기해서는 안 될 노선이다. 북한이 '갑'이 되고 한국이 '을'이 되는 불공정한 남북관계의 해소는 지속가능한 대북정책을 구사하는 데 반드시 필요한 과정이나, 이는 북한의 태도 변화를 유도하는 창의적 대북·통일정책의 구사를 통해 가능할 것이다.

대립과 화해가 반복되어 온 것이 남북관계의 역사이다. KAL기 폭파 사건, 청와대 습격, 랑군 폭탄 테러 등과 같은 비극을 겪고도 한국 정부는 관계 개선을 위한 노력을 꾸준히 이어갔다. 통일은 결과가 아니라 과정이어야 한다. 한국 정부가 자신의 원칙과 입장에서만 통일정책을 수립한다면 북한은 계속해서 무모한 반발과 강경한 태도를 통해 체제를 유지하고자 할 것이다. 한국 정부의 입장을 통해 북한을 바라보고 원칙을 강조하는 것은 국내적으로는 합당하고 설득력 있지만, 평화통일이라는 목표를 실천하는 데 유일하고 효율적 방안이라고 할 수는 없다.

모두가 잘 알다시피 북한은 오랜 시간 동안 자신들만의 독특한 논리를 가지고 억지 주장을 펼쳐왔다. 이러한 북한의 내님 협상 태도는 안정적인 변화의 환경이 주어지지 않는 한 앞으로도 이어질 것이다. 따라서 한국의 통일정책은

'과녁을 탓하지 말고 활의 방향을 돌릴 줄 아는' 유연성이 필요하다.

현재 남북한 간에는 20여 년 동안 지속되고 있는 핵·미사일 문제를 제외하더라도 금강산 여행객 피격 사건과 천안함·연평도 사건 등의 문제들이 있고, 이를 해결하지 못하면 남북관계는 진전될 수 없다. 그런데 현실적으로 이러한 문제들을 우리가 원하는 대로 풀어나가는 것은 불가능하다. 또한 이 사건들에 대해 사실상 북한에 실형(實刑)을 내릴 수도 없다. 완벽한 승리를 할 수 없는 지금의 상황에서 절실한 것은 지나간 사건들에 구애되지 않고 그것을 뛰어넘는 방법을 모색하는 것이다. 북한으로서는 과거 일본인 납치 사건을 고백한 '실수'로 인해 일본과의 관계 개선에 실패한 사례가 있다. 따라서 북한이 이른바 '통 큰 외교'의 일환으로 자신들의 무력도발과 같은 과거의 잘못을 전면적으로 시인할 가능성은 거의 없다.

이런 점에서 지금은 박근혜 정부의 창의적인 대북·통일정책의 추진이 필요한 시점이라고 할 수 있다. 우리의 상식과 입장에서 북한을 바라보고, 그들에게 원칙을 강요하는 것은 국내적으로는 합당하고 설득력 있는 논리이지만, 평화통일이라는 우리의 민족적 목표를 실천하는 데 있어서는 반드시 효율적인 방안이라고 할 수 없다. 역지사지(易地思之)의 입장에서 북한을 바라본다면, 국력이 약 40배 우위에 있는 한국의 대북정책이 나아갈 길은 매우 다양하고 유연할 수 있을 것이다. 결국 우리의 통일정책은, 고정된 틀에 갇힌 것이 아니라 여러 가능성을 염두에 두고 다양한 길을 모색하는 큰 지침이어야 할 것이다.

## 제3장

# 역대 대북정책 비교 평가와 대북정책의 주요 변수

허태회

## 1. 최근 남북관계의 변화와 역대 대북정책의 비교 평가

### 1) 최근 남북관계의 변화 패턴

2012년 4월 북한의 광명성 3호 발사 사건으로 6자회담 재개 희망이 희박해지면서 남북관계는 물론 한반도 상황도 다시 경색 국면으로 회귀했다. 그동안 북한의 잦은 도발과 국제 제재 조치의 강화, 이에 대한 북한의 반발이라는 악순환의 고리를 끊고 다시 6자회담을 중재하려던 국제사회의 노력은 물거품이 되었다. 최근 한반도 상황과 북핵 문제의 사태에서 알 수 있듯이 역대 대북정책이나 남북관계의 진전에 가장 큰 영향을 미치는 구조적인 요인으로는 남북 분단 구조와 주변 4강 구조, 냉전 구조, 권위주의 구조 등을 들 수 있다.[1] 그중에서도 냉전 구조는 1990년대 세계적 탈냉전의 조류와 함께 해체되고 있으며 권위주의 구조도 한국의 민주화 진전으로 인해 점차 약화되어가고 있다. 주변

1) 한반도 정세와 관련해 구조적인 요인의 설명을 위해서는 오기평, 『한국외교론: 신국제 질서와 불확실성의 논리』(서울: 도서출판 오름, 1998)를 참조할 것.

4강 구조의 경우 불변의 지정학적 문제에 해당하나 남북 분단 구조의 경우 두 차례의 정상회담 개최와 같은 큰 성과에도 지속적인 장애 요소로 남았다는 점에서 문제가 있다.

2000년대 이후 남북관계는 과거 반세기 동안 강대국 간의 이념 분쟁을 내면화하면서 이어지던 남과 북의 적대적인 냉전 구조를 종식시키고 새로운 형태의 상호 적응과 인정의 관계(Relationship of Accommodation and Recognition)로 나아가는 단계였다. 즉, 그동안 남북관계의 발전에 가장 장애 요소였던 한반도 냉전 구조가 서서히 해체되면서 남북관계가 제도화되고 발전되는 단계였다. 남과 북은 제2차 세계대전 이후 강대국들이 만든 냉전 구조 속에서 체제 안정과 생존을 위한 제로섬(zero-sum) 게임을 전개해왔고 이것이 다양한 갈등과 분쟁의 형태로 표출되면서 긴장관계를 유발했다. 그러나 1990년대 초 불어 닥친 탈냉전의 조류 속에서 두 나라는 점진적인 형태로나마 상호 적응과 인정의 단계로 들어가고 있었던 것이다.[2)]

냉전 초기 각 진영의 최전선에서 첨병 역할을 하던 양측은 1950년대에 전면전을 불사하면서 한반도에 정통성 시비와 투쟁의 시기를 야기했다. 이후 1960년대에는 직접적인 남북대화 없이 반목과 대립이 심화되는 갈등의 시기를 거쳤고 1970년대 초반 국제적인 데탕트 조류에 충격을 받고 잠시나마 대화와 협상을 시도했다. 1980년대 신냉전이 도래하면서 양측은 다시 갈등과 반목의 시기를 겪게 되지만 수해복구 지원과 같은 다양한 형태의 남북 접촉을 통해 더 신축적이며 유연한 관계를 모색하게 된다. 그 이후 1990년대 초반 전 세계적으로 불어 닥친 미소 간의 탈냉전 조류에 떠밀려 양측은 한층 본격적인 대화와 협상을 시도하지만 '남북기본합의서' 체결과 같은 큰 성과가 무색하게도 이후 벌어진 여러 돌발적인 상황으로 인해 천금과 같은 기회를 잃어버린 채 2000년

---

2) 허태회, 「부시공화당 정부의 한반도정책과 남북관계」, ≪극동문제≫, 263권(2001), 40~64쪽.

대 초에 이르러서야 남북관계 정상화를 모색하기 시작했다.[3)]

물론 그 이후 남북관계는 남북정상회담을 시작으로 그 어느 때보다 많은 협상과 타협을 통해 다양한 제도적인 장치들을 마련하고 괄목할 만한 진전을 보인 것이 사실이나 북한의 미사일 발사와 핵 개발로 인해 상당한 진통을 겪은 것도 사실이다.[4)] 지금까지 역사적으로 전개되었던 남북관계의 변화 양상을 시기적·단계적으로 나누어 분석해보면 남북관계 변화에 가장 주요한 영향을 미친 것은 강대국 간 관계 변화에서 오는 외부적 요인이지만 이런 변화에 대한 남북 양측의 대응 노력이나 변화의 시도도 중요한 요인으로 작용했다. 특히, 경제적으로 안정되면서 어느 정도 민주화를 이룬 남측이 먼저 자유롭고 유연한 대북접근을 시도하면 이것이 북한의 체제 생존 및 경제난 해결에 대한 욕구와 맞물리면서 양측은 한층 새로운 관계로 나아갈 수 있었다.

이런 관점에서 남북관계는 기본적으로 양측 정권의 정책 의지와 정권 변화와도 맞물려 있다고 하겠다. 특히 최근의 남북관계에서 한국의 대북포용정책과 북한의 핵 개발 문제는 가장 큰 영향을 미치는 변수로 부상했다. 사실, 한국의 대북포용정책은 그 연원으로 본다면 노태우 정부의 '북방정책'과도 연계되어 있는 오래된 정책이다.[5)] 이것은 이후 김영삼 정부 때 1차 북핵 위기가 발생하자 이를 해결하는 과정에서 잠시 정체되었다가 '국민의 정부'에서 적극적인 '햇볕정책'으로 구체화되었다. 즉, 1988년 노태우 정부의 '민족자존과 통일번영을 위한 특별선언(7·7선언)'을 통해 '남과 북은 분단의 벽을 헐고 모든 부문에 걸쳐 교류를 실현할 것'을 선언하면서 '봉쇄'에서 '개입'으로 극적인 전환을 이루었던 것이다.[6)] 이러한 대북포용 접근 방식은 역대 한국 정부가 당면했

---

3) 같은 글, 50~64쪽.

4) 김학성, 「대북포용정책의 중간평가와 향후 과제」, 통일연구원 개최 학술세미나(2000).

5) 허태회·윤황, 「민주화이후 한국 정부의 대북정책성향 및 전략비교」, 동아시아국제정치학회, ≪국제정치연구≫, 제13집 2호(2010), 1~36쪽.

던 현안과 연계되어 여러 형태로 나타났다. 다만 북한의 핵 개발 시도로 핵 문제가 재발하고 남북 간에 군사현안 문제가 발생하면서 한국 정부 내에서도 대북포용정책 추진에 대한 혼선이 일어났다. 햇볕정책으로 불리던 김대중 정부의 대북포용정책은 두 번의 서해교전과 미사일 발사 사건과 같은 위기 속에서도 미국과의 정책 공조하에 어느 정도의 성과를 거둔 것으로 평가할 수 있다. 특히, 국민의 정부 전반기는 남북정상회담 개최와 남북교류 및 경제협력을 통한 한반도 긴장 완화라는 가시적인 성과를 낳았다. 다만 이때에도 대북포용정책의 추진으로 인해 '남남갈등 심화', '군사안보의 약화', '한미동맹 약화' 등이 부정적인 문제로 지적되기도 했다.[7)]

참여정부의 평화·번영 정책은 햇볕정책을 계승하기는 했지만, 부시 행정부의 일방주의와 북한 핵 문제라는 새로운 변수를 맞아 효과적인 추진에 상당한 어려움을 겪었다. 특히 햇볕정책의 상대적인 성공으로 인해 평화·번영 정책을 추진하는 과정에서 '국민의 정부' 당시 채택했던 원칙들을 고수하려는 교조주의적 성향이 나타났다. 이러한 교조주의적 태도의 대표적인 사례가 북한 인권 문제의 상대적 소홀이나 대북 인도적 지원의 투명성·접근성에 대한 소극적 태도 등이라고 할 수 있다.[8)]

일반적으로 국가 간의 대외관계를 설정하는 과정에서 선택하는 '고립화정책'은 강경정책으로, 과거 냉전 시기 소련에 대한 미국의 일방적인 '봉쇄정책(containment policy)'이 그 대표적인 예라 할 수 있다. 이러한 미국의 대소 봉쇄정책에 편승한 이승만 정부의 대북 통일정책도 이와 같은 봉쇄정책에서 크게 벗어나지 않았다. 반면 '개입정책(engagement policy)' ― 한국에서는

---

6) 조성렬, 「북한핵실험과 새로운 대북정책 방향」, 제6차 충남 민주평화통일포럼 세미나 논문집(2006.11.8).

7) 김학성, 「대북포용정책의 중간 평가와 향후과제」 참조.

8) 조성렬, 「북한핵실험과 새로운 대북정책 방향」 참조.

'포용정책' 또는 '햇볕정책'으로 불리면서 번역상의 논란을 빚기도 했지만 – 의 전형적인 형태로는 과거 국민의 정부와 참여정부가 취한 대북접근 방법을 들 수 있다.

당시 한국 정부의 대북포용정책에 다소 비판적인 자세로 대북압박을 계속 고집했던 미국 공화당 부시 정부의 대북정책은 북한에 대한 일방적인 고립화 정책이라고 보기는 어렵다. 6자회담의 틀을 이용해 그 나름대로 북한의 개혁과 개방을 유도하려고 했다는 측면에서 '강성포용(Hawkish Engagement)'의 정책으로 볼 수 있다.[9)]

최근 남북관계 및 동북아 국제 정세에는 북한 핵 문제가 심각한 파장을 미치고 있다. 이 때문에 향후 대북정책을 추진할 때는 북핵 문제의 영향력과 그 정책적 시사점에 주목해야 한다. 특히, 북한의 계속된 핵실험과 군사도발로 인해 대북포용정책의 한계가 드러난 상황에서 북핵 문제가 간단하게 해결될 수 없다는 점을 고려한다면 북한의 핵 개발 시도는 앞으로도 남북관계 및 한반도 주변 정세에 계속해서 큰 영향을 미칠 것이라 예상할 수밖에 없다.[10)] 향후 이 문제는 어떤 정부가 들어서든 남한 측이 대북포용정책을 추진할 때 중요한 정책 타당성(policy validity)의 준거가 될 것이기 때문에 북핵 문제와 대북정책과의 상관성을 살펴보는 것은 매우 중요한 문제라고 할 수 있다.

사실, 북핵 문제의 복합적 성격과 다층적 구도 측면을 보면 북핵 문제의 해결 전망은 그리 낙관적이지 못한 게 사실이다. 최근 북한의 핵실험과 미사일 발사에 대해 국제사회의 제재 조치가 지속되고 있는 상황에서 과연 언제 북한

---

9) 대테러전쟁의 일환으로 아프가니스탄 전쟁과 이라크 전쟁에 여념이 없던 미국이 핵무기 개발로 도발해온 북한에게 주로 강경일변도의 강압정책(Coercive Policy)을 사용하긴 했지만 이후 한국 정부와 공조해 6자회담을 통한 북한의 핵포기 설득과 협상의 방향으로 선회한 것을 고려한다면 북한에 대한 일방적인 고립·봉쇄의 정책이라기보다 설득과 유인책을 함께 겸용한 강성포용의 성격이 크다.

10) 북한 핵실험으로 인한 한반도 안보환경의 파장으로는 동북아 안보 위협을 명분으로 한 일본과 대만의 핵무기 개발 빌미 제공, 미국의 동북아 영향력 강화 및 미사일 방어체제(Missile Defense: MD)의 강화, 한반도 위기 고조, 동북아 불안정 등이 제기될 수 있다.

에 대한 제재를 풀어줄지, 또 어떻게 북한을 대북포용정책의 성과로 간주되었던 6자회담의 틀 안으로 들어오게 할지는 매우 풀기 어려운 사안이다. 또한 북핵 문제가 과연 6자회담과 같은 형태의 다자회담을 통해 해결이 가능한 문제인가도 고민해봐야 한다. 지난 2002년 말부터 한국 정부가 이 문제에 대해 주변국들과 공조하려 노력했지만, 사실상 미국과 북한, 중국과 한국 등의 이해관계가 첨예하게 얽힌 이 복잡한 문제를 해결할 수 있는 역량이 과연 우리 정부에게 있는지는 의문스럽다.

북한의 핵무기 개발 문제는 북한의 생존과 직접 관련된 문제이다. '핵보유'를 기정사실화하는 동시에 체제 안전도 보장받음으로써 현재 처한 상황에서 최대한의 이득을 얻으려는 북한이 과연 자신들의 전략을 포기하려고 할지 의심스럽다. 물론 미국을 상대로 이런 전략이 쉽게 통하지는 않겠지만, 북한은 충분히 가능성이 있다고 판단하고 이를 추진하고 있다. 그렇게 될 경우 전개되는 북핵 문제의 상황은 한국 정부의 대북포용정책 추진에 크게 도움이 되지 않을 것이다. 지난 김대중·노무현 정부의 대북포용정책을 통해 이루어진 북한에 대한 일방적인 물질적 지원과 경협의 대가가 미사일 발사와 핵무기 개발로 나타난 것처럼 보이는 상황에서, 대북포용정책의 효용성과 명분은 근본적으로 손상되었다. 이 때문에 향후 어떤 정부가 들어서든 이런 상황에 대한 근본적인 대안 없이 일방적인 대북포용정책을 추진하는 것은 매우 부담스러울 것이다.

북한의 미사일 발사와 핵실험으로 불거진 대북포용정책의 한계 문제는 향후 남북관계의 변화와 관련해서도 매우 중요한 시금석이 된다. 즉, 그동안 대북포용정책에 대해 제기되었던 비판들은 ① 국민적 합의 부족 ② 국제적 지지 부족 ③ 한미동맹의 약화 ④ 대북 억지력 약화 등이었는데, 과연 이러한 비판을 무릅쓰고 새로 들어선 박근혜 정부가 다시 대북포용정책으로 정책 기조를 잡을지가 관건이 될 것이다.[11)]

북한의 핵보유가 기정사실화될 경우에는 한미동맹 강화와 대북 군사억지력 확보 차원에서 미국 정부와 정책 공조나 공동보조를 취해야 할 한국으로서는 대북포용정책의 추진에 독자적 자율성을 확보할 수 있는 여지나 공간이 줄어들 수밖에 없다.[12] 따라서 이런 대북정책의 어려운 점과 북핵 딜레마를 고려해 김대중·노무현 정부하에 추진되었던 대북포용정책의 전략과 성과를 먼저 분석해본다.

### 2) 대북포용정책의 추진 전략과 평가

역대 한국 정부가 추진한 대북정책으로서 가장 대조적이며 특징적인 정책은 대북포용정책과 이명박 정부의 '비핵·개방·3000' 정책이다. 이 두 정책을 서로 비교하는 것은 남북관계의 정상화에 필요한 핵심 변수를 찾는 데뿐 아니라 대북정책의 범국민적 공감대를 모색하는 데에도 매우 중요하다. 북한에 대한 개입정책의 효시라 할 수 있는 것은 김대중 정부의 '햇볕정책'과 노무현 정부의 '평화·번영 정책'일 것이다. 과거 역대 정부의 대북정책과 비교해볼 때, 이 진보 성향의 정부들이 추진한 '포용정책'은 대외정세에 대한 인식에서부터 정책 문제 해결에 대한 접근 방식까지 여러 부분에서 차이를 보인다.[13] 물론 이들이 취한 대북포용정책의 실효성과 정책 비용의 문제, 그리고 추진 과정에서 드러난 여러 가지 문제점 등을 고려해볼 때, 포용정책의 문제점을 단순히 정책 홍보의 미흡과 같은 미시적인 정책 문제로만 보는 것은 타당하지 않다. 이에 대한 객관적인 평가는 좀 더 시간이 흐른 뒤에 이루어지겠지만, 범국민적 공감대의 형성이 미흡했던 부분은 틀림없는 사실이기 때문이다.[14]

---

11) 조성렬, 「북한핵실험과 새로운 대북정책 방향」.

12) 이에 대한 논의는 허태회·윤황, 「민주화이후 한국 정부의 대북정책성향 및 전략비교」 참조.

13) 허태회·윤황, 「민주화이후 한국 정부의 대북정책성향 및 전략비교」.

14) 같은 글.

특히 김대중 정부의 '햇볕정책'은 그 기조를 대북포용에 둔 온건정책으로서 3원칙과 6대 기조, 6개 추진 과제에 역점을 두면서 '현상 유지를 통한 평화체제 구축', '북한 체제 안정을 통한 점진적 변화 촉구', '한반도 평화와 남북교류·협력의 병행'이라는 정책 목표를 갖고 추진되었다. 이러한 정책 목표를 추진하기 위해 대북포용정책 3원칙과 6대 정책 기조가 발표되었다.[15] 대북포용정책 3원칙으로는 무력도발 불용, 흡수통일 배제, 남북화해 협력 추진이 제기되었으며 6대 정책 기조로는 '안보와 화해 협력의 병행, 평화 공존과 평화교류의 우선 실현, 화해 협력으로 북한 변화여건 조성, 남북 간 상호이익 도모, 남북 당사자 해결원칙에 의한 국제적 지지 확보, 국민적 합의에 기초한 대북정책의 추진'이 있었다.[16] 물론 이후 이러한 정책 기조와 원칙이 유지되고 의도한 정책 목표가 효과적으로 성취되었는가는 다른 문제이다.

뒤를 이어 집권한 노무현 정부의 '평화·번영 정책'도 그 기본 틀과 구상은 김대중 정부의 정책과 크게 다르지 않다. 다만 이 정책은 주변국들의 영향력과 그들과의 관계를 고려해 대북정책 자체가 한반도 평화와 번영에 직결된다는 점을 더 강조했다.[17] 구체적으로 노무현 정부의 평화·번영 정책은 ① 북한 핵문제의 평화적 해결 ② 한반도 평화 정착 ③ 동북아 공동 번영 실현을 정책 기조로 내걸고 '남북화해 협력 제도화, 남북경제협력 확대, 동북아 경제 중심 추구, 동북아 다자 안보 추진' 등의 전략 목표를 설정했으며 그 나름대로 '한미동맹과 자주국방의 병행발전'이라는 안보적 이해관계도 명시적으로 담아내려고 했다.[18] 물론 평화·번영 정책의 실질적인 추진 과정에서 참여정부가 이러한

15) 허태회, 「향후 대북정책의 과제와 보완방안」, 『대북포용정책과 한반도평화』(통일정책연구소 개최 국제학술회의 발표논문집, 2002) 참조.

16) 같은 글.

17) 이에 대해서는 허태회·윤황, 「민주화이후 한국 정부의 대북정책성향 및 전략비교」 참조.

18) 같은 글, 10~16쪽.

정책 기조나 전략 목표를 실현했는지는 별개의 문제이지만, 이후에 드러난 한미동맹관계의 약화나 북한 핵 개발 저지의 실패 문제가 뒤를 이어 집권한 이명박 정부의 '비핵·개방·3000' 정책의 입안에 중요한 배경이 되었음을 부정할 수는 없다.[19]

햇볕정책과 평화·번영 정책은 대북정책의 기본 목표나 접근 방법에서 큰 차이가 없지만, 정책 목표의 우선순위에서는 강조하는 부분이 다르다.[20] 따라서 이러한 대북포용정책의 기본 구상과 추진 목표를 토대로 당시의 대북포용정책 추진 전략체계를 살펴보면 대체로 <그림 3-1>과 같은 정책 비전과 추진 전략을 도출할 수 있다.[21]

그러나 2008년 초 참여정부가 이명박 정부로 교체될 때까지 실제로 정책을 추진하는 과정에서 대북포용정책은 압박 수단보다는 회유 수단 중심의 온건정책으로 일관했다. 그 결과 대북포용정책이 가속화되기 위한 기대효과(그림의 왼쪽)보다는 대북포용정책에 대한 반발이라는 역효과(그림의 오른쪽)가 더 많이 나타났다.[22]

또한 10년 동안 대북포용정책을 추진한 결과 당초 기대했던 '북한 사회의 변화 촉진'이 아니라 참여정부 말기의 핵실험과 군사도발로 드러난 '대남 군사역량 강화와 군사위기 고조'가 나타난 것도 보수적 입장에서 본다면 '1단계: 한반도 위기 방지'조차 실현시키지 못한 실패한 정책으로 평가될 수밖에 없는 부분이다. 물론 대북포용정책을 옹호하는 입장에서는 이러한 정책의 실패 이상으로 긍정적인 성과가 있었던 점을 간과할 수 없을 것이다. 일반적으로 포용정책의 성과와 관련해 크게 주목받는 것은 '북한에 대한 국민의 인식 변화'와

19) 같은 글.

20) 같은 글.

21) 같은 글, 13쪽

22) 허태회·윤황, 「민주화이후 한국 정부의 대북정책성향 및 전략비교」.

〈그림 3-1〉 대북포용정책 추진 전략과 로드맵

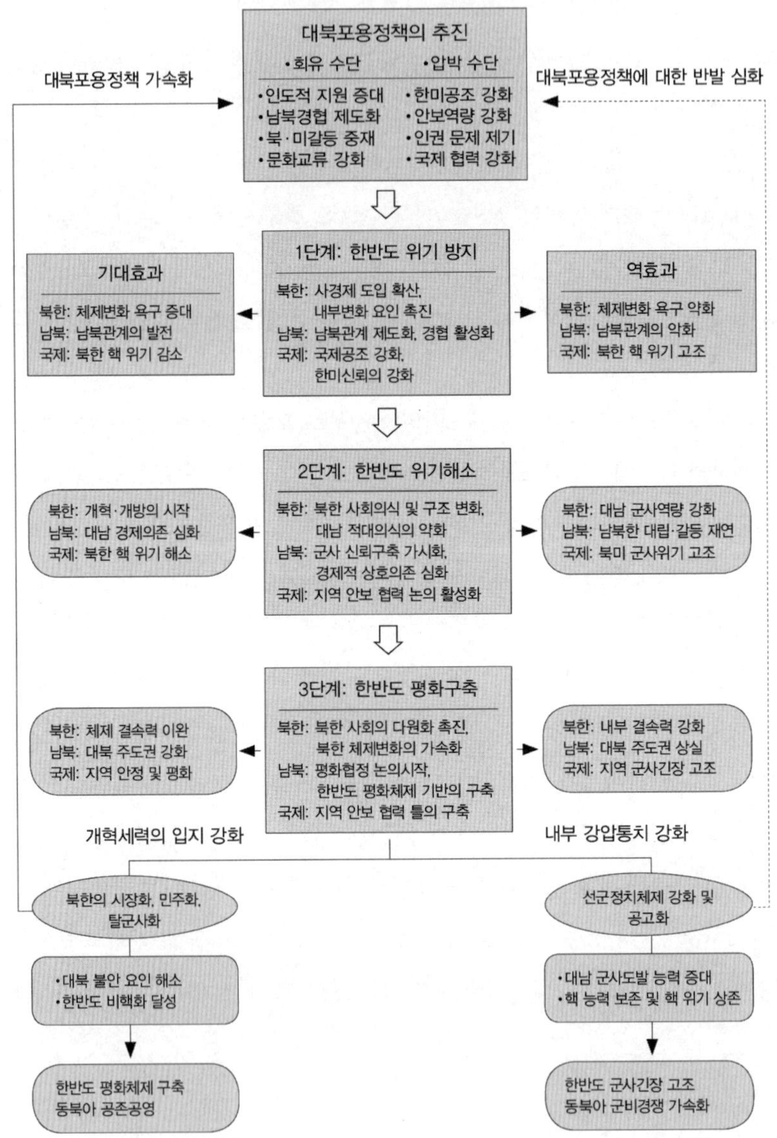

대북포용정책의 추진
•회유 수단
•압박 수단
•인도적 지원 증대
•남북경협 제도화
•북·미갈등 중재
•문화교류 강화
•한미공조 강화
•안보역량 강화
•인권 문제 제기
•국제 협력 강화
대북포용정책 가속화
대북포용정책에 대한 반발 심화
1단계: 한반도 위기 방지
북한: 사경제 도입 확산, 내부변화 요인 촉진
남북: 남북관계 제도화, 경협 활성화
국제: 국제공조 강화, 한미신뢰의 강화
기대효과
북한: 체제변화 욕구 증대
남북: 남북관계의 발전
국제: 북한 핵 위기 감소
역효과
북한: 체제변화 욕구 약화
남북: 남북관계의 악화
국제: 북한 핵 위기 고조
2단계: 한반도 위기해소
북한: 북한 사회의식 및 구조 변화, 대남 적대의식의 약화
남북: 군사 신뢰구축 가시화, 경제적 상호의존 심화
국제: 지역 안보 협력 논의 활성화
북한: 개혁·개방의 시작
남북: 대남 경제의존 심화
국제: 북한 핵 위기 해소
북한: 대남 군사역량 강화
남북: 남북한 대립·갈등 재연
국제: 북미 군사위기 고조
3단계: 한반도 평화구축
북한: 북한 사회의 다원화 촉진, 북한 체제변화의 가속화
남북: 평화협정 논의시작, 한반도 평화체제 기반의 구축
국제: 지역 안보 협력 틀의 구축
북한: 체제 결속력 이완
남북: 대북 주도권 강화
국제: 지역 안정 및 평화
북한: 내부 결속력 강화
남북: 대북 주도권 상실
국제: 지역 군사긴장 고조
개혁세력의 입지 강화
내부 강압통치 강화
북한의 시장화, 민주화, 탈군사화
선군정치체제 강화 및 공고화
•대북 불안 요인 해소
•한반도 비핵화 달성
•대남 군사도발 능력 증대
•핵 능력 보존 및 핵 위기 상존
한반도 평화체제 구축
동북아 공존공영
한반도 군사긴장 고조
동북아 군비경쟁 가속화

'북한의 대남 인식 변화'를 들 수 있다. 즉, 포용정책의 가장 큰 성과는 한국 국민의 북한에 대한 부정적 인식의 변화와 이에 따른 대북 적대감의 완화와 더불어 북한 주민의 부정적인 대남 인식의 변화와 대남 적대감의 완화라는 것이다.[23] 이와 함께 한국과 북한 내부에 오랫동안 내면화되어 고착화된 냉전이데올로기의 쇠퇴와 이에 따른 이념적 경직성의 완화를 들 수 있겠다. 또한, 남북관계의 차원에서 포용정책은 '남북 간 교류·협력의 확대와 남북경협 활성화를 위한 많은 제도적 장치의 마련'에 기여한 것으로 평가된다.[24]

즉, 포용정책의 추진으로 인해 남북정상회담 개최는 물론 남북장관급 회담, 이산가족 교환 방문, 연평균 수천 명에 이르는 한국인들의 방북과 200여 개 한국 기업의 북한 진출 등 남북 간 교류와 협력이 양적으로 크게 확대되고 남북경협 활성화를 위한 많은 제도적 장치들(투자 보장, 이중과세 방지, 청산 결제, 상사분쟁 해결 등 네 개 경협에 대한 합의 등)이 마련되었다.[25] 아울러, 국제적인 차원에서 포용정책의 추진은 '북한의 대외개방을 위한 국제 여건의 조성'에 기여했으며, 6자회담을 통한 지역 협력의 기틀을 마련할 수 있는 가능성을 제시하기도 했다.[26] 그러나 대북포용정책에 대한 이러한 긍정적인 평가 이상으로 부정적인 평가도 많이 뒤따랐다.

대북포용정책의 가장 큰 문제점으로 지적되었던 것은 남한 내의 '이념적 혼란 및 남남분열의 초래'이다.[27] 즉, 반세기 동안 지속되었던 냉전적 사고와 이념적 대립이 한 번에 드러나면서 이른바 진보 대 보수 계층 간의 대립, 여야 간 정파갈등, 언론 간의 이념적 논쟁과 보혁갈등이 심각하게 표출된 것이다. 이것

23) 이에 대한 상세한 내용은 「향후 대북정책의 과제와 보완방안」을 참조.

24) 같은 글.

25) 같은 글.

26) 같은 글.

27) 허태회·윤황, 「민주화이후 한국 정부의 대북정책성향 및 전략비교」, 11~14쪽.

은 물론 갑작스러운 변화에 따른 과도기적 현상이겠지만, 국민적 통합을 지향해야 하는 시대적 상황에서 오히려 분열과 갈등이 조장된 것은 부정적인 효과로 지적될 수밖에 없다. 여기에 남북관계의 차원에서 볼 경우 또 다른 문제점이 있다. 바로 '지나친 유인(Incentive) 중심적인 접근'으로 초래된 일대일 대북 군사억지력의 약화 및 무분별한 대북지원에서 파생된 부메랑효과이다.[28] 다시 말해, 노무현 정부의 '일방적이며 무조건적인 대북포용(Unilateral and Unconditional Engagement)'은 지나친 대북 편향식 접근과 경제적 유인책 의존으로 인해 대북 군사억지력의 확보에 미흡했으며, 무리하게 성과에만 집착한 결과 금강산 관광대금을 현금으로 지불하면서 군사적 전용 가능성을 차단하는데 실패하는 등의 실책을 범했다는 평가이다. 마지막으로, 국제적 차원에서 볼 때 문제가 되는 것은 '한·미·일 삼각 공조의 이완과 전통적 한미동맹의 약화'이다.[29] 특히, 남북정상회담 이후 미국에 새로운 보수 정권이 등장하면서 한미간에 나타난 대북정책의 혼선과 마찰은 양측 간에 오랫동안 유지되어온 정책공조의 틀을 약화시키면서 한미동맹관계마저 약화시킨 측면을 부정할 수 없다. 결국 이는 대북포용정책의 문제점이자 한계로 인식되었으며, 이로 인해 이명박 정부의 대북정책은 기본적으로 다른 인식에서 출발하게 되었다.

### 3) '비핵·개방·3000'정책의 추진 전략과 평가

이명박 정부가 내세운 '비핵·개방·3000'이라는 대북정책의 기본 입장은 김대중·노무현 정부의 대북정책을 '유약하며 온건적인 포용정책'으로 규정하고, 북한에 대해 더 확고한 자세를 취하는 것이다. 즉 이명박 정부의 대북정책은 북한

---

28) 같은 글.

29) 같은 글.

이 우선적으로 비핵화에 나서는 것만이 북한 체제의 개방을 나타내는 유일한 척도이며, 이것이 선행되어야만 한국 정부는 북한 체제의 안보 불안 및 경제난 해소를 위한 대대적인 지원을 할 것이라는 점을 명시함으로써, 궁극적으로 북한의 '선(先)변화' 또는 핵포기를 요구하는 대북압박 성향의 정책이었다.[30]

이명박 정부가 집권 초기에 '비핵·개방·3000'의 대북정책을 추진하게 된 배경에는 국내 정세의 변화, 한반도 주변 정세의 변화, 남북관계의 역학 구도 변화 등 크게 세 가지 요인이 있다.[31] 첫째, 이명박 정부의 대북정책은 기본적으로 대북포용정책의 부정적 측면에 대한 자각과 비판 의식에서 출발한다. 즉, 과거 김대중·노무현 정부의 대북포용정책은 대북지원과 남북교류·협력 증진을 통해 북한의 변화를 유도할 수 있을 것이라는 '희망적 가정'하에 출발함으로써 총체적 문제를 초래할 수밖에 없었다는 것이다.[32] 둘째, 이명박 정부의 대북정책은 지난 10년 동안의 대북포용정책 추진 과정에서 진보 세력의 득세로 인해 보수 세력의 의사가 무시되었으며, 이에 따라 국민적 합의가 결여되었다는 문제를 인식했다. 물론 앞서 10년 동안 추진된 대북포용정책이 남북관계를 개선하고 북한의 변화를 촉진하는 데 일정 부분 기여한 점은 있다. 하지만 적극적인 남북교류와 경제협력을 추진하는 과정에서 국론 분열과 일방적 대북지원의 문제가 제기되었으며, 특히 북한의 미사일 발사와 핵실험으로 인해 기존의 정책에 대한 비판이 고조되었다. 이에 따라 국민적 합의에 바탕을 둔 균형적인 대북정책의 추진이 필요하게 되었다는 것이다.[33] 셋째, 이명박 정부의 대북정책은 2006년 북한의 핵실험으로 인해 한반도 주변 정세에서 북핵 문제

30) 허태회·윤황, 「민주화이후 한국 정부의 대북정책성향 및 전략비교」, 14~19쪽.

31) 통일부 통일교육원, 『통일교육지침서(일반용)』(2008), 47쪽.

32) 성경륭, 「김대중·노무현 정부와 이명박 정부의 대북정책 추진 전략 비교: 한반도 평화와 공동 번영정책의 전략, 성과, 미래과제」, 《한국동북아논총》, 제13권 제3호(2008).

33) 허태회·윤황, 「민주화이후 한국 정부의 대북정책성향 및 전략비교」, 12~14쪽.

해결이 최우선 지상 과제로 등장했다는 점에 주목한다. 즉, 이명박 정부는 북한의 핵실험 이후 몇 번의 합의가 이루어졌음에도 근본적인 북한의 핵포기가 전제되지 않고서는 한반도의 평화 구조 창출이 어렵다는 인식을 갖고 출발했다.[34] 북한의 대남 경제의존도가 심화되고 한국의 전략적 대북지원이 필요한 상황에서 북한의 비핵화와 개혁·개방을 연계하는 새로운 대북정책이 필요하게 되었다는 것이다.[35] 이와 같은 배경 아래 이명박 정부는 이명박 대통령의 취임사를 통해 '비핵·개방·3000'의 구상을 대북정책으로 제시했다. 간략하게 정리하면 이 구상은 북한이 핵을 포기하고 개방의 길을 택하면 남북협력의 새 지평이 열릴 것이고, 한국 정부가 국제사회와 협력해 10년 안에 북한 주민의 소득이 3,000달러에 이르도록 돕겠다는 내용이다.[36] 한반도 평화통일의 실질적 토대를 확충하는 것에 궁극적 목표를 둔 이 대북정책은, 중·장기적 목표를 비핵화라는 새로운 한반도 평화 구조의 창출과 남북경제공동체의 형성으로, 단기적 목표를 상생·공영의 남북관계 발전으로 잡았다.[37]

'비핵·개방·3000'이라는 대북정책은 이러한 정책 목표와 기조에 따라 남북관계의 발전과 한반도의 평화 증진 노력을 일관성 있게 추진하되, 그 추진 방식과 절차는 '실용과 생산'에 근거한 창조적 변화를 추구했다. 이를 위해 유연한 접근, 국민적 합의, 국제 협력과 남북협력의 조화라는 3대 원칙을 천명하고 있다. 이와 같은 3대 원칙에 따라 이명박 정부는 2008년도 남북관계 발전 실행계획의 목표로 '상생·공영의 남북관계 발전'을 제시하고, 이를 위해 <표

34) 성경륭, 「김대중·노무현 정부와 이명박 정부의 대북정책 추진 전략 비교」.

35) 통일부 통일교육원, 『통일교육지침서(일반용)』, 47쪽.

36) '비핵·개방·3000'의 구상은 이명박 대통령에 대한 외교통상부의 3월 11일 '2008년도 업무보고'와 3월 26일 통일부의 '2008년도 업무보고'를 통해 대북정책의 목표, 원칙, 기조, 추진 전략과 관련된 2008년도 대북정책의 추진체계로 가시화되었다.

37) 성경륭·윤황, 「이명박 정부의 대북정책: 주요 쟁점과 추진방향」, ≪평화학연구≫, 제9권 2호(2008).

〈표 3-1〉 상생·공영의 남북관계를 위한 3대 목표와 12대 과제

| 목표 | 과제 |
|---|---|
| 1. '비핵·개방·3000' 이행 준비<br>(⇒ 북한의 비핵화 유도) | ① 남북관계를 통한 북핵 문제 해결 촉진·지원<br>② '비핵·개방·3000' 이행 계획 수립 |
| 2. 상생의 경제협력 확대<br>(⇒ 한반도 경제 선진화에 기여) | ③ 남북경협기업의 애로사항 해소<br>④ 산림 분야 협력<br>⑤ 농수산 협력<br>⑥ 자원개발 협력<br>⑦ '나들섬 구상' 구체화 |
| 3. 호혜적 인도협력 추진<br>(⇒ 남북 주민의 행복 추구) | ⑧ 이산가족 상시 상봉 체계 구축<br>⑨ 국군포로·납북자 문제 해결 진전<br>⑩ 북한이탈주민 정착지원 강화<br>⑪ 대북지원의 분배투명성 제고<br>⑫ 북한 인권 개선 노력 |

자료: 통일부 통일교육원, 『통일교육지침서(일반용)』(2008), 47쪽; 통일부, 『2008년 통일부업무보고』(2008.3.26), 5쪽.

3-1>에 나타난 것과 같이 '3대 목표'와 '12대 과제'를 선정했다.[38]

<표 3-1>에서 제시된 '상생·공영의 남북관계 발전'을 위한 3대 목표의 12대 추진 과제를 살펴보면[39] 다음과 같다. 첫째, '비핵·개방·3000 이행 준비'의 목표는 한반도의 비핵화와 북한의 점진적인 개방을 유도하는 것에 있다.[40] 이는 궁극적으로 북한 주민들의 인간다운 삶을 보장하고 남북한 간의 공동 번영의 기틀을 다진다는 목표에 기초한 것이며 이런 목표를 달성하기 위해 '비핵·개방·3000' 정책은 남북관계를 통한 북핵 문제 해결을 촉진·지원하고 '비핵·개방·3000'의 이행 계획을 수립한다는 과제를 부여받았다. 둘째, '상생의 경제협력 확대'는 한반도 경제의 선진화에 기여하는 것에 목표를 둔다. 이는 북한이 핵을 포기하고(비핵화) 개방의 길(공존)을 선택하면, 남북경제공동체의 형성

38) 통일부, 『2008년 통일부 업무보고』(2008.3.26), 2쪽.

39) 통일부 통일교육원, 『통일교육지침서(일반용)』, 47~48쪽.

40) 같은 글, 47쪽.

(개방 3000)을 추진함으로써 상생·공영의 남북관계 발전을 추구하겠다는 목표에 기초한 것이다. 셋째, '호혜적 인도협력 추진'의 목표는 궁극적으로 북한 주민의 인간다운 삶 보장과 동시에 남북 주민의 행복 추구에 있다. 이는 이명박 정부의 '비핵·개방·3000' 정책에서 제3의 궁극적 목표로서 상생·공영의 한반도 평화·통일공동체 건설에 역점을 둔 것이다. 이를 위해 이명박 정부의 대북정책은 이산가족 상시 상봉체계 구축, 국군포로·납북자 문제 해결 진전과 북한이탈주민 보호 강화, 대북지원의 분배투명성 제고, 북한 인권 개선 노력 등을 추진 과제로 제시했다.[41]

이러한 3대 목표와 12대 추진 과제를 분석해볼 때, 이명박 정부의 대북정책은 김대중·노무현 정부의 대북포용정책과의 차별성을 강조하면서, '선(先)비핵화 단계별 공생·공영 남북관계-후(後)통일 실현'이라는 목표하에 북한 비핵화를 단·중기적 목표로, 통일 달성을 장기적 목표로 두고 공생·공영의 남북관계 발전에 주력하겠다는 전략을 내포하고 있다.[42] 그리하여 이명박 정부는 무엇보다 시작 단계에서 북한의 비핵화가 최우선되어야 한다는 기본적 인식하에 '1단계(2·13합의 완전 이행 단계: 상응 인센티브 제공의 전제 조건 단계) → 2단계(완전 비핵화의 새로운 협상 단계: 상응 인센티브의 부분적 제공 단계) → 3단계(완전 비핵화 단계: 상응 인센티브의 전면적 이행 단계)'의 단계별 발전 과정에 의한 공생·공영의 남북관계 발전 추구라는 대북정책의 전략 의도를 가지고 있었다.[43] 이에 따라 이명박 정부는 북한의 실질적 변화를 유도하기 위해 비핵화 선결의 이행 조건에 반응해 경제지원을 대폭 확대하고, 북한 인권 문제, 납북자 문제, 국군포로 문제 등 북한의 비정상적 행태 시정과 개방화·정상 국가화 유도를 위해 국

---

41) 허태회·윤황, 「민주화이후 한국 정부의 대북정책성향 및 전략비교」, 14~23쪽.

42) 이에 대한 상세한 분석으로는 성경륭·윤황, 「이명박 정부의 대북정책: 주요 쟁점과 추진방향」 참조.

43) 통일부 통일교육원, 『통일교육지침서(일반용)』, 47쪽.

제 협력(특히 한미동맹)과 함께 북한의 개혁과 개방을 적극 이끌어내는 전략을 구사하고자 했다.[44]

그러나 주지하다시피 이후 전개된 남북한 간의 지속적인 갈등과 대립은 이러한 비핵·개방·3000 정책을 하나의 '대북 선언'이나 '대북 독트린'으로 남긴 채 이렇다 할 만한 가시적 성과를 낳지 못하게 했다.

### 4) 역대 한국 정부의 대북정책 비교 및 평가

역대 한국 정부가 추진한 대북정책으로서 가장 특징적인 대북포용정책의 성과를 평가해보고 이명박 정부가 추진해온 '비핵·개방·3000' 정책의 정책 목표와 추진체계, 전략 등을 살펴보았다. 대북포용정책은 근본적으로 북한을 정권 차원에서 인식하기보다 북쪽에 있는 또 하나의 다른 한국 사회로 인식하는 반면, 비핵·개방·3000 정책은 북한을 이질적이며 적대적인 국가 또는 정권으로 인식하는 경향이 강하다. 따라서 이러한 인식의 차이는 결국 두 정책이 북한의 핵 개발 의도 분석과 대응에서도 매우 상이한 접근 방식과 입장으로 나아가게 했다.[45]

대북포용정책이 전반적으로 장기적·포괄적 정책 효과를 지향한다면 비핵·개방·3000 정책은 단기적이고 집중적인 효과를 지향한다는 점이 다르다.[46] 따라서 그 정책의 옳고 그름을 떠나 대북포용정책이 비대칭적 상호주의나 온건성을 보이고 있다는 점에서 정책적 유연성이 강하다면 비핵·개방·3000 정책은 한미공조 강화를 기반으로 한 대북정책 기조의 유지 차원에서 정책의 명

44) 성경륭·윤황, 「이명박 정부의 대북정책: 주요 쟁점과 추진방향」 참조.

45) 허태회·윤황, 「민주화이후 한국 정부의 대북정책성향 및 전략비교」, 23~25쪽

46) 같은 글.

〈표 3-2〉 대북포용정책과 '비핵·개방·3000' 정책의 비교

| | 대북포용정책 | '비핵·개방·3000' 정책 |
|---|---|---|
| 이념적 스펙트럼 | 진보적 민족주의 성향(좌파적) | 보수 중도 성향(우파적) |
| 대북한 인식 | 북한을 사회적 개념으로 인식 | 북한을 정권 차원에서 인식 |
| 북한 핵 개발 의도 | 체제 보장 협상용 | 대남공격·생존무기용 |
| 대북접근 방식 | 비대칭적 상호주의 | 엄격한 호혜적 상호주의 |
| 북한 핵 대응 방향 | 핵 문제와 경제지원 동시 연계 | 선핵포기 후경제지원 |
| 대북정책 효과 | 장기적이며 포괄적 | 단기적이며 집중적 |
| 대미관계 설정 | 남북공조와 한미관계 자주성 | 한미동맹·정책 공조 강화 |
| 대북정책 성향 | 온건적이며 유연성 | 강경적이며 원칙적 |

자료: 허태회·윤황, 「민주화이후 한국 정부의 대북정책성향 및 전략비교」 재인용.

확성과 일관성이 돋보인다고 하겠다.[47] 특히 대북정책의 안정성과 관련해 비핵·개방·3000 정책이 대북정책을 추진하면서도 전체적인 국제 구도의 사전 정지 작업의 일환으로 한미관계와 주변국들과의 관계 강화를 염두에 둔 것은 포용정책의 문제점을 그 나름대로 보완한 정책 수정으로 보인다.[48] 게다가 남북관계는 물론 한미관계와 북·미관계 개선을 위한 최대 과제인 북한 핵 문제의 해결을 최우선 과제로 택한 것도 과거 대북포용정책의 문제점에 대한 그 나름대로의 고민과 평가 끝에 시행된 전략 목표의 선회라고 할 수 있다.

다만 이러한 의도와는 별개로, '후계자 문제를 포함한 북한의 내부 상황 변화'에 따른 여러 가지 변수와 국제 정세의 변화, 그리고 세계 경제 위기 등이 한국의 대북정책 환경을 복잡하게 만들었고 국내 여건 또한 효과적인 대북정책의 추진을 어렵게 만든 상황에서, 확고한 원칙에 입각한 대북압박정책으로 이명박 정부가 당초 추구했던 정책 목표를 실현할 수 있었는지에 대해서는 회의적이다. 이런 점에서 더 안정되고 효과적인 대북정책의 추진을 위해서는 대북

47) 같은 글.

48) 같은 글, 24~31쪽.

정책의 기본적인 구조 및 인프라를 이해하고 역대 한국 정부의 대북정책에 중요한 영향을 미친 변수들을 살펴볼 필요가 있다. 한국 정부의 대북정책 딜레마로 작동했던 이들 주요 변수들을 어떻게 극복하고 관리하느냐는, 향후 대북정책의 성패를 판가름하는 시금석이 될 것이다.

## 2. 역대 한국 정부의 대북정책 결정과 주요 변수

### 1) 내생변수로서 남북 분단 구조와 남남갈등 구조

역대 정부의 대북정책 추진에 가장 큰 영향을 미친 주요 변수로는 무엇보다 남북 간의 분단 상황, 즉 고착화된 분단 구조를 들 수 있다.[49] 역대 한국 정부의 대북정책은 남북 분단이라는 고착화된 구조적 요인에 의해 영향을 받을 수밖에 없었기 때문이다. 먼저 제1공화국의 이승만 정부가 추진한 북진통일정책은 남북 양측 간에 막 시작된 남북 분단과 갈등의 연장선에서 나온 대북 강경책으로 볼 수 있으며, 뒤이어 경제 발전을 명분으로 집권한 박정희 정부도 한동안 북한과의 어떤 접촉도 거부한 채 고립주의적 성향의 대북정책을 추진했다. 그러다가 1970년대 들어서서 동서 냉전이 완화되고 데탕트 분위기가 무르익어 감에 따라 국제적인 화해 분위기에 편승해 '점진주의적이며 기능주의적'인 대북정책의 기초를 마련했다. 이후 군부 쿠데타를 통해 집권한 제5공화국과 이를 계승한 제6공화국의 '북방정책'은 탈냉전 이후 변화하는 국제 환경에 나름대로 유연하게 대응하려는 시도로서 북한에 대한 포용적 성향이 처음으로 가

49) 허태회·윤영미·윤황, 「한국 정부의 대북정책변수분석과 대북정책의 안정성화보방안」, 동아시아국제정치학회, ≪국제정치연구≫, 제12집 2호(2009), 70~97쪽.

시화되기 시작한 정책 시도였다.[50)]

문민정부의 대북정책은 집권 초기의 의욕이 무색하게도 특별한 성과를 거두지 못한 채 일관성 없는 대결정책에 머물렀다. 이후 김대중 정부와 노무현 정부의 대북포용정책은 역사적으로도 의미가 있는 정책이며 큰 기대를 모은 정책이었다. 그러나 이러한 대북포용정책도 그 정책의 실효성과 정책 비용 문제, 그리고 추진 과정에서 드러난 여러 가지 문제점을 고려할 때 대북정책의 안정성과 일관성을 담보한 성공한 대북정책으로 평가받기는 어렵다. 이어서 집권한 이명박 정부의 대북정책 '비핵·개방·3000' 정책은 앞서 추진한 김대중·노무현 정부의 대북포용정책과는 다른 새로운 문제 인식에서 시작해 북한의 '선비핵화에 이은 체제 불안의 해소와 경제지원'을 표방했지만 북한의 계속된 핵도발과 위기 상황의 고조로 이렇다 할 만한 진전을 보이지 못했다.

역대 대북정책의 추진 과정에서 가장 주요한 변수 중 하나는 남북 간의 상호 인식에 따른 접근 방식이나 태도이다. 물론 북한의 대남 인식과 태도가 한국 정부가 임의로 통제할 수 있는 변수는 아니지만, 대북정책의 특성상 북한의 태도와 그에 따른 한국의 대응이라는 측면을 고려하지 않을 수 없기 때문에 유념해야 할 변수이다.[51)] 최근 북한의 일방적인 도발과 행태가 결국 한국과의 긍정적인 상호작용과 타협의 입지를 약화시키고 궁극적으로는 대북지원정책에 대한 한국 사회의 합의를 어렵게 하고 지지도를 급락시킨 촉매제로 작용한 측면을 무시할 수 없다. 따라서 역대 한국 정부의 대북정책 결정과 추진 과정의 측면에서 본다면, 남북한 간 상호관계의 변화가 가장 중요한 변수로 작용했다고 할 수 있다.[52)]

---

50) 같은 글, 75~76쪽.

51) 같은 글, 76쪽.

52) 같은 글.

〈표 3-3〉 역대 한국 정부의 대북정책 성향과 남북관계 사건 비교표

| | 김영삼 정부 | 김대중 정부 | 노무현 정부 | 이명박 정부 |
|---|---|---|---|---|
| 협상 및 교류(구두) | 14 | 13 | 25 | 5 |
| 협상 및 교류(행위) | 15 | 66 | 225 | 8 |
| 중립적 사건 | 10 | 5 | 22 | 4 |
| 갈등 및 분쟁(구두) | 13 | 9 | 17 | 23 |
| 갈등 및 분쟁(행위) | 8 | 9 | 7 | 9 |
| 총계 | 60 | 102 | 296 | 49 |

자료: 허태회·윤영미·윤황, 「한국 정부의 대북정책변수분석과 대북정책의 안정성확보방안」, 재인용.

역대 정부 시기의 남북관계를 '국제분쟁과 평화사건지수(Conflict and Peace Data Bank: COPDAB)'분석 방법을 토대로 분석한 도표를 보면 남북관계의 변화 양상과 대북정책의 추진은 매우 상관성이 높음을 알 수 있다.[53] 즉 <표 3-3>을 보면, 역대 정부의 대북정책 성향에 따라 남북관계에도 유사한 변화 양상이 나타나고 있음을 알 수 있다. 김대중 정부와 노무현 정부에 의해 대북포용정책이 추진되던 시기에는 분쟁보다 협상과 교류의 행태가(77%, 84%) 압도적으로 나타난 반면, 대북압박정책이 펼쳐졌던 김영삼 정부와 이명박 정부 시기에는 교류와 협력보다 분쟁적인 사건(35%, 45%)이 훨씬 많이 나타났다. 또한 이러한 분쟁과 갈등의 형태도 단순히 구두적인 사건보다 직접적인 행위적 사건의 비율이 훨씬 높게 나타났는데, 이는 갈등과 분쟁 상황이 훨씬 심각했음을 단적으로 보여주는 것이다.[54]

<표 3-3>의 사건빈도표(frequency)를 분할표(contingency table) 형태로 만

53) 이러한 국제분쟁 및 평화자료(COPDAB) 사건 분석 방법에 대해서는 Edward Azar(1981) 참고.

54) 이 문제에 대한 상세한 분석을 위해서는 허태회·윤영미·윤황, 「한국 정부의 대북정책변수분석과 대북정책의 안정성확보방안」, 75~80쪽.

들어 정권 성향 변화와 남북관계 변화에 대한 교차분석〔카이제곱(chi-square)〕을 시도해보면, 카이제곱이 92.847, 유의 수준이 0.000으로 상관성이 매우 높게 나타난다.[55] 즉, 역대 정부의 대북정책 성향과 남북관계는 전체적으로 정비례적인 상관관계를 보여준다. 여기에서 볼 수 있듯이 한국 정부의 대북 인식에 따른 대북정책 성향에 따라 남북관계도 유사한 패턴을 갖고 변화해왔음을 알 수 있다.[56]

또 하나 중요한 변수는 남남갈등이 대북정책의 추진에 미치는 영향이다.[57] 지금까지 역사적으로 전개되었던 남북관계의 변화 양상을 시기적·단계적으로 나누어 분석해보면 남북관계에 가장 주요한 영향을 미친 것은 강대국 간 관계 변화에서 오는 외생적 요인이었지만, 이러한 변화에 나름대로 대응하려는 남북 양측의 자구적인 노력과 내부의 변화도 중요한 내생적 요인으로 작용했다. 특히 김영삼 정부 이후의 대북정책 추진은 민주화라는 시대적 상황의 큰 영향을 받았던 바, 민주화 과정이 외교안보정책, 특히 대북정책에 미친 영향은 무시할 수 없다. 이러한 민주화 과정을 통해 대북정책의 추진 과정에서 반세기 동안 지속되었던 냉전적 사고와 이념적 대립이 노정되었고, 이로 인해 이른바 진보 대 보수 계층 간의 대립 및 여야 간 정파갈등, 언론 간의 이념적 논쟁과 보혁갈등이 심각하게 표출된 것은 향후 남북관계에서도 매우 주목해야 할 중요한 변수이다.[58]

남남갈등에 대한 역사적 시원을 살펴보면, 이것은 사실상 1945년 이후 시작된 것으로 한국현대사 자체가 남남갈등의 역사라고 해도 과언이 아니다. 이는 분단 이후 한국 사회에 깊이 뿌리내린 반공주의, 1980년 이후 생겨난 한국 사

55) 같은 글. 79쪽.

56) 같은 글.

57) 같은 글, 81~83쪽.

58) 같은 글. 81쪽.

회의 이념적 분화, 그리고 이와 결합되어 있는 지역주의 등 구조적 요인에 크게 기인한다. 그러나 김대중 정부 집권 이후, 특히 2000년 남북정상회담 후 남남갈등이 심화된 것은 여러 정세적 요인, 사건적 요인에도 그 뿌리를 두고 있다. 구체적으로 2000년 총선을 겨냥해 정상회담을 발표한 김대중 정부의 정략적 추진과 업적주의, 한나라당과 보수적 언론의 정략적인 시비, 신자유주의 정책, 일부 운동권의 감상주의 내지 소영웅주의적 처신, 북한 지도부의 체제 유지성 도발(서해도발 등), 부시 행정부의 강경노선 등이 복합적으로 작용했다고 볼 수 있다.[59] 남남갈등은 역사적으로 중층적이며 매우 복합적인 배경과 구조를 가지고 있다. 남북한 사이에서뿐 아니라 한국 내부에서도 전쟁의 참혹함을 경험했던 사람들 간에는 결코 쉽게 해소되기 어려운 극심한 상호 불신과 음성적 적대관계가 형성되어 있다.[60]

2000년 남북정상회담 이후, 그리고 특히 지난 몇 년 사이 남남갈등이라는 말이 현실이 될 정도로 갈등의 골이 깊어진 것은 이제 신뢰에 기초한 상호 이해의 노력이 거의 없어지고 화합과 통합에 대한 기대감마저 사라졌기 때문인지 모른다.[61] 이명박 대통령도 2009년 7월 1일 민주평화통일자문회의(민주평통) 14기 출범식에서 축사를 통해 "바깥에서 오는 위기보다 더 위험한 것은 바로 남남갈등, 즉 우리 내부의 분열과 갈등"이라고 지적했다. 남남갈등은 경제위기 극복을 위한 국민적 동력을 약화시키고, 남북문제를 바로 풀기 위한 우리

---

59) 이에 대해서는 허태회·윤영미·윤황, 「한국 정부의 대북정책변수분석과 대북정책의 안정성확보방안」 참조.

60) 이념을 달리하는 수많은 집단이나 개인들, 이산가족들에 이르기까지 한국 인구 전체의 4분의 1 정도로 추정되는 사람들이 희생자가 되었고 그들의 마음속에는 불신과 갈등, 고민과 원한이 합리적 해결책의 모색이 불가능할 정도로 얽히고 쌓였다.

61) 이에 대한 상세한 내용은 이인호, 「통일지상주의는 현실 외면한 복고주의: 남남갈등 해결의길 - 상호 이해와 협력 그리고 사회통합」, <http://www.hani.co.kr/arti/culture/religion/161184.html> (검색일: 2009.9.27) 참조.

의 역량을 소진하기 때문이라는 것이다.[62)]

물론 이러한 남남갈등은 갑작스러운 시대적 변화에 따른 과도기적 현상이겠지만, 국민적 통합을 지향해야 하는 시대적 상황에서 오히려 분열과 갈등을 조장시켰다는 점에서 문제라고 할 수 있다. 특히 그동안 한국 사회는 대북정책의 추진과 관련해 너무 심각한 혼란과 분열 양상을 겪어왔다. 예컨대 김대중 정부의 대북포용정책 실행 이후 획기적인 남북 개선이 이루어지는 듯했지만, 냉전문화 구조에 기인한 대내적 남남갈등 구조는 끝내 사라지지 않았다. 그리고 이것은 결국 대북정책 추진력의 약화로 이어졌다. 이러한 남남갈등은 점차 한국 사회의 갈등 구조의 한 양상으로 구조화하고 있다는 점에서 문제의 소지가 있다.[63)]

국내적으로 대북정책의 추진과 관련된 남남갈등과 이념적 분열 현상, 그리고 정치적 대립과 혼란을 극복하기 위해 이제 대북정책의 추진 과정을 투명하게 하고 정책 추진의 새로운 전환점을 얻을 수 있도록 여야 간 초당적 대북정책 협력 체제를 확립하는 것이 필요하다.[64)] 제2차 세계대전 이후 미국의 초당파적 외교정책(대소 봉쇄정책)에서 현실적 사례를 발견할 수 있는 초당파주의는 사회적·정치적으로 깊은 균열을 보이고 있는 한국의 정치 현실에 중요한 시사점을 준다.[65)] 민주화 이후 한국의 대북정책 추진에는 이념적 이완과 이념적 스펙트럼의 확장이 중요한 정책 기제로 작용하면서 영향력을 미치고 있는 바, 이러한 초당파적 합의와 여론의 수렴이 대북정책의 안정성과 효과성을 유도하는

---

62) 같은 글.

63) 분단 체제와 남남갈등, 즉 분단 체제의 근대화와 냉전문화, 친미·반공문화와 반문화의 형성 등 남남갈등의 변화 추이는 조한범, 『남남갈등 해소 방안 연구』(서울: 통일연구원, 2006)를 참조.

64) 같은 글. 82쪽.

65) 초당파주의의 가능성과 한계, 현실적 제약에 대한 논의를 통해 한국적 상황에서 대북정책의 안정성과 그에 대한 신뢰를 강화시킬 초당파적 접근법을 모색해볼 수 있을 것이다.

또 하나 중요한 핵심축이 된다고 하겠다.[66]

### 2) 외생변수로서 한미관계와 북·미관계

대북정책의 추진에서 또 하나의 중요한 외생변수는 한미관계의 변화와 이에 따른 대북공조의 틀이라고 하겠다. 물론 해방 이후 한미관계의 변천에서 가장 중요한 요인은 미국의 세계 전략과 이에 따른 대한반도정책의 변화이다. 제2차 세계대전 이후 세계 질서를 구축하는 과정에서 '소련의 공산주의 위협'을 가장 큰 안보 위협으로 인식한 미국은 봉쇄 전략을 추진했고, 이러한 미국의 세계 전략에 한국의 지정학적 위치가 맞물리면서 한미동맹관계가 발전했다. 제2차 세계대전 이후 패권국으로 등장한 미국은 일본과 태평양 보호를 위해 한반도 안정을 지향하면서 반세기 동안 한미군사동맹을 강화해왔으며 이 동맹은 세계 여타 지역의 동맹관계 이상으로 견고하게 유지되어왔다. 따라서 비록 얼마 전까지 한미관계의 약화나 이상(異常)의 징조가 감지되기는 했지만, 한미동맹관계의 재조정, 주한미군의 감축 같이 한미관계의 근간을 흔드는 문제가 발생할 것으로 예측한 사람은 많지 않았다.

과거 한미관계의 변천사를 돌아보면 1960년대 한국의 월남파병과 파병반대 시위, 1970년대 박동선의 코리아게이트 사건, 1980년대의 방위비 분담 문제와 미문화원 방화 사건, 1990년대 경제통상 압력과 시장개방 문제 등 한미관계에 영향을 미친 커다란 사건들도 많이 있었으나, 사실상 한미군사동맹관계의 근간을 흔들 정도로 심각한 사건들은 아니었다. 이러한 점에서 최근의 한미관계는 매우 빠르고 심층적인 변화를 겪고 있으며 군사안보 분야를 넘어서 정치·경제·사회의 영역에 이르는 변화를 망라하고 있는 게 사실이다. 그렇다

66) 허태회·윤영미·윤황, 「한국 정부의 대북정책변수분석과 대북정책의 안정성확보방안」.

면 최근의 이런 한미관계의 변화는 어디에 기인하는가? 먼저 미국의 세계 전략 변화와 관련이 깊다. 미국의 세계 전략은 탈냉전 이후 새롭게 변화하고 있으며, 특히 9·11 이후 미국의 근본적인 안보 전략의 변화가 두드러졌다. 미국의 안보 전략이 변하면서 전략적 이해관계에 따라 한국과의 동맹관계가 재조정되고 한반도 문제의 위상이 재조정된 것이다.

최근 한미관계의 변천에서 또 하나의 중요한 요인은 민주화 이후 한국 정부의 대외정책 성향의 변화이다. 돌이켜보면, 민주화 이후 등장한 김대중 정부는 포용정책을 추진하는 과정에서 미국의 클린턴 정부와는 큰 불협화음을 일으키지 않았지만, 이후 등장한 부시 정부와는 처음부터 북한 문제에 대한 상이한 상황 인식과 처방으로 인해 마찰을 겪었다.[67] 부시 정부는 9·11 테러 사태로 인해 처음에는 북·미 협상에 전력을 기울일 수 없었지만, 이내 북한을 '악의 축'으로 규정하고 강경 압박정책을 추진했다. 비록 북한이 9·11 테러 사태와 관련해 테러에 반대하는 입장을 표명했지만, 그동안 북한은 중동 지역이나 테러 국가들을 상대로 재래식 군사무기 및 대량살상무기와 그에 따르는 기술 등을 수출해왔기에 9·11 테러 사건을 계기로 미국은 강경한 압력을 행사했으며, 이에 대해 북한이 계속 반발하면서 심각한 국면이 조성되었다.[68]

결국 한미관계의 관점에서 본다면, 미국의 세계 전략 변화와 북한 핵 문제와 같은 것이 중요한 변수로 작용했다고 하겠다. 다만 북한 핵 문제 자체가 한국 정부의 독자적인 힘만으로 쉽게 해결할 수 있는 문제가 아니기 때문에 큰 어려움을 겪을 수밖에 없고, 이는 결국 한미관계를 발전시키는 데 걸림돌이 되는

---

67) 허태회, 「부시공화당 정부의 한반도정책과 남북관계」, 40~64쪽.

68) 9·11 이후 미국이 테러 응징과 방지를 위한 대테러전쟁을 계속하는 동시에 세계 전역에 테러를 지원하는 국가를 발본색원하는 대테러정책을 펼치고 있는 상황에서, 테러 집단이나 불량국가들에게 대량살상무기를 확산시킬 우려가 있는 북한과의 마찰은 불가피할 것으로 전망되었고, 결국 2002년 북한이 스스로 핵 문제를 시인하고 나옴에 따라 어려운 상황이 조성되었다.

것이다. 더구나, 북한의 핵 개발을 비롯한 북한 문제는 미국의 해결 의지나 의도 이상으로 북한의 대미·대남 전략과도 깊은 연관이 있기 때문에 한국의 대미관계 설정에 큰 부담으로 남을 수밖에 없다. 민주화 이후 한국 정부는 지난 국민의 정부 때부터 '탈미·친중·친북' 형태의 외교정책 성향을 보임으로써 미국과 마찰을 빚기 시작했는데, 참여정부에서는 나아가 독자적이고 자주적인 외교를 공언하면서 한미 간 마찰이 악화되는 양상을 보였다.[69]

여기에는 진보 정권 등장으로 인한 대외정책 시각의 변화도 원인이 되겠지만, 더 근본적으로는 진보 정권을 배태시킨 한국 사회의 변화도 배경요인으로 지적될 수 있다. 즉, 빠른 경제 발전으로 국력의 신장과 함께 국민적 자긍심이 고취되고, 국민들의 자기정체성과 자주성 인식 등이 한층 더 강화된 끝에 새로운 외교안보에 대한 욕구가 발생한 것이다. 결국 이러한 사회적 변화는 대외문제에서 한국 사회가 공유해온 기존의 전통적 외교 패러다임과 새롭게 자각된 자주외교 욕구의 충돌로 나타났으며, 한미군사혈맹 중시, 북한이 곧 주적이라는 개념에 기초한 전통적 외교 패러다임과 새로운 민족 중시, 자주성 중시의 진보적 외교 패러다임의 대립으로 나타난 것이다.[70]

김대중·노무현 정부의 진보적 색채의 대북정책과 미국 보수 정권인 부시 정부의 대북압박정책은 그 기본 인식부터 차이가 있었으며, 정책 성향도 매우 다르게 전개되었다. 대략 7~8년간 한국의 진보 성향 정부와 겹쳤던 미국 보수 정부는 기본적인 정권 성향은 물론 대북정책 성향에서도 상호 대립되고 배타적인 행태를 보여주었다. 이와 같이 미국과 한국 정부의 대북정책 성향이 정반대로 움직이는 – 구조적으로 대치되는 – 상황에서는 아무리 동맹관계 강화를 강조해도 실질적인 정책 추진 효과를 보기 어렵다.[71] 한미 양측이 같은 방향을

69) 허태회·윤영미·윤황, 「한국 정부의 대북정책변수분석과 대북정책의 안정성확보방안」, 82~87쪽.

70) 같은 글.

보면서 같은 프리즘으로 대외문제를 인식하고 공유해야 비슷한 정책 진단이 나오고 정책 공조를 제안할 수 있다. 북한 핵 문제와 같은 어려운 난제가 발생해 한미 간의 균열에 쐐기를 박는 상황에서는, 한미 간 관계 강화나 정책 공조는 어려울 수밖에 없다. 한국의 지난 진보 정권 기간이 미국의 보수 우파 정권 8년과 겹치면서 상호 배치되는 정책 성향과 외교적 마찰이 나타났던 것은 어떻게 보면 당연한 결과라고 하겠다.[72]

이제 한반도 상황과 주변 국제 정세의 변화에 따라 대북정책 환경이 급격히 변하는 상황에서 북핵 문제에 대해서도 한미 양측의 철저한 입장 조율과 조정이 선행될 필요가 있다. 북핵 문제에 대한 한미 간 기본 전략의 틀이 먼저 조율되거나 조정되지 않고는 계속해서 이 문제가 한미관계 발전과 대북정책의 발목을 잡을 수 있다. 이런 의미에서 한미동맹 문제는 북한 핵 문제와 동떨어진 다른 차원의 문제로 다루어져서는 안 된다. 또한 앞에서 살펴본 것처럼 미국의 안보 전략 변화에 따른 세계 전략적 이해관계와 한반도 시각에서 바라보는 한국의 지역 차원적 이해관계를 어떻게 조정하느냐가 관건이 될 것인 바, 미국의 세계 전략 틀 내에서 한국의 한반도 평화라는 소기의 전략적 목적을 담아내는 지혜가 필요하다.[73]

역대 대북정책의 추진 과정에서 주요 개입 변수로 작용하는 또 다른 외생변수는 북·미관계의 변화이다. 물론 북한의 대미 인식과 태도가 우리의 대북정책 추진 과정에서 직접적으로 통제할 수 있는 변수는 아니지만, 대북정책의 특성상 우리의 주적인 북한과 최우방국인 미국의 관계 변화는 우리의 대북정책 추진 과정과 정책 입지에 직간접적으로 영향을 미친다. 이런 의미에서 북·미관계

---

71) 같은 글.

72) 한미 간 이러한 대북정책의 입장 차이는 결국 상호 이해의 마찰과 갈등으로 이어졌는바 <표 3-4>는 이러한 차이를 극명하게 대조적으로 보여준다.

73) 허태회·윤영미·윤황, 「한국 정부의 대북정책변수분석과 대북정책의 안정성확보방안」, 88쪽.

의 변화를 살펴보면 대략 20년 주기로 세 가지의 패턴이 나타난다.[74]

먼저 1953년 정전협상 이후 1970년대 초반까지의 대결 국면 단계이다. 정전협상이후 소련과 미국의 데탕트로 인한 평화 공존의 시기까지 북한과 미국은 냉전의 구도 안에서 첨예한 대결과 대립으로 점철된 시기를 보냈다. 이후 1974년 3월 북한이 미국과의 평화협정 체결을 제의하고 1975년 미국이 남한과 북한, 미국, 중국이 참여하는 4자회담 개최를 제의하면서 물꼬를 튼 북·미관계는, 1980년대 중반까지 양자가 정전협정과 평화협정 문제와 관련해 4자회담과 3자회담(남·북·미)의 제의를 놓고 신경전을 벌이면서 본격적인 협상과 갈등의 시기를 거치게 된다.[75] 그 후 1988년 1월 20일 미국은 북한의 KAL기 폭파 사건과 관련해 대북제재 조치를 발표함과 동시에 북한을 테러 지원국으로 규정했으나, 1990년대에 들어와 소련을 포함한 동구권의 붕괴로 북한의 외교 기반이 위축되고, 체제보호막 역할을 해온 소련과 중국마저 한국과 수교하면서 외교적 고립 상황에 직면하자, 북한은 체제 유지를 위해 냉전 종식 이후 유일한 초강대국으로 등장한 미국과의 관계 개선에 주력하게 된다.[76] 그러나 1990년대 초부터 2000년대까지의 북·미관계는 미사일 개발과 핵 개발 같은 군사안보 문제와 관련된 접촉이라는 특징이 있다. 사실상 북핵 문제는 1980년대 후반 이후부터 현재까지 끊임없이 진행되어온 북·미관계의 갈등 축을 이루고 있었기 때문이다.[77] 이후 북한과 미국은 1998년 8월부터 제기되기 시작한 평안북도 대관군 금창리의 지하 핵 시설 의혹에 관한 협상을 네 차례 개최했다.

---

74) 같은 글, 89쪽.

75) 같은 글.

76) 같은 글.

77) 북한은 1993년 3월 핵확산금지조약(NPT) 탈퇴 선언과 국제원자력기구(International Atomic Energy Agency: IAEA)의 핵사찰 거부 등 이른바 '핵 카드'를 활용해 미국과의 직접 협상을 유도, 마침내 1994년 10월 북한의 핵 개발 동결과 미국이 경수로 건설 지원, 그리고 양국 간 관계 정상화 추진 등을 주요 내용으로 하는 제네바 기본합의서를 이끌어냄으로써 대미관계 개선의 발판을 마련했다.

여기에서 1999년 3월 북한이 미국 측의 복수 현장 방문을 허용하는 대신 60만 톤의 식량을 제공받고, 1999년 5월과 2000년 5월 미국의 현장 방문단이 금창리 터널을 두 차례 조사함으로써 지하 핵 시설 의혹을 둘러싼 논란은 일단락되었다. 미사일 문제와 관련해서는 1999년 9월 북·미 베를린 합의가 이루어지자 이에 대한 후속 조치로서 미국은 북한에 대한 경제제재를 일부 해제하는 조치를 발표하고, 북한 역시 미사일 재발사 유보를 밝힘으로써 북·미관계 정상화를 위한 본격적인 협상을 할 수 있게 되었다.[78)]

2000년 10월 조명록 북한 특사의 미국 방문과 매들린 올브라이트(Madeleine Albright) 미국 국무장관의 북한 방문으로 외교대표부 설치, 실종 미군 신원 확인, 한반도 긴장 완화를 위한 구체적인 조치 등의 현안들이 심도 있게 논의되었으나, 이후 부시 공화당 정부의 출범으로 북·미관계는 다시 파국 상황을 맞았다. 2001년 1월 출범한 부시 행정부는 대북정책에 대한 검토(review), 북한의 핵 변화 여부와 북한 미사일 개발에 대한 검증, 재래식 무기 감축 문제를 강조하는 등 강경 입장을 견지했다.[79)] 특히 2001년 9월 11일 미국의 테러 대참사와 10월 7일 미국의 아프가니스탄 침공을 계기로 미국은 대외정책의 기조를 대테러전쟁에 두게 되었고, 북한의 경우 비록 테러 자체는 반대한다고 천명했지만 테러 근절에 대한 명확한 입장을 밝히지 않았기 때문에 북·미관계는 소강 국면을 맞이한다. 여기에 이어 2002년 10월 북한이 핵 개발을 시인함으로써 북·미 제네바 기본합의서의 체결과 KEDO의 출범이 백지화되고 북한의 핵 문

---

78) 이러한 과정에서 미국의 클린턴 행정부는 1998년 11월 윌리엄 페리(William James Perry) 전 국방장관을 대북정책 조정관으로 임명, 한국·일본과의 공조하에 향후 북한이 핵과 미사일 등 대량살상무기(Weapons of Mass Destruction: WMD)를 포기할 경우, 북한에 외교적·경제적 이익을 제공할 수 있는 틀을 마련함으로써 협상에 가속도를 붙였다.

79) 이에 대해 북한은 2001년 2월 말 외무성 담화를 통해 북·미관계 개선을 골자로 한 양국 간 합의사항 준수를 미국에 촉구하는 한편, 경제사절단을 미국에 파견하는 등 대결적 자세보다는 협상을 통해 북한에 대한 미국의 강경한 움직임을 사전에 차단하려고 했다.

제가 또 다시 국제적인 문제로 부상하게 되었다. 이 문제를 평화적·외교적으로 해결하기 위해 남북한을 비롯한 미국, 중국, 일본, 러시아 6개국은 6자회담을 개최했다. 제1차(2003.8.27~29)에서 제6차 3단계 회의(2008.12.8~11)까지 개최된 6자회담은 이후 현재까지 중단된 상태이다.[80]

그동안 진행되어왔던 6자회담은 사실상 미국과 북한의 입장과 주장에 따라 의제의 타협·조율이 이루어졌거니와, 그 양자관계에 의해 회담의 중단·재개가 반복되었다. 이는 결국 북핵 문제가 미국과 북한 양자 간의 문제로 다루어졌고 그 밖의 6자회담 참여 4개국은 그저 옵서버(Observer) 지위에 머물고 말았음을 의미한다. 한마디로 북핵 문제의 해결 여부나 6자회담의 성공 여부는 전적으로 미국과 북한의 관계에 의존해왔다. 이것은 곧 6자회담이라는 다자회담의 성사 여부가 미국과 북한의 외교안보정책의 목표 및 전략과 직결되어 왔다는 것으로, 대북정책의 추진에 이처럼 직접적으로 영향을 미치는 요인은 없다. 따라서 향후 대북정책을 결정하고 추진하는 과정에서 이러한 외연적 요소를 고려하지 않고 한국 정부 독자적으로 추진할 경우 정책 효과나 안정성을 담보하기 어렵다.[81]

<표 3-4>는 미국 정부의 변화에 따른 북·미 간 관계의 변화 양상을 잘 보여준다. 미국의 경우 민주당 정부 시절에 북·미 간 접촉과 교류가 공화당 정부 시절보다 훨씬 많이 나타났으며(103건 대 35건), 이 시기의 북·미관계는 상호 비방이나 제재보다 협상적인 사건과 협력적인 조치가 많이 나타났다.[82] 실제

---

80) 제1차에서 제6차 3단계 회의에 이르기까지 6자회담에서는 미국과 북한을 중심으로 2005년 '9·19 공동 성명', 2007년 '9·19 공동 성명 이행을 위한 초기 조치(2·13 합의)', '9·19 공동 성명 이행을 위한 2단계 조치(10·3 합의)'가 도출되었으나, 북·미 간의 입장 차이로 현재까지 6자회담의 재개는 물론이고 그 합의서들의 이행이 전면적으로 중단된 상태이다.

81) 허태회·윤영미·윤황, 「한국 정부의 대북정책변수분석과 대북정책의 안정성화보방안」, 89~94쪽.

82) 같은 글.

〈표 3-4〉 미국 정권의 변화와 북·미관계 변화

| 미국 정부 사건 | 미국 민주당 정부 기간: 클린턴 정부(1993~2000) | 미국 공화당 정부 기간: 부시 정부(2001~2008) |
|---|---|---|
| 협상 | 84건 | 23건 |
| 협정 체결 | 6건 | 2건 |
| 협정 이행 | 6건 | 3건 |
| 분쟁과 제재 | 7건 | 7건 |
| 총계 | 103건 | 35건 |

자료: 허태회·윤영미·윤황, 「한국 정부의 대북정책변수분석과 대북정책의 안정성확보방안」, 재인용.

〈표 3-5〉 미국의 정권 변화와 북·미 간 협상 의제의 변화

| 미국 정부 협상 의제 | 미국 민주당 정부 기간: 클린턴 정부(1993~2000) | 미국 공화당 정부 기간: 부시 정부(2001~2008) |
|---|---|---|
| 핵 문제 | 23건 | 9건 |
| 미사일 | 7건 | 0건 |
| 유해 송환 | 21건 | 0건 |
| 정치 문제(정전협상) | 19건 | 11건 |
| 경제문제 | 5건 | 1건 |
| 억류자와 인권 문제 | 9건 | 3건 |
| 총계 | 84건 | 24건 |

자료: 허태회·윤영미·윤황, 「한국 정부의 대북정책변수분석과 대북정책의 안정성확보방안」, 재인용.

로 위의 분할표를 토대로 미국의 정권 변화와 북·미관계 변화에 대한 교차분석(카이제곱 분석)을 해보면 카이제곱이 22.03, 유의 수준이 0.03으로 상관성이 매우 높게 나타난다.[83] <표 3-5>는 민주당 정부 시절 북·미 간의 협상이 정치·경제·군사 전반에 걸쳐 이루어진 반면, 공화당 정부 시절은 주로 핵 문제와 같은 정치군사적인 이슈로 이루어진 경우가 많아 양측 간의 정치적·군사적 갈등이 심각했음을 보여준다.[84] 또 이 분석의 결과는 미국 민주당 정부가 적극적이

83) 같은 글.

84) 같은 글.

며 지속적인 포용정책을 시도했던 것에 반해 공화당 정부는 북핵 문제와 같은 군사안보 중심의 정책에 중점을 두었음을 보여준다. 이런 측면에서 북·미관계를 본다면, 이제 사실상 북한의 미사일 발사와 핵 개발 문제가 북·미관계의 가장 중요한 의제가 되었다고 하겠다.[85)]

미국에게 북핵 문제는 대량살상무기를 제거하는 것을 넘어 미국의 세계안보 전략을 실행하고 한미동맹을 조정하며, 중국을 견제(대만 독립에 대한 불안과 일본의 핵 개발 우려)하고 일본을 포용(미·일 신안보체제의 강화, 중국 견제를 위한 미사일 방어체제 구축)하기 위한, 또 중국의 영향권에 들어가려는 한국을 회유하고 이를 통해 한반도에 대한 영향력을 강화하며, 심지어는 김정일 이후의 북한 체제를 장악(북한 핵무기의 안전제거 명분으로 한반도 문제 개입)하기 위한 장기적·다목적 전략 카드일 수 있다. 결국, 미국의 대북공세 명분은 테러와 WMD 확산의 차단을 위해 북한이 핵을 포기하도록 한다는 것이지만, 그 목적이 단순히 북한의 핵 프로그램 제거라고만 믿는다면 이것은 핵 문제가 발생하기 이전 미국 정부의 초기 대북 어젠다에 미사일 문제와 재래식 무기 감축 문제가 존재했었다는 사실을 잊고 있는 것이다. 또 부시 정부가 초기 대량살상무기 확산 방지를 주장하면서도 정작 한동안 북한 문제에 대해 수사적 압박(Rhetorical Pressure)만 했을 뿐 결정적인 해결 의지는 보이지 않으려 했다는 것을 잊고 있는 것이다.[86)] 이것은 미국이 주장하는 안보 위협의 명분과 전략적인 이해관계

85) 북핵 문제가 사라지면 북·미 간의 갈등이 사라질 것이라는 전망은 희망사항일 뿐이다. 핵 문제가 아니더라도 북한의 미사일 수출 문제와 생화학무기 폐기 문제, 일본이 원하는 재래식 무기 감축 문제 등이 여전히 갈등의 씨앗으로 남아 있으며 여기에 북한 인권 문제까지 더해지면 북한에 대한 미국의 견제와 압박의 명분은 현 북한 정권이 궤멸되지 않는 한 상존할 수밖에 없다.

86) 미국이 공격 대상으로 삼은 이라크가 핵이나 생화학무기를 소유했든 안 했든 이미 미국은 자신의 이해관계를 위해 후세인을 제거하고 이라크에 친미정권을 세워야겠다고 생각하고 있었다. 그래서 9·11 테러 이후 알카에다(Al-Qaeda)와 밀접한 관련을 맺고 있다고 의심받던 이란보다 이라크를 먼저 압박한 것이다. 심지어 이라크가 국제 여론을 받아들여 유엔사찰을 허용했을 때조차 미국은 새로운 증거와 이유를 들어 선제공격한 사실을 간과하지 말아야 한다.

가 반드시 일치하지 않는다는 것을 의미한다.

최근 북핵 문제에 대해 미국과 국제사회로부터 제재 조치가 취해지고 오바마 정부와 국제사회가 예상 외의 강력한 대북압박을 시도하고 있지만, 과연 이런 대북압박이 어느 정도 효과를 거둘지는 미지수이다. 북한이 '선(先)북·미관계 정상화 후(後)핵 문제 해결'이라는 새로운 방향틀을 제시한 상황에서 이 문제가 가까운 시일 내에 해결될 것처럼 보이지는 않는다. 북·미관계 자체가 한국의 대북정책 추진에서 중요한 변수이기는 하지만, 북핵 문제는 이미 북·미관계와 한미관계를 넘어서 남북관계와 남남관계 거의 모든 부분에 영향을 미치고 있다. 따라서 이 문제를 한국 정부가 독자적 노력이나 힘으로 제어하는 데에는 한계가 있다. 북핵 문제는 한국의 대외문제 중에서 당사자 간의 대립이 가장 첨예하며 해결하기 어려운 문제로 부상한 지 오래이다.

## 3. 북한 핵 문제의 전개와 대북정책의 시사점

### 1) 북핵 문제의 배경과 주변 국제 정세의 변화

2012년 4월 13일 광명성 3호 발사와 이에 대한 유엔과 국제사회의 대북제재 조치, 또 이에 대한 북한의 반발과 핵실험 시사 발언이 맞물리면서 북한과 국제사회의 대립이 심화되고 북핵 문제의 해결을 위한 6자회담 재개의 노력이 물거품이 되어버렸다. 김정일의 갑작스러운 사망과 이로 인한 북한의 정치적 불안정 속에서 내부 결속과 후계세습 강화 차원에서 실행한 것으로 보이는 광명성 3호 발사로 인해 다시금 6자회담의 재개 희망은 사라지고 강경대치 상황으로 회귀했다. 사실 국제 정세의 변화와 북핵 문제가 어느 정도 직접적인 관련성을 갖는지 명확하게 밝히는 것은 쉽지 않다. 하지만 모든 국가들이 자신이

처한 상황과 국익 차원에서 대외정책을 추진하기 때문에 한반도 주변 정세는 이미 국제 문제화된 북핵 문제에 직간접적으로 영향을 미친다.[87] 2010년 PIGS(포르투갈, 이탈리아, 그리스, 스페인)를 중심으로 발생한 유로존 재정 위기의 지속으로 글로벌 금융시장의 불안이 증폭되면서 세계 경제는 경기침체로 인한 불안감의 확산, 주가 폭락, 환율 전쟁과 신보호주의 위험 등의 어려움을 겪고 있다. 이러한 세계 경제 상황은 패권안정이론이 시사하듯이 미국의 경제 패권이 쇠퇴하면서 미국이 군사비 삭감을 포함한 긴축정책으로의 선회와 새로운 안보 전략의 구상을 모색하게 하고 있다. 세계 경제 상황이 금융시장의 불안과 경기침체로 인해 불안감이 확산되고 불확실성에 사로잡힘에 따라 각국은 예산 절감과 군사비 절감 차원에서 과도한 군사비 지출 대신 동맹관계 강화나 파트너십 구축 등을 통한 '견제와 균형의 전략'에 더 눈을 돌리게 되었다.

2012년 1월 5일 미국 오바마 행정부가 발표한 '미국의 세계지도력 지속: 21세기를 위한 국방우선순위(Sustaining U.S. Global Leadership: Priorities for 21st Century)'라는 신국방 전략은 이러한 미국의 현실 인식과 상황 판단이 잘 드러나는 새로운 안보 전략이다.[88] 이것은 가속화되고 있는 미국 경제의 쇠퇴와 경기침체, 이에 상대적으로 중국의 G2 부상, 지난 10년간의 대테러전쟁의 종결, 이란과 시리아를 포함한 중동의 불안정 등을 종합적으로 고려한 미국의 새로

87) 미국은 2008년 세계 금융위기 이후 국가 재정이 급격히 악화되면서 재정 적자와 국가채무(GDP 대비 92.8%)가 급증했다. 그런데 인구 고령화와 의료보험의 지출 증가 등으로 인해 향후 미국 재정 적자는 더욱 늘어날 것으로 전망되고 있다. 여기에는 장기간의 경기침체로 인한 저성장과 투자 부진으로 인한 조세수입의 감소, 부시 정부의 감세정책으로 인한 재정수입의 감소 및 대테러전쟁의 비용 증대로 인한 국방비 증액과 정부지출의 확대가 주요한 원인으로 작용한 것으로 판단된다.

88) 이러한 미국의 전략 변화는 사실상 2010년 발표된 국가안보 전략(National Security Strategy)보고서에서 이미 감지되었다. 즉 부시 정부가 추진한 10년간의 대테러전쟁을 종결하면서 새롭게 형성된 국제 상황에 대한 미국의 인식과 국내 경제 활성화에 필요한 국방예산의 절감, 중국의 G2 부상을 의식한 동맹관계 강화, 인도를 이용한 중국 견제 등에 초점을 맞춘 새로운 전략 구상이 이 보고서에서 이미 드러났다.

운 전략 구상이라 할 수 있다. 제2차 세계대전 이후 패권국으로 등장한 미국은 당시의 가장 막강한 도전 국가로 소련을 지목하고 '봉쇄정책'이라는 세계 전략을 추진하면서 세계를 경영했다. 이후 1990년대 초 냉전이 종식되자 한동안 국지적 분쟁과 혼란의 시기를 겪다가 다시 '개입과 확대(Engagement and Enlargement)'라는 시장민주체제의 확산 전략으로 미국 중심의 신자유주의체제를 꿈꾸었다. 그러다가 방심한 상태에서 2001년 9·11 테러 사건을 겪은 미국은 21세기 미국이 직면한 가장 큰 안보 위협으로서 '대량살상무기의 확산과 이에 의한 자국 영토의 안보 위협, 특히 비대칭 위협의 확산'을 지목하며 아프가니스탄과 이라크와의 전면전을 수행하게 된다.[89] 문제는 이렇게 미국이 당면한 안보 위협이라는 것이 미국이 실제로 직면한 안보 위협이기도 하지만, 사실상 미국의 패권을 유지하고 강화하기 위한 세계경영 전략의 명분이기도 하다는 것이다.[90]

이제 지난 정권의 부시 행정부가 벌인 대테러전쟁의 종결이 가까운 시점에서 미국의 국내외 상황 변화를 고려해 새로 구상하고 있는 미국 국방 전략의 핵심은 최소 5,000억에서 1조 달러의 국방예산 감축에 따른 '원 플러스(one plus) 전략'인데, 이는 종래의 '2개 전장에서의 동시 승리' 대신 '1개 전장 승리와 1개 전장 억제'를 추구하는 것이다. 지상군과 핵무기를 감축하겠다는 의도가 깔린 전략이라 할 수 있다.[91] 물론 이러한 미국의 신안보 전략에 대해 안보

89) 즉 과거 냉전 시대 '봉쇄 전략'을 통해 소련과 공산주의 위협을 제거한다는 명분으로 미국 중심의 세계 질서를 구축하는 데 성공했던 미국은 이후 탈냉전 시대에는 '개입과 확대 전략'을 내세워 미국이 원하는 시장민주체제 확산의 명분으로 삼았으며 9·11 테러 이후 미국은 '테러 및 대량살상무기(WMD) 확산 방지 전략'이라는 대외 목표를 내세워 미국 패권강화의 명분으로 삼았다.

90) 9·11 테러 이후 미국이 채택한 대테러전쟁과 대량살상무기 확산 방지 전략은 당분간 미국이 위협 대상으로 할 타깃이 없는 상황에서 새로운 안보 위협으로 테러와 대량살상무기를 지목하고 이러한 위협의 온상으로 그동안 반미적이었던 국가들을 불량국가로 지정·제압함으로써 미국의 패권을 강화해 나가겠다는 것이었다.

91) 물론 이에 따른 미국의 군사력 약화 논란을 의식해 미래전에 부합하는 합동전력을 조정, 군사력의 신속

전문가들 간에도 의견이 분분하다. 문제는 이러한 미국의 신국방 전략이 미국의 대외정책에 주기적으로 나타나는 고립주의 성향과 함께 우리 한반도 문제와 관련해서는 장기적으로 긍정적인 것보다 부정적인 영향을 끼칠 가능성이 더 크다는 데 있다.[92)]

미국 국방정책의 변화가 시사하는 바는 다음과 같다. 첫 번째는 미국의 국방예산 삭감이 우리에게 주한미군 방위비 부담 증가로 나타날 가능성이 크다는 것이다.[93)] 두 번째로 미국은 이번에 '2MRC(Two Major Regional Conflict)' 전략에서 '원 플러스' 전략으로 전환하면서 미국의 전통적 군사 중점 지역인 중동 쪽의 문제에 집중하게 될 것이고, 이는 상대적으로 한반도의 전략적 위상 약화를 초래할 가능성이 있으며 이러한 상황을 북한이 자칫 오판할 개연성이 크다는 것이다. 세 번째로 남중국해에서 미국과 중국 사이의 해양통제권 갈등이 심화되고 있는 상황에서 중국의 'A2·AD(Anti-access and Area denial)' 전략에 대한 대응으로 미국이 '공해전투(Air-Sea Battle)' 전략을 천명하고 나선 것은 '명백한 중국 봉쇄'는 아니더라도 '중국 견제'를 의미하는 것으로서 이들 양자 사이에 낀 한국으로서는 매우 불편하고 부담스러운 상황이 아닐 수 없다.[94)]

---

성과 유연성을 제고하기 위한 해공군력의 증강과 기동전력의 현대화, 사이버전 능력 강화, 무인기 전력의 증강으로 군사적 우위를 확보해 나가겠다는 의지를 표명하고 있기는 하다. 자세한 내용은 정철호, 「미국 2012 신 국방 전략과 한국의 군사전략 발전방향」, ≪정세와 정책≫, 2월호(2012), 26~27쪽.

92) 2010년 5월에 발표된 미국의 국가안보 전략(National Security Strategy)의 핵심 내용은 '먼저 미국의 리더십을 회복하는 데 초점을 맞추고 국내에서 힘의 원천을 키우며 이를 바탕으로 해외에서 우호적인 국제 질서를 조성한다'는 것이다. 이는 미국의 상대적인 영향력 감소를 만회하기 위해 국제협조를 중시하는 정책을 내세움으로써 더는 쌍무적인 협상을 통해 책임과 비용을 혼자 감당하지 않겠다는 미국의 의지를 내비치는 것이다.

93) 2012년 5월 19일 미국 뉴욕타임스는 이제 미국은 유럽의 MD통제권도 나토(NATO)에 위임하고 이지스함의 운영도 나토 사령부로 귀속시켜 유럽의 자율적 안보 능력을 향상시키려는 방향으로 나아가려 한다고 보도했다. 이런 시도는 러시아를 자극하는 측면도 있지만, 동맹국 관계의 강화를 통한 한층 저렴한 방위 전략의 시작임을 시사한다. 이에 대한 내용은 ≪세계일보≫, 2012년 5월 21일.

94) 정철호, 「미국 2012 신 국방 전략과 한국의 군사전략 발전방향」, 26~27쪽.

게다가 국방 개혁 2020(안)에 따라 대략 17만 명의 지상군 감축을 계획하고 있는 한국으로서는 미국의 지상군 감축(57만에서 47만)이 한반도 유사시 증원군 파병을 불확실하게 만들 수 있어 불안할 수밖에 없다.[95)]

여기에 2011년 초 중동에서 발생한 아랍의 봄과 관련해 중동 상황을 살펴보면, 2011년 봄 튀니지의 재스민 혁명으로 시작된 민주화 운동의 불꽃이 이집트·이란·리비아 지역으로 확산되면서 독재 정권의 붕괴와 민주화의 확산이 이루어진 측면이 있긴 하지만, 이것은 역설적으로 중동 지역의 불안정을 야기한 측면도 있다. 튀니지, 이집트와 바레인에서 독재와 탄압에 반발하는 시민항쟁으로 시작된 중동 민주화 운동이 리비아, 알제리에 이어 시리아까지 확산되면서 국제사회의 심각한 문제가 되고 있다.[96)] 이러한 중동 문제는 국제사회가 개입해 이 지역 장기 독재자들의 몰락을 유도하는 상황을 극명하게 보여주었는데, 이로 인해 북한 핵 문제를 해결하는 과정에서 더는 리비아 모델의 환상에 매달릴 수 없게 되었다. 이란과 북한의 지도자들이 리비아의 독재자가 몰락하는 모습을 보면서 그가 선택했던 '국교 정상화를 대가로 한 핵의 자발적 포기' 협상 방식에 대해 경각심만을 갖게 되었기 때문이다.[97)]

최근의 동북아 정세와 관련해 주목할 만한 것은 과거 냉전 시기 형성되었던 이른바 한미동맹 대(對) 북중동맹의 대립 구도가 가시화되기 시작했다는 점이다. 이러한 사태의 발전은 기본적으로 한국의 천안함 사건 이후 한미동맹의 강

---

95) 같은 글, 26~27쪽.

96) 이란의 핵 개발에 대해 여차하면 무차별 공습까지 할 생각을 하고 있는 이스라엘을 미국이 간신히 자제시키고 있는 상황이다. 이에 대한 상세한 논의는 최재훈, 「이란의 핵 개발 갈등과 한반도」, ≪정세와 정책≫, 3월호(2012), 4~6쪽.

97) 특히 장기 독재가 하룻밤에 몰락하고 그동안 내정간섭으로 치부해 간섭할 수 없었던 인권탄압 문제에 유엔을 포함한 국제사회가 적극적으로 개입하는 모습은 북한 지도자들을 충격에 빠뜨렸다. 특히 전 세계에 방영되었던 리비아의 카다피(Muammar Gaddafi) 사살 장면은 북한 지도자들에게 핵포기에 대한 경계심과 경각심만 부추기게 되었다.

화 움직임에 대한 중국의 견제와 북한의 국제 제재를 극복하기 위한 친중국 선회정책이 맞물린 결과라고 하겠다. 천안함 사건의 진상 조사 이후 한국 정부는 이것이 북한의 소행이라고 밝히고 단호하고 엄격한 대응 조치를 취하면서 이른바 '북한의 비대칭 위협 대비'라는 명분으로 한미동맹의 강화와 대북 억지 태세 보강 조치를 취하면서 강력한 대북 규탄과 제재 조치에 나섰다.[98] 한편 중국과 러시아는 한반도의 평화가 더욱 중요하다면서 남북한이 냉정과 절제를 통해 문제를 해결하라는 중립적인 입장을 취했는데, 특히 중국은 한국과 미국의 강력한 대북제재로 인해 김정일의 건강 악화와 후계자 문제로 취약해진 북한이 붕괴되는 것보다는 현상을 유지(Status Quo)하는 것이 낫다고 판단, 적극적인 중재자의 역할을 자임하고 나섰다.[99]

결국 천안함 사건과 연평도 사건은 북한 핵 문제에 대한 협상과 대응 방식에서 서로 다른 입장을 보이던 주변국들이 더욱더 상이한 입장의 차이를 확인하게 만들었고, 기존 동맹국과의 관계를 더 중시하는 입장으로 선회하게 만들면서 냉전 시기에나 볼 수 있었던 이른바 지역동맹의 이분법적 대립 구도가 다시 나타나게 만들었다. 물론 이러한 '한미 대 북중의 대립 구도'가 북핵 문제의 해결뿐만 아니라 동북아시아의 지역 안정 차원에서도 결코 바람직하지 않은 현상임은 말할 것도 없다.

또 하나 눈여겨보아야 할 지역 정세 변화는 '미국 대 중국의 서해·남중국해 해상 패권 경쟁'과 관련된 것이다. 즉 2010년 천안함 사건 이후 한국과 미국의 대북 억지력 강화 차원에서 전개된 서해 해상훈련에 대해 중국이 불만과 반발을 노골화하면서 이른바 '서해와 남중국해를 둘러싼 해상 패권의 경쟁'의 조짐

---

98) 이에 대한 자세한 논의를 위해서는 홍현익, 「천안함사건 이후 한국의 대북정책기조: 평가와 제언」, ≪정세와 정책≫, 통권 171호(2010.7).

99) 같은 글.

이 서서히 나타나기 시작했다. 천안함 침몰 사건으로 충격을 받은 한국은 대북 억지력 증강을 위해 미국과 함께 서해상에서 한미연합훈련을 실시하려 했고, 여기에 중국이 불편한 심기를 내비쳤다. 이는 해당 작전이 그 반경에 베이징을 포함하고 있고, 이를 묵인할 경우 장기적으로 서해와 남중국해에서의 안보 이익에 악영향을 미칠 것으로 중국이 판단했기 때문이다.[100] 사실 이 문제는 중국의 남사군도 영유권 분쟁과 관련해 중국의 '반접근(Anti-Access: A2)·지역 거부(Area-Denial: AD)' 전략에 대해 미국이 계속 불만을 표출하면서 이미 나타나기 시작한 것이다. 당시에도 힐러리 클린턴(Hillary Rodham Clinton) 국무장관이 직접 이의를 제기함으로써 중국의 심기를 자극했고, 여기에서 남중국해 해상 패권에 대한 노골적인 경쟁이 시작된 것이다.[101]

여기에 세 번째로 주목해야 할 동북아 정세 변화는 '6자회담 재개 기회의 상실 및 미국의 아시아 중심 전략 선회'라고 하겠다. 사실 미국은 천안함 사건 이후 한동안 한미공조 차원에서 강력한 대북제재를 중심으로 강경정책을 추진했으나 2011년 초 미·중정상회담 이후 중국과 함께 한반도에서 남북 간 군사 대립을 완화시키는 방향으로 선회했다.[102] 북한의 미사일 발사와 핵실험에 대한 대북제재 조치와 함께 협상을 중단한 채 당분간 관망하는 전략적 인내(strategic patience) 정책을 추진하면서 2011년부터는 본격적으로 북한과의 협상 재개를 모색하려고 했다. 2012년 11월 초에 예정된 미국 대선 전에 비확산과 북핵 문

---

100) 이태환, 「천안함 외교와 중국」, ≪정세와 정책≫, 통권 171호(2010.7).

101) 중국의 항공모함 진수로 나타난 공세적 해양 전략과 군사력 증강이 점점 가시화되고 있다. 중국은 약 71척의 잠수함 함대와 수상전투함 78척, 해상항공대 3만 명과 311대의 전투기를 보유하고 있다. 물론 아직까지 미국의 해군력과 맞먹을 정도는 아니며 미국 본토를 위협할 수준도 아니지만, 인근 해역에서 중국의 해양 이익을 보호하기에는 충분한 능력을 보유한 것으로 보인다. 중국의 해양 전략은 미국 군함의 대중국해안 접근 거부(anti-access) 전략이 요체이다.

102) 2011년 6월 한미외교장관회담에서 미국의 대북 대화 모색은 천안함 사건에 대한 사과를 전제 조건으로 내세우는 한국에게 남북관계 개선의 필요성을 제기해 남북협상 재개의 은근한 압력으로 작용했다. 이후 7월 발리와 9월 베이징에서 1·2차 남북 간 비핵화회담이 개최되었다.

제와 관련해 가시적인 외교 성과를 쌓을 필요가 있었던 오바마 정부로서는 6자회담의 재개를 위한 사전 환경 조성이 필요한 상황이었다.

여기에 그동안 한중 간 급속한 경제 교류 확대와 무역 증대에도 불구하고 미국과의 동맹 체제 강화에 열중하고 있는 한국에 대해 불만을 느끼고 미국에 대한 견제 장치로서 북한과의 관계를 강화해온 중국도 다시 남북한을 설득해 6자회담의 재개에 노력하고 있었다. 이명박 정권에 들어서도 계속해서 돈독한 관계를 유지하려고 한국과의 '전략적 협력동반자관계'구축에 적극적이었던 중국은 그러나 천안함 사건과 연평도 사건 이후 대북제재 및 대북압박정책에 대해 한국과 입장 차이를 보였고 더욱 강화되는 한미동맹 체제에 대한 불만, 북한의 정권 세습과 안정화 문제 등을 고려해 오히려 북한과 러시아와의 관계를 강화하면서 북한의 6자회담 복귀를 설득해왔다.[103] 2011년 7월 22일 발리의 아세안지역 안보포럼(ASEAN Regional Forum: ARF)에서 오랜만에 개최된 1차 남북비핵화회담과 9월 21일 베이징에서 열린 2차 남북비핵화회담으로 인해 경색된 남북관계의 돌파구가 열릴지 모른다는 기대감과 6자회담 재개에 대한 희망이 제기되었다.[104] 2012년 2월 29일 북한과 미국은 베이징에서 제3차 북·미회담을 개최하고 '북한의 비핵화 수용 조치에 대한 대가로 미국의 24만 톤 대북영양지원 제공'을 골자로 하는 합의문을 전격 발표하면서 6자회담 재개에 대한 기대감을 한층 고조시켰다. 특히 그동안 6자회담 재개에 가장 큰 걸림돌로 작용해왔던 비핵화 사전 조치를 북한이 수용하면서 바야흐로 6자회담

103) 2010년 8월 창춘에서 열린 북·중정상회담에서는 김정은 후계체제의 용인, 북한 체제 안정화, 대규모 경협을 조건으로 북핵 문제의 진전과 개혁·개방 추진을 요구한 것으로 알려졌는데 최근 중국은 다시 미국과 한국 등 관련국 순방을 통해 6자회담의 재개를 위한 물밑작업에 치중해왔다.

104) 작년 7월 발리에서 열린 1차 비핵화회담이 주로 협상의 큰 틀을 다루었다면 9월에 개최된 베이징에서의 2차 회담에서는 6자회담의 재개 문제를 비롯해 천안함·연평도 도발 사과 및 재발 방지 문제와 남·북·러 가스관 연결 사업, 금강산 관광 관련 북한의 재산몰수 조치까지 폭넓은 주제가 포괄적으로 다루어진 것으로 알려졌다.

의 재개 발판이 마련되었다고 볼 수 있었다.[105)]

그러나 4월 13일 광명성 3호 발사와 이에 대한 유엔과 국제사회의 대북 규탄과 제재 조치, 또 이에 대한 북한의 반발과 핵실험 시사 발언이 계속해서 맞물리고 고조되면서 다시금 북한과 국제사회의 대립이 심화되고 6자회담 재개 노력이 물거품이 되어버렸다. 지금부터 북핵 문제의 전개 과정과 북핵 문제의 주요 협상 채널이었던 '6자회담'의 전망에 대한 분석을 토대로 향후 북핵 문제의 영향과 대북정책의 추진에 필요한 선결 과제를 살펴본다.

### 2) 북핵 문제의 딜레마와 대북정책의 시사점

지금까지 북한의 핵 개발 시도와 전개 과정을 보면 북한의 핵 개발은 결코 어제 오늘의 일이 아니다. 그 의지와 집착을 고려할 때 북한은 핵을 결코 쉽게 포기하지 않을 것이 자명하다.[106)] 물론 이러한 북한의 핵무기 개발 사태가 전적으로 북한에게만 책임이 있으며 그간의 전개 과정에서 협상 기회가 전혀 없었다고 단정할 수는 없다. 그간의 전개 과정에서 한국과 미국, 그중에서 부시 정부 초기의 '전략적으로 느린(going slow) 대북접근정책'에도 일정 부분 책임이 있다. 그러나 당시 미국 정부가 좀 더 협상에 적극적으로 나섰다고 해서 북한이 핵 개발을 포기하거나 폐기했을 것으로 믿기는 어렵다.

---

105) 미국이 요구하는 비핵화 사전 조치로서는 북한의 핵실험 및 장거리 미사일 발사 유예, 우라늄 농축 프로그램(UEP)을 포함한 모든 핵 활동 중단, IAEA 사찰단 복귀 등이다.

106) 사실 북한은 1959년 구소련과 원자력 평화적 이용 협정을 체결하고 1962년 영변 지역에 원자력연구소를 설치하면서 일찌감치 핵 개발의 의지를 갖고 지속적으로 노력해왔다. 1989년 미국과 프랑스의 위성이 영변 지역에서 핵 의혹 시설을 탐지하면서 시작되었던 1차 북핵 위기 시 북한이 보여주었던 협상 과정에서의 태도나 2002년 켈리(James Kelly, 당시 국무부 동아시아태평양 차관보)의 방북 시 북한의 고농축 우라늄 핵 프로그램 시인으로 발생한 2차 북핵 위기의 전개 과정에서 보여주었던 고도의 전략적 행태에서 보듯이 북한은 스스로의 핵무기 개발에 사활을 걸고 있기 때문에 결코 쉽게 포기하거나 폐기하지는 않을 것이다.

2차 북핵 위기의 주요 협상 채널이었던 6자회담이 제1차에서 제6차 3단계 회의에 이르기까지 미국과 북한을 중심으로 운영되면서 2005년 '9·19 공동 성명', 2007년 '9·19 공동 성명 이행을 위한 초기 조치(2·13 합의)', '9·19 공동 성명 이행을 위한 2단계조치(10·3 합의)'까지는 도출되었으나, 결정적인 문제에 직면할 때마다 – 예를 들면 북·미 간의 핵 시료 채취 문제에 대한 입장 차이 – 양자 간의 극명한 입장 대립과 충돌로 한계에 부딪힐 수밖에 없었다. 더구나 실제로 북핵 문제가 미국과 북한의 양자 간 문제로 주로 다루어졌고 그 밖의 6자회담 참여 4개국은 사실상 옵서버와 같은 상태로 참여하기만 했다. 북핵 문제의 해결 여부나 6자회담의 성공 여부가 모두 기본적으로 미국과 북한의 이해관계와 의지에 달려 있었다. 또한 지난 10여 년간 진행되어온 6자회담의 전개 과정에서 북·미 간 협상 행태를 분석해보면 북한의 핵 개발은 단순한 체제 안전 보장의 카드나 '정권 유지·강화'용이 아니라 '핵보유를 통한 군사적 생존 수단 및 강성대국 건설 수단'이자 '한반도의 군사적 불균형 극복 수단이며 대남 군사력 우위 선점 수단'으로서 '외세 개입이나 국제적 압박'에 굴복해 포기할 수 있는 대외협상용 칩이 아닌 것으로 나타났기 때문이다.[107]

북한의 핵에 대한 인식은 기존의 접근 방식이었던 '체제 안전 보장을 위한 협상 수단'에서 '핵보유국의 지위를 활용한 강성대국 건설 수단이자 대남 군사력 우위 선점을 위한 수단'으로 전환해야 한다. 전자는 적절한 시기에 적절한 보상과 대가를 통해 북한이 핵을 포기할 수 있다는 것을 의미하지만, 후자는 북한이 수단과 방법을 가리지 않고 궁극적으로 핵보유로 나갈 것이라는 것을

107) 북한의 핵 개발 의도가 '북·미협상을 통한 체제 안전 보장 확보 수단'이라는 인식은 사실상 지난 좌파 정부의 일관된 대북 인식이며 진보 성향의 북한 문제 전문가들의 주장이었다. 그러나 이러한 북한 핵 문제의 인식이나 접근은 2006년 북한의 1차 핵실험으로 설득력을 잃게 되었으며 그 이후 계속된 북한의 미사일 발사와 2차 핵실험으로 인해 더는 수긍하기 어렵게 되었다. 그럼에도 아직도 일각에서는 북한 핵 개발을 체제 보장을 위한 북·미 협상용으로 인식하는데 이는 북핵 문제의 본질을 파악하지 못한 데 기인한다.

의미하기 때문에 북한의 선전용 메시지에 현혹되지 말고 그 행동을 근거로 한 확고하고 일관된 대북정책을 검토해야 한다.

2011년 9월 21일 베이징에서 개최된 제2차 남북 비핵화회담에서 북한은 조건 없는 6자회담의 재개 입장을 고수하면서도 우라늄 농축 프로그램 문제에 대해서는 전력 생산을 위한 원자력의 평화적 이용이므로 중단할 이유가 없다고 주장하고 핵사찰단 복귀 문제는 애매모호하게 넘기면서 나중에 가능하다는 입장을 피력했다. 그러나 미국도 북한의 사전 접촉에서 쟁점이 되고 있는 고농축 우라늄(UEP) 문제를 불법적인 핵 활동이라고 규정해 협상 안건에 넣으려고 했다. 즉 6자회담 재개의 사전 조치로서 북한에게 직접적으로 우라늄 핵 개발의 포기를 명확하게 하라고 압박한 것인데, 이는 고농축 우라늄 문제가 북한이 포기해야 하는 핵 프로그램의 일환이기 때문에 6자회담의 의제가 되지 않으면 6자회담 재개는 무의미한 것이라는 미국의 입장을 나타낸다. 이에 대해 처음 북한은 "조선반도의 비핵화는 북조선에 대한 미국의 적대시정책의 종식과 핵위협제거와 직결되어 있는 문제"라고 계속 주장하면서 반발했으나 2012년 2월 29일 이 문제의 논의를 수용했다.[108)]

2012년 2월 29일 제3차 북·미회담에서 '북한의 비핵화 수용 조치에 대한 대가로 미국의 24만 톤 대북영양지원 제공'을 골자로 하는 합의문을 전격 발표하면서 6자회담 재개에 대한 기대감을 한층 고조시켰다. 그러나 같은 해 4월 13일 북한의 광명성 3호 발사와 이에 대한 유엔과 국제사회의 대북 규탄과 제재 조치, 북한의 반발과 핵실험 시사 발언이 서로 맞물리면서 다시금 6자회담이 교착상태에 빠지게 되었던 것이다.

---

108) 북한은 "조선반도의 핵 문제가 해결되려면 조·미 사이의 평화협정을 체결해야 한다"고 주장한다. 또한 우라늄 농축과 경수로 건설은 전력 생산을 위한 평화적 목적이라고 주장하면서 북핵 폐기와 북·미 관계 정상화, 평화협정 체결, 경수로 제공 등을 연결시켜 주장하고 있다.

주목해야 할 것은 이제 오바마 정부와 한국이 북한의 고농축 우라늄 문제를 본격적으로 다루려고 한다는 것이다.[109] 이전의 부시 정부와 북한의 협상에는 이 문제가 빠져 있었으며 북한도 2008년 6월까지는 이 문제를 시인하지 않았지만, 이 문제가 북한과의 협상 테이블 위에 올라가게 되면 양측 간의 협상 진행은 한층 더 어려워질 것으로 전망된다. 또한 북한은 중국과 미국이 요구하는 대로 일단 남측과의 관계 개선을 시도한 후에 이를 토대로 북·미 간 직접 협상으로 나가는 통미봉남을 지속하려고 할 것이다. 미국 오바마 정부는 집권 2기를 맞아 절대 북한의 핵을 용인하지 않겠다는 방침을 천명하면서 한국, 중국과의 공조를 통해 적극적으로 북핵문제를 해결하겠다는 입장을 보이고 있다.

북한도 이제 국제 제재 조치를 어느 정도 극복할 수 있다는 판단하에 핵을 포기하라는 주변국들의 설득이나 압박에도 기본적인 입장을 유지하면서 핵을 보유한 채 핵 협상을 타결한 '인도식 핵 협상 모델'을 지향하려 할 것이다.[110] 이처럼 북한이 핵 문제 협상에서의 입장을 전환하려는 이유는 근본적으로 '핵 보유국의 지위를 유지하면서 비확산 문제로 전환하는 시도'가 가능한 것으로 믿고 있기 때문이며 이런 북한의 변화된 입장을 결국은 미국이나 한국이 수용할 수밖에 없을 것이라는 희망적인 판단을 하고 있기 때문이다.[111] 물론 이는

---

109) 북한의 시리아 핵 개발 연루에 대한 의혹은 다양하게 제기되고 있다. 2007년 9월 시리아 동북부 지역 알키바에 있는 원자로가 이스라엘의 공습에 의해 파괴되었는데, 이곳의 플루토늄 재처리 시설은 북한의 지원이 있었기에 건설이 가능했다는 주장이 나왔다. 미국 CIA는 파괴된 시설이 북한의 영변 경수로와 비슷하다는 점, 주변에서 북한 전문가들의 사진이 찍혔다는 점 등을 보고했다. 이란과의 협력설도 다양한 경로를 통해 제기되고 있다. 또한 2003년경 이란의 샤하브(Sahab) 미사일 개발에 노동 미사일 기술을 지원한 북한과 이란 간에 핵무기 개발 협력을 위한 협정이 체결되어 상당수의 북한 핵 전문가와 미사일 전문가가 이란에서 활동하고 있다는 정보가 서방 정보기관에 의해 보고되고 있다.

110) 1974년 평화적 목적이라는 명분으로 인도가 핵실험을 하자 이에 충격을 받고 미국은 NPT 레짐의 강화로 비확산조치를 취했으며 1998년 인도의 본격적인 핵무기 실험 이후 이에 대해 한층 강화된 국제 압력과 통제를 통해 압박을 가했다. 그러나 이후 부시 정부 들어서 인도의 핵 문제에 대해 전향적인 입장을 보이던 미국은 2006년 마침내 '인도 핵의 투명한 관리'라는 명분으로 '미·인도 핵 협정'을 체결하고 인도의 핵무기 보유를 용인하게 되었다.

현재까지 미국의 정책에 배치되는 것으로(힐러리 클린턴 국무부 장관의 "북한 핵무기와 핵 프로그램이 완전히 종결되어야 북한과의 국교를 정상화할 수 있다"는 발언) 미국 정부가 수용하기 어려운 것이기는 하지만 지난번 미국이 인도에 적용했던 사례를 내심 기대하고 있을 것이다.

장래 중국의 견제와 인도양에서의 자국 영향력 확대를 꾀하려는 미국이 나름대로의 장기적인 포석으로서 인도의 핵보유를 용인하기는 했지만 이것과 북한 핵무기를 용인하는 문제는 근본적으로 다르다. 핵 비확산 레짐의 손상과 국제 여론의 비난에도 인도와의 전략적 유대관계 강화를 중시했던 미국은 인도의 핵보유를 수용했다. 하지만 북한 핵보유는 오히려 동북아 불안정 초래 및 역내 핵확산 도미노 현상을 초래할 수 있기 때문에 미국의 전략적 이해관계에서 역효과 측면이 훨씬 더 크다.[112]

이러한 상황을 종합해서 정리하면 당분간 북한은 오바마 정부나 한국 정부와의 관계 개선에 대한 기대를 낮추고 북중동맹관계 강화를 통한 위기 극복과 핵보유를 통한 자위력 확보 전략으로 계속 나갈 것이다. 따라서 6자회담에 참여한다 해도 이를 통해 자신들의 이익만을 추구할 뿐 진정한 핵포기를 위한 움직임을 보이지는 않을 것이다.[113] 게다가 작년에 핵무기의 자발적 포기와 미국과의 국교 정상화를 거래했던 리비아의 카다피가 시민군에 의해 살해된 장면이 전 세계에 방영되면서 자발적 핵 폐기가 오히려 정권 붕괴의 전주곡이 될

---

111) 북한의 핵보유국 지위 요구는 이제 북한의 핵 폐기 문제가 더 이상 경제지원이나 북·미국교 정상화가 아니라 미국에 대한 북한의 핵 위협과 관련된 문제라는 것을 나타내며, 이 문제는 한미군사동맹하에서 실행되고 있는 미국의 핵우산 조치와 연계해 다루어져야 한다. Larry Niksh, "North Korea's Nuclear Weapons Development and Diplomacy," *CRS Report*, 2009.5.27. 참조.

112) 게다가 미국이 수용해준다고 해도 EU, 중국, 러시아, 일본, 한국 모두가 원치 않으므로 미국이 굳이 무리할 이유가 없으며 또한 북한과 협정을 체결한다 해도 북한이 이를 지킨다는 보장과 신뢰가 없기 때문에 현재로서는 미국이 북한의 핵보유를 수용할 이유가 없다.

113) 북한의 다자회담 전략 변화에 대한 자세한 논의를 위해서는 오경섭, 「북핵공조의 한계와 정책보완방안」, ≪세종정책연구≫, 제6권 2호(2010).

수 있다고 판단한 북한 지도층으로서는 협상을 통한 핵 폐기를 쉽게 선택할 수 없을 것이다.[114] 북한 군부나 김정은과 같은 새로운 리더십은 핵포기가 오히려 역효과를 낳을 수 있다고 보고 궁극적인 핵무장의 길을 포기하느니 지금까지와 같은 벼랑 끝 전술과 기만 전술 방식에 계속 의존하는 것이 더 낫다고 판단할 수 있다.

북한 핵 문제는 그 자체로 남북문제이면서 국제적인 성격을 띤다. 문제는 이 북한 핵 문제가 한국의 대북정책이나 대외정책 전반에 걸쳐 가장 첨예한 대립을 일으키는 이슈이면서 풀기 어려운 문제가 되었다는 것이다. 북한의 핵 개발은 남북관계 자체를 경색·교착시켰으며 지난 좌파 정부 시절 한미관계의 약화를 초래한 쐐기이자 장애 요인으로 작용했다. 북한은 당초 북·미관계의 정상화를 희망했다. 하지만 최근 미국 오바마 정부와 한국의 이명박 정부가 대북압박과 제재를 강화하자 북한은 이에 대해 중국과의 동맹 강화를 통해 위기 탈출을 시도했고, 기존의 핵무기 개발을 통해 기존의 '체제 안전 보장과 핵포기를 교환하는 게임'을 이제 '핵보유국으로 인정받은 상태에서 비확산을 조건으로, 원하는 것을 얻는 게임'으로 전환시키려 하고 있다. 따라서 북핵 문제는 이제 더 장기적인 게임, 더 복잡한 협상 게임으로 전개될 가능성이 크다. 물론 중국도 북한의 핵 개발 파장과 경제원조에 대한 부담이 증가해 반드시 달가운 상황만은 아니다. 그러나 한국 정부로서는 장기적으로 북한 핵 개발로 인한 북·미 간 군사적 대립·충돌 개연성과 동북아의 불안정 증대, 북한 내부의 이상상황 발생 시 핵무기 안전 관리를 명분으로 한 미국의 자동 개입과 이에 대한 중국의 반발·충돌 개연성 증대, 대만과 일본의 핵무기 개발 빌미 제공, 한국의 북한 핵

---

114) Christopher Ford, "Stalemate and Beyond: The North Korean Nuclear Impasse and Its Future," *International Journal of Korean Unification Studies*, Vol. 20, No. 2(2011), pp.121~173.

억지력 개발을 위한 군사력 증강 부담, 미국의 대한국 미사일 방어(MD) 체제 가입 압박 등 많은 문제에 직면해야 할 것이다.

최근 한국과 미국 일각에서 논의되고 있는 주한미군의 전술 핵 재배치 문제도 북핵 문제 해결과 관련해 일견 나름대로 효용성이 있는 것처럼 보인다.[115] 그러나 대북·대중 압박 카드로 상당한 효용성이 있어 보이는 이러한 전술 핵 배치는 1992년 발효된 '한반도 비핵화 선언'을 완전히 포기하는 것일 뿐만 아니라 장기적으로는 북핵 문제 해결에 훨씬 더 부정적인 영향을 미칠 것이다. 즉, 북한의 핵 개발에 대응하는 조치로서 한국에 전술 핵을 재배치하는 것은 한반도에서의 핵보유를 사실상 정당한 것으로 인정하는 일이 되며 북핵 문제의 해결에 적극적인 중국이 북핵 문제에 집중하게 하기보다 한국의 핵보유와 일본 및 대만 핵 개발 문제에 집중하게 만들면서 동북아 지역을 핵의 공포에 사로잡히게 할 수 있다.[116] 한국의 전술 핵 재배치를 논의하는 것은 중국과 러시아에 대한 심리적 압박으로 작용해 북핵 문제 조기 해결에 나서도록 유도할 수 있을지는 모르지만 실질적인 재배치는 오히려 역효과가 발생할 가능성이 더 크며 미국 정부 또한 실제 이에 응할 의도는 없을 것이다.[117]

지금까지 살펴보았지만 북한의 핵 개발 문제는 대북정책의 추진과 남북관계의 발전에 결정적인 영향을 미치고 있을 뿐만 아니라 동북아 지역과 세계 정세에까지 영향을 미치는 중요한 외교적 현안이 되어가고 있다. 핵보유를 기정

---

115) 사실상 북한이 핵보유로 나가는 상황에서 한반도에 소규모 전술 핵의 재배치는 한국 사회의 핵 주권 논란을 불식시키고 비핵화정책을 계속 유지하면서 일본과 대만의 핵무장 명분을 잠재울 수 있는 다목적 카드가 될 수도 있으며 한반도의 군사적 안정을 도모하는 데도 기여할 수 있는 측면도 있다. 즉 북한의 핵무기 사용 징조 시에 대북 선제공격옵션을 찾고 있는 한국 군부에 주한미군 전술 핵 재배치는 북한 도발의 억제와 함께 한국군의 심리적 안정장치 역할도 할 수 있을 것으로 판단되기 때문이다. 이에 대한 상세한 내용은 전성훈, 「북한비핵화와 핵우산강화를 위한 이중경로 정책」, ≪국가 전략≫, 제16권 1호(2010), 61~88쪽.

116) 같은 글, 80~81쪽.

117) ≪세계일보≫, 2012년 5월 16일.

사실화하려는 북한의 핵 개발 의지도 문제지만 이제 북한의 핵 기술이 타국에까지 확산될 개연성이 커지면서 심각한 국제안보 이슈가 되었다. 게다가 지역 정세의 변화나 주변국 간의 첨예한 이해관계로 인해 이 북핵 문제의 해결은 점점 더 어려워지고 있다. 북핵 문제의 해결에 유리한 국제 환경을 조성하고 정책 인프라를 구축하며, 유연한 외교 전략을 마련하는 것이 절실한 상황이다. 북한의 핵무기 개발에 대응한 한국의 자체적인 대북 전쟁 억지력 강화와 비대칭 위협 대비도 중요하고,[118] 대북정책의 효과적 추진을 위한 대내 안전 장치로서 남남갈등의 해소를 위한 초당적 대북정책 협력 체제 구축도 필요하다.[119]

## 4. 역대 한국 정부의 대북정책 평가와 정책적 함의

2012년 한국과 주변국의 지도자가 교체되었다. 미국과 중국의 격화되는 대립 구도하에서 주변국의 새로운 정책 변화로 인해 한반도 정세도 급변하고 있다. 이런 전망을 토대로 볼 때, 한국의 대북정책은 무엇보다 북한 핵 문제를 해결하는 데 집중해야 하며 또 전략적으로 현명하게 움직여야 한다. 또한 대북정책의 추진과 관련해 실질적인 추동력을 확보하기 위해서는 무엇보다 범국민적 지지와 공감대를 형성·확보하는 것이 중요하다. 대북 통일정책을 추진하는 일에서 온건진보 성향이든 강경보수 성향이든 모두 대북정책의 정쟁화 구조와 국민적 합의 기반의 미비로 인해 고비용·저효율의 정책적 한계를 노정하고 있기 때문이다. 역대 정부의 대북정책 추진 과정에서 살펴보았듯이 이제 남남갈등 구조의 해소와 대북정책의 국민적 합의 기반 도출이 대북정책의 효과적 추

118) 이상호, 「한국의 대북전쟁억제력 강화방안연구」, ≪세종정책연구≫, 제6권 2호(2010).

119) 허태회·윤영미·윤황, 「한국 정부의 대북정책변수분석과 대북정책의 안정성확보방안」, 81~82쪽.

진에 중요한 선결 과제가 되고 있다.

냉전 종결 이후 역대 한국 정부, 즉 김영삼·김대중·노무현·이명박 대통령 정부의 대북 통일정책의 고찰과 각 정부의 대북정책이 갖고 있는 장단점들의 비교·평가를 통해 상호 보완할 수 있는 공감 영역의 모색과 국민적 지지와 기대에 부합되는 기본적인 정책 틀의 모색이 가능할 것이다. 이를 위해 최근 한국 정부의 대북정책 결정과 관련해 여러 가지 관점에서 제기된 변수들을 중심으로 남북관계에 영향을 미친 주요 대북정책의 정책 성향을 비교했으며 대표적으로 역대 한국 정부의 대조적인 대북정책인 포용정책과 비핵·개방·3000 정책을 비교·평가했다. 또한 지금까지 대북정책의 결정·추진과 관련해 대북정책의 불안정성에 가장 큰 영향을 미치는 구조적인 변수로 남북관계, 북·미관계, 한미관계, 남남갈등관계를 설정해 이들이 어떻게 상호작용을 하면서 대북정책 추진 과정에 영향을 미쳤는지를 살펴보았다.

일반적인 인식과 달리 대북정책에는 북한에 대한 한국 정부의 대외정책 기조뿐 아니라 한반도의 지정학적 상황과 내부적 상황, 역사적 전개 과정에서 기인한 여러 가지 구조적 변수가 함께 복합적으로 영향을 미치고 있다. 대북정책의 추진을 후륜구동 자동차에 비유한다면 대북정책의 추동력을 주는 자동차 뒷바퀴의 역할로서 남북관계와 한미관계가 큰 영향을 미친다고 할 수 있으며 자동차의 방향을 제어하는 앞바퀴의 역할로서 남남갈등관계와 북·미관계가 함께 영향을 미친다고 하겠다.[120] 이는 궁극적으로 대북정책의 일관성과 효과성을 담보하는 데 네 가지 바퀴 축이 중요하다는 것을 의미한다. 특히 남북관계의 변화와 한미관계의 변화가 상호작용해 대북정책의 추동력을 주지만 또한 북·미관계와 남남관계가 대북정책 방향타의 역할을 하면서 좌의 방향 또는 우의 방향으로 나가게 하는 것을 유념해야 한다.[121] 지난 진보 정권 기간에 이념

---

120) 허태회·윤영미·윤황, 「한국 정부의 대북정책변수분석과 대북정책의 안정성확보방안」, 94~97쪽.

적 보혁관계에서 진보적 성향이 우세해 온건한 대북포용정책이 나왔지만, 그러한 온건정책의 추진이 미국의 보수 우파 정권의 집권 이후 북·미관계의 단절과 경직성으로 인해 추동력을 잃고 기대효과를 얻지 못한 점이 있다.[122] 이후 보수 성향의 이명박 정부 집권으로 인해 대북정책이 다시 강경 압박으로 선회했을 때도 남북관계의 교착 및 경직으로 대북정책이 추동력을 잃고 남북관계의 진전을 이루지 못한 점을 상기할 필요가 있다.

이처럼 역대 한국 정부의 각기 다른 성향의 대북정책 추진과 관련해, 정책에 추동력을 주는 남북관계가 경색되거나 한미관계와 북·미관계가 경색되면 한국의 대북정책은 안정성과 추동력을 잃고 정체되었다. 이러한 관점에서 본다면 역대 한국 정부의 독자적 대북정책 결정·추진은 정책의 일관성과 효과성을 담보하는 것이 매우 어려울 수 있다. 그것은 위의 분석에서 보듯이 첫째, 북한의 대남정책이 바뀌지 않는 경직된 상황에서 남북관계를 제어해나갈 수 있는 한국 정부의 외교 역량에 한계가 있으며, 둘째, 북·미관계의 진전·촉진 과정에서 한국 정부가 갖는 개입 변수(An Intervening Variable)로서의 제약과 한계가 있으며, 셋째, 한미 간 정책 공조와 관련해서도 대북정책에 대한 기본 입장은 유사할지 모르지만 양 정부 간의 구체적인 대북정책 인식과 전략, 이해관계의 차이로 인해 공조 체제의 상시화를 구축하는 것이 어려운 측면이 있다.[123] 마지막으로 민주화 과정 이후 진행된 이념적 스펙트럼의 확산으로 인해 당분간 한국 사회 내 보혁갈등과 남남갈등의 해소가 어려울 것이기 때문에 어떤 정부가 등장하더라도 자신의 대북정책 기조를 한쪽 방향으로만 유지하거나 임기 말까지 꾸준히 정책의 일관성을 확보하는 것이 매우 어려운 과제가 될 것이다.

121) 같은 글.

122) 같은 글.

123) 같은 글, 94~97쪽.

따라서 향후 어떤 정부가 들어서든 이러한 대북정책의 효과적 추진과 안정성 문제와 관련해서는 먼저 정책 결정 및 추진에 앞서서 국제적·지정학적·이념적 개입 요소를 고려해서 판단할 필요가 있다. 전체적인 대북정책 환경의 변화에 대한 분석을 토대로 그에 따른 대북정책의 적합성과 효과성을 고려하는 한편 한반도가 처한 지정학적 상황 및 한국 사회의 내부 상황 변화가 종합적으로 함께 고려되고 검토되어야 한다.[124] 아울러 이런 전체적인 맥락과 구조에 연계시켜 나온 맞춤형 대북정책이라도 본격적으로 추진하기 전에 미리 대북정책 추진 효과를 극대화하기 위한 사전 정지 작업 — 사전 구도 정리와 정책 공조 시스템 확립 — 을 통해 개입 변수를 치밀하게 통제해나가야 한다. 그런 사전 정지 작업의 하나로 남남 간 갈등 해소를 위한 초당적 대북정책제도와 장치를 마련하는 것이 매우 중요하다. 대북정책의 합리적 거버넌스 체제의 일환으로 현재의 민주평화통일회의를 재편, 새로운 대북정책 거버넌스 체제로 활용하는 방안을 검토할 필요가 있다.[125] 또 북한 핵 문제가 미해결 상태로 지속되면 남북관계는 물론 한미관계, 북·미관계에도 계속 장애 요인으로 작용해 대북정책의 추진을 방해함은 물론 한반도 긴장 고조와 동북아 불안정을 초래할 수 있으므로 가능한 북핵 문제의 조기 해결을 위한 전향적 조치를 서둘러 마련해야 한다.

그동안 한국 사회는 대북정책 추진과 관련해 너무 심각한 혼란과 분열상을 겪어왔다. 이제 대북정책의 추진과 관련된 남남갈등과 이념적 분열 현상, 그리고 정치적 대립과 혼란을 극복하기 위해 대북정책의 추진 과정을 투명하게 하고 정책 추진의 전환점을 얻을 수 있도록 여야 간 초당적 대북정책 협력 체제를 구축할 필요가 있다.[126] 그리고 대외적으로도 대북정책 기조는 무엇보다

124) 같은 글.

125) 같은 글.

126) 이에 대한 자세한 내용은 허태회·윤영미·윤황, 「한국 정부의 대북정책변수분석과 대북정책의 안정성확보방안」을 참조.

‘국제 협력(즉 국제공조)’을 통한 북한 핵 문제의 해결과 한반도 문제의 해결에 있는데, 이는 대북정책의 효과적 추진에 국제공조가 반드시 필수적임을 의미한다. 즉, 북한이 의도하는 북·미 직접 협상이나 빅딜의 성사 자체가 현재의 북한 핵 해결을 위한 다자협력 체제의 붕괴를 노리고 있기 때문에 미국의 대북협상, 중국의 대북경제지원, 한국의 식량지원, 북·일협상 모든 것이 함께 상호 조율되고 조정되어야 시너지 효과를 낼 수 있다.[127] 그런 의미에서 한국은 북·중 동맹을 중시하는 중국이 북한의 핵 개발로 인한 한반도 긴장 조성과 동북아 안보 불안, 미국의 한반도·남중국해 영향력 확대, 한국의 핵 억지력 개발 시도의 심각성을 인식하게끔 하고, 이를 통해 중국이 북한의 핵 폐기와 개혁개방을 유도하는 데 협조하도록 노력해야 한다.[128] 또한 지나치게 친미적이며 대미 의존적인 외교로 중국과의 관계를 소원하게 하지 말고 중국의 중재 역할을 강화시키기 위해서 한중 간 경제협력과 교류를 넘어서는 한중 간 안보 협력과 전략대화의 노력도 병행할 필요가 있다.[129] 여기에 한미동맹을 군사동맹에서 ‘포괄동맹, 전 지구적 가치동맹’으로 강화하려는 미국의 전략에 대해서는, 한국의 전략적 이해관계를 심각하게 고민하고 판단한 뒤 대응해야 한다. 장기적으로 중국과의 ‘전략적 협력동반자관계’를 더욱 강화해나가야 하는 입장에서 중국과의 관계 소원을 야기하거나 한국의 외교적 자율성을 심각하게 훼손하는 한미군사동맹의 강화 문제에 대해서는 더 철저한 고민과 검토가 필요하다.[130]

---

127) 같은 글, 93~97쪽.

128) 이태환, 「한중 전략적 협력동반자관계: 평가와 전망」, ≪세종정책연구≫, 제6권 2호(2010) 참조.

129) 같은 글.

130) 김수민·윤황, 「북한의 6자회담 협상전략·전술: 평가와 전망」, ≪세계지역연구논총≫, 제26집 3호 (2008).

제4장

# 한국의 통일외교와 한미동맹

전재성

## 1. 통일외교와 한미동맹의 과제

한국의 대북정책과 통일 과정에서 외교정책은 핵심적인 구성 요소이다. 동북아 국제 정세가 급변하고 주변 강대국들의 관계가 복잡해진 현재, 통일은 한반도의 사건일 뿐 아니라 동북아 지역의 사건이다. 주변국들이 한반도 통일이 자국 이익에 부합하거나 최소한 해가 되지 않는다고 생각할 때 한반도의 통일은 한층 수월하게 이루어질 것이다. 통일에 필요한 외교의 비중과 구체적인 통일외교의 방향을 제시하는 것은 매우 중요한 일이다.

1991년 독일의 통일 과정을 돌이켜보면 국제정치 구조는 매우 중요한 결정 요인이었다. 특히 냉전이 종식되는 과정에서 유럽과 지구 전체에서 막대한 힘을 발휘하고 있던 미국의 정책은 통일의 향방을 좌우하는 변수였다. 21세기에 접어든 현재 시점에서 다양한 변수로 인해 미국의 국제정치적 위상은 과거에 비해 축소되었지만, 그 상대적인 영향력은 여전히 막강하다. 미국과 동맹관계를 맺고 있는 한국으로서는 어떠한 한미동맹 정책을 추구하는가에 따라 통일에 도움을 받을 수도 있고 그렇지 않을 수도 있을 것이다.

한미동맹은 북한의 침략을 억지하고 방어하기 위한 목적으로 체결되었지만 국제정치 상황이 변하면서 동아시아 지역과 지구 차원에서 새로운 중요성을 갖게 되었다. 한미동맹이 이른바 광범위한 전략동맹으로 발전해감에 따라, 양국은 더욱 다양한 공동의 목적을 추구하게 되었다. 이 과정에서 대북·통일정책을 새롭게 조율하고 논의할 필요가 생겼는데, 이는 한미 양국의 동북아 전략 및 지구 전략과 긴밀히 연결되는 것이기 때문이다.

김정은 체제가 들어선 현재 한미는 북한과의 전략적 관계 설정, 대북정책 조율, 통일에 대비한 공동의 인식과 정책 마련 등 새로운 과제에 직면하고 있다. 한미 양국은 냉전의 종식 이후 대북정책을 추진하는 과정에서 비교적 긴밀한 관계를 유지해왔다. 때로 갈등과 의견 불일치도 있었지만 공통의 전략적 목표와 가치를 가지고 있는 상황에서 많은 어려움을 비교적 순조롭게 극복해왔다.

향후 한미 양국은 한반도의 통일을 이루어나가는 과정에서 다음과 같은 과제에 부딪히게 될 것이다. 첫째, 김정은 체제에 대한 공동의 대북 전략 마련의 문제이다. 김정은 체제의 미래가 불확실한 현재, 포용에서 강경한 관여에 이르기까지 넓은 정책 스펙트럼상에서 어떠한 공통의 위치 설정을 할 것인가가 중요한 문제이다. 전체적으로 한국의 시민사회는 대북 관여에 의견의 일치를 보이며 구체적인 상황에 따른 전술적 유연성을 원하고 있다고 여겨진다. 반면 미국은 2012년 4월 북한의 미사일 발사 실험으로 2·29 합의가 깨지면서 대북정책에서 부정적이고 소극적인 자세를 유지하고 있다. 한미 양국에서 새롭게 출범한 두 정부가 대북 전략의 조율을 위해 새로운 노력을 기울여야 할 것이다.

둘째, 북한의 군사적 도발을 방지하는 과제이다. 최근 수년간 일어난 북한의 도발은 북한 내 정치 불안을 외부로 돌리는 한편, 남북관계에서 우위를 점하고 북·미 협상의 지렛대를 마련하는 등 다양한 목적에서 이루어진 것으로 보인다. 북한의 기본 전략 목표가 변하지 않은 지금 도발의 가능성은 여전하다. 한미 양국은 군사동맹을 통해 북한의 도발을 억지하고, 도발 시 이를 방어한다는 핵심적인 목표를 항상 염두에 두어야 한다.

셋째, 통일을 향한 국제 환경 조성을 위해 한미 양국이 함께 노력해야 할 것이다. 2000년대 전반기는 중국의 부상이 두드러졌다. 중국은 강대국으로 부상하는 과정에서 자국의 동맹국과 주변국에 대해 외교적 영향력을 증대시키고 있다. 중국의 부상은 미·중 간의 협력과 경쟁으로 이어졌고 한반도 문제의 해결 역시 미·중관계의 틀이 중요한 변수로 작동할 것이다. 현재까지 중국은 한미동맹을 장차 중국의 부상을 봉쇄할 잠재적 포위 수단으로 여기는 경향이 있다. 이러한 상황에서 필요한 것은 중국을 설득해 한미동맹과 한미 양국의 통일정책이 동북아의 평화를 위해 불가피한 것임을 이해시키는 것이다. 또한 일본과 러시아 등 한반도의 상황 변화에 많은 이익이 놓여 있는 국가들에 대해서도, 한미 양국이 효과적으로 설득 작업을 조율·추구해나가야 할 것이다.

냉전 종식 이후 한미동맹이 발전해온 과정을 돌이켜보고, 한미관계가 향후 한반도의 통일을 위해 어떠한 방향으로 발전해나가야 할지를 논의하는 것은 대북·통일정책의 발전적 방향성 정립에 중요한 의의를 지닌다고 할 수 있다.

## 2. 탈냉전기 대북·통일정책을 둘러싼 한미관계와 한미동맹의 변화 과정

냉전 종식 이후 한국의 대북정책과 통일정책이 항상 조화를 이루었던 것은 아니다. 대북정책만을 따로 떼놓고 생각해본다면, 그 핵심은 분단 상황을 전제로 ① 북한의 무력도발을 막고 ② 북한과의 평화 공존 및 교류·협력을 증진하며 ③ 북핵 문제 등 핵심 현안을 해결하고 ④ 이를 위한 국내적 합의 도출 및 국제적 외교 노선을 발전시키는 내용을 포함할 것이다. 반면 통일정책은 ① 통일방안을 마련해 통일에 이르는 로드맵을 개발하고 ② 통일을 향한 국내적 합의와 동기를 강화하고 ③ 통일을 지지하는 주변국·국제사회와의 연계를 강화하고 ④ 북한을 설득하는 한편, 대북정책과 통일 과정을 조화시키고 ⑤ 통일 이후에 닥칠 제반 상황에 준비를 철저히 하는 한편 ⑥ 혹시 발생할지도 모르는 북한 급변 사태로 인한 통일 과정에 대비하는 것 등을 포함할 것이다.

이 과정에서 특히 통일을 위한 외교 활동이 중요한데 통일외교는 ① 통일 방안과 통일에 이르는 과정에 대한 로드맵을 설득력 있게 개발해 주변국과 국제사회의 동의를 구하고 ② 통일이 주변국의 제반 이익에 부합함을 확인시키고 ③ 통일을 위한 대북정책에 주변국과 제반 국제 행위자들이 적극적으로 참여하도록 독려하고 ④ 통일 과정에서 있을 수도 있는 불안 요소에 국제적으로 공동 대처하는 한편 ⑤ 통일 이후 한반도 안정에 필요한 국제 환경의 조성과 대북지원을 위해 주변국과 국제사회가 동참할 수 있도록 설득하고 준비하는 일 등을 포함할 것이다.

구소련권이 몰락하고 독일이 통일되면서 한반도가 통일될 것이라는 희망이 급속히 증가했던 것은 사실이다. 노태우 정부는 북방정책을 통해 소련 및 중국과의 관계 정상화를 이룩하는 한편, 북한에 대한 외교적 압박을 가중시켰다. 남북기본합의서 등 남북한 관계 개선을 통해 점진적 협력을 추진하면서도 통일의 가능성을 염두에 두고 있었다고 할 수 있다. 김영삼 정부 때에는 북핵 문제가 발발하고 북한의 경제난이 가중되면서 흡수통일에 대한 전망이 대두되기도 했으나 일관된 대북정책을 추구하기에는 어려움이 많았고 대북정책과 통일정책이 조화되기도 어려웠다.

김대중 정부와 노무현 정부 등 이른바 10년간의 진보 정권하에서 한국은 대북포용정책을 추진했다. 이 과정에서 대북정책은 일관된 목적을 가지고 지속되었지만 통일정책이 적극적으로 추진되지는 않았다고 평가할 수 있다. 통일을 본격적으로 논할 경우 대북포용정책이 결국 북한을 한국 체제에 흡수하기 위한 정책이라는 인식만 배가시킬 수 있었기 때문이다. 한국 내에서도 포용정책이 궁극적으로 어떤 형태의 통일로 이어질지에 대해 확실한 연결 고리가 인식되지 않았던 것도 사실이다.

이명박 정부에 들어서 통일정책 수립과 실행은 더욱 어려움을 겪었다. 남북 간에 벌어진 일련의 긴장과 충돌로 인해 대북정책을 추구하기가 사실상 어려웠고 이 과정에서 통일에 대한 논의 자체가 큰 의미를 가지지 못했다. 김정일 위원장의 건강 악화와 사망, 이후 김정은 정권의 국내적 취약성 등 북한의 예기치 못한 변화에 대비해야 한다는 논의가 체계적인 통일정책에 선행한 것이 사실이다.

이 과정에서 한국이 일관된 통일외교를 추진하는 것은 어려운 일이었다. 우선 북핵 문제를 포함한 전반적인 북한 문제를 해결하기 위한 외교가 시급한 일이었다. 한국 스스로 대북정책과 통일정책의 일관된 로드맵을 생각하기 어려운 상황에서 통일을 준비하기 위한 통일외교를 추구하는 것은 쉽지 않았다고 할 수 있다. 한미관계에서도 북핵 문제와 대북 전략을 둘러싼 협력은 상시적으로 이루어졌지만 막상 통일을 위한 한미 간의 협력은 내용이 명확하지 않았다. 북한의 정권 기반이 취약해지고 있다는 사실을 인정하고 있는 상황에서 북한 급변 사태로 인한 변화에 공동으로 대비해야 한다는 인식은 증가했지만, 한국 내의 다양한 통일 담론과 통일 방안이 미국 내에서 구체적인 변화를 불러일으킬 만한 힘을 가지기는 어려웠던 것이다.

다음에서는 김대중·노무현·이명박 정부를 거치면서 통일정책이 진행되어 온 과정을 돌이켜보고 그 속에서 한미관계와 한미동맹이 어떻게 변화되어 왔는지를 살펴보도록 한다.

### 1) 김대중·노무현 정부 시기 한미관계와 한미동맹

김대중 정부가 출범한 이후 한국과 미국은 모두 거대한 국가 전략의 환경 변화를 경험했다. 한국은 이른바 햇볕정책을 추진해 남북관계가 급속히 개선되는 국면을 맞이했다. 김대중 정부는 대북 안보 태세를 강조하기는 했지만 흡수 통일 반대와 지속적인 교류와 협력을 추진했다. 이 과정에서 3단계 통일론이 부각되기는 했지만 포용정책을 추진하면서 통일을 논하는 것이 북한에게 위협적으로 비추어질 수 있는 상황이었다. 따라서 김대중 정부 기간 중에 통일정책이 그 자체로 적극적으로 추진되었다고 보기는 어렵다.

2000년 남북정상회담이 개최된 이후 남북관계가 급속히 진행되는 동안 미국에서는 부시 정부가 출범했다. 부시 정부는 미국 주도의 세계안보질서를 강조했고 이 과정에서 북핵 문제는 대량살상무기 비확산이라는 관점에서 부정적으로 인식되는 중요한 문제였다. 더욱이 미국의 세계 전략은 2001년 9·11 테러 사태를 기준으로 근본적인 변화를 겪게 되었다. 핵 테러의 위협이 증가하면서 미국이 생각하는 북한 문제는 한국이 생각하는 북한 문제와 근본적인 차이를 보였다. 북핵정책과 북한 문제의 해결 전략이 한미 간에 일치되지 않는 상황에서 한국의 대미 통일외교가 성과를 거두기는 사실상 어려운 상황이었다.

한미동맹 역시 새로운 국면에 접어들었다. 미국은 냉전이 종식된 1990년대 초부터 테러 사태 이전까지 세계 유일의 초강대국으로서 세계의 문제를 관리하면서, 미국의 패권을 공고하게 하는 데 전력을 기울였다. 냉전의 패전국인 소련과 동구권 국가들을 미국 주도의 체제에 편입시키고자 개입과 확산의 전략을 추진하는 한편, 동반 승전국인 유럽·아시아 세력들을 모아 탈냉전기에도 지속되는 동맹 체제를 구축하고자 한 것이다. 더불어 이른바 탈법국가들을 관리하면서, 새롭게 등장할 수 있는 패권국들을 견제하는 데 총력을 기울였다. 그러나 미 본토에서 자행된 9·11 테러는 미국의 총체적인 전략 변화를 가져왔다. 세계 최강의 패권국인 미국에 의해 수행된 테러와의 전쟁은 세계 정치에 근본적인 변화를 불러왔다.

부시 정부하 미국의 외교 전략은 새로운 적에 맞서 새로운 군사력과 새로운 안보외교 전략을 통해 미 본토의 안전과 동맹국의 안전을 도모하는 전략이었다. 새로운 적은 지리적 영토성을 탈피해 있으며, 초국가적 네트워크를 가지고 있고, 미국이 주도하는 세계 질서 전반에 대한 이념적·문명적 도전을 시도하고 있다. 근대적 형태의 정치 기반이나 물리력의 소유·행사 방법에서 벗어나 있으며, 이러한 점에서 탈근대적 안보 위협이라 볼 수 있다. 지리적 영토성이 없으므로 근대적 전쟁, 더 나아가 억지에 의한 안전 보장도 불가능하다. 부시 정부는 선제공격 전략으로 맞섰으며, 아프가니스탄과 이라크를 공격해 군사적 승리를 거두었다. 문제는 선제공격이 사실상 예방전쟁의 성격을 가졌다는 점이며, 그러한 점에서 대이라크전은 다른 국가들의 외교적 지지를 받는 데 상당 부분 실패했다. 근대적 의미에서 선제공격은 타국의 폭력 위협이 임박하거나 명백할 때 인정되는 것이나, 이라크전의 경우 이라크의 대미 안보 위협이 임박했거나 명백했다고 보기 어려웠다. 사실상 이라크 공격은 예방전쟁의 성격을 가진 것이었는데, 예방전쟁은 타국의 안보 위협이 현재화될 가능성이 있는 경우, 그러한 가능성을 사전에 차단하려는 목적하에서의 폭력 사용이라 할 수 있다. 전쟁을 일으킬 정당한 사유라 할 수 없는 것이다.

이러한 상황 속에서 한국은 서서히 한미동맹 변환의 압력을 받게 되었고 북한 문제 역시 한미 간 관점 차이를 겪으면서 해결에 난관을 겪게 되었다. 이후 출범한 노무현 정부도 기본적으로는 김대중 정부의 대북 포용 전략을 이어받았기 때문에 한미 간의 전략적 인식 차이는 지속되었다.

노무현 정부하에서 북한 문제는 북핵 문제 해결을 중심으로 진행되었다. 2003년부터 6자회담이 시작되었고 한미 양국은 6자회담의 틀 속에서 북핵 문제의 해결을 위한 다양한 노력을 경주했다. 노무현 정부는 북핵 문제의 근원이 북한의 위태로운 국내 정치적 상황에 있다는 인식하에 북핵 문제에 총체적으로 접근하는 모습을 띠었다. 반면 부시 정부는 여전히 대량살상무기 비확산의 관점에서 북한의 완전한 핵포기를 위해 점진적 협상을 추구해나갔다. 북한은 2006년 7월 5일 장거리 미사일 발사 시험을 강행했고, 10월 9일에는 핵실험을 강행했다. 북한이 핵무기 국가가 된 상황에서 남북 간의 군사 균형은 급속히 변화되었다고 할 수 있다. 한국의 대북 화해·협력정책이 견고한 대북 억지에 기반을 두어야 한다는 점을 인식할 때, 북한의 핵실험은 대북정책 전반에서의 방향 전환을 불가피하게 만든 측면이 있다.

북한이 미사일과 핵실험을 통해 국면을 어렵게 하는 가운데 한국과 미국은 전반적으로는 협력 기조를 유지했지만 이러한 협력이 한반도의 미래, 특히 통일을 둘러싼 논의로 이어지지는 못했다. 노무현 정부 스스로가 통일에 대한 명확한 로드맵을 제시할 수 없는 상황에서 한반도 통일에 대한 미국의 전략적 인식은 사실상 부재했다고 볼 수 있다.

이 시기 한미동맹은 주로 북핵 문제를 해결하는 일에 주력했기 때문에 북핵 문제를 넘어선 한반도의 미래를 논의하기에는 많은 어려움이 있었다. 부시 정부 시기 미국은 세계 전략과 동북아 전략의 틀 속에서 한미동맹과 미·일동맹의 변환을 추구해왔다. 이 과정에서 한미동맹은 구조적 재조정을 거치면서 주한미군 이전, 분담금 재분담, 주한미군의 전략적 유연성, 한국군의 국방 개혁, 북핵 문제 대응, 전시작전통제권 환수·이양일정 등을 둘러싸고 일련의 협상을 벌여왔다.

이러한 상황에서 한국은 북핵 실험 이후 미국의 핵우산에 더욱 의존해야 하는 상황에 직면하게 되었다. 노무현 정부하 2006년은 한미동맹의 구조조정 과정에서 매우 중요한 한 해였다. 벽두부터 한미 간의 전략적 대화가 열려 주한미군의 전략적 유연성에 대한 합의가 이루어졌는가 하면, 한국군의 국방 개혁안이 구체화되어 한미동맹의 미래에도 영향을 미치게 되었다. 이전부터 추진되어오던 주한미군의 재배치 계획도 거의 완료되었고, 전시작전통제권 이양과 환수를 둘러싼 논란도 지난 2006년 10월에 열렸던 한미안보연례회의에서 일단락되었다. 한미는 북핵 실험에 대한 공동 비난과 북핵의 완전한 폐기, NPT 복귀를 위한 노력, 9·19 공동 성명에 기초한 평화적 해결을 공동으로 추구하기로 다짐했다. 한편 한국에 대해 미국은 '핵우산에 의한 지속적인 확장 억지(continuation of the extended deterrence offered by the U.S. nuclear umbrella)'를 약속했고, 이는 한국이 필요로 하는 핵심적인 사항이었다. 동시에 양국은 북핵 문제를 해결하기 위해 유엔 결의안을 지지할 것을 천명했다.

북한 문제와 더불어 동북아의 세력 균형의 변화 양상 또한 한미동맹의 변화 과정에서 서서히 힘을 발휘하기 시작했다. 이 시기부터 동북아는 완연한 세력 전이 현상에 처하게 된다. 중국은 시장사회주의 체제 발전을 기반으로 매년 10%에 달하는 경제성장을 기록해왔고, 이러한 경제성장은 점차 중국의 외교적 입지와 국방력의 강화로 연결되고 있었다. 이 과정에서 일본은 미국과의 동맹을 더욱 공고히 하면서, 해외로 군사력과 외교력을 투사하는 데 전력을 기울였고, 이는 일본의 보통 국가화를 앞당기는 역할을 했다. 중동 사태의 불안정은 유가 상승을 불러왔고, 원유의 세계 2위 수출국인 러시아는 이러한 계기를 맞이해 과거 초강대국의 지위를 되찾고자 노력하게 되었다. 국제정치는 국가 간 상대적 지위에 의해 결정되는 것이므로, 북핵 위기에 발목이 잡힌 남한의 정체는 곧 주변국에 대한 국력 약화를 의미한다.

이 과정에서 한미동맹은 한반도에서 한국의 안보 이익을 제공하면서도, 장기적으로 지역적·지구적 역할 확대를 추구하는 방향으로 서서히 변화했다. 문제는 복잡해지는 동북아의 국제정치 상황 속에서 한미동맹의 새로운 역할이 부각되는 것과 별개로 통일을 향한 한미 간의 노력은 가시적인 효과를 보이지 못했다는 점이다. 전체적으로 노무현 정부 시기 한국은 지난한 북핵 문제에 발목을 잡혀 그것을 넘어선 북한 문제와 통일정책을 둘러싸고 미국과 본격적인 전략 협의를 하는 데 많은 어려움을 겪었다고 할 수 있다.

### 2) 이명박 정부 시기 한미관계와 한미동맹

이명박 정부는 엄격한 상호성에 기반을 두고 원칙 있는 대북 관여 전략을 추진해 북한에 대한 원조를 줄이고 강경정책을 추구했으며, 2008년의 2차 핵실험 이후에는 국제적인 대북제재 국면을 더욱 강화했다. 이러한 대북 전략은 북한의 경제 상황에 막대한 압박을 가했고, 결국 북한 내부의 정치 상황과 한국의 대북 전략에 대한 반발과 맞물려 2010년 천안함과 연평도 공격과 같은 군사적 도발로 귀결되었다. 김정일 사후 김정은 정권이 등장한 이후 북한은 여전히 한국에 대한 강경한 자세를 유지하고 있으며 남북관계는 냉각 국면을 벗어나지 못하고 있다.

이러한 상황에서 한미관계는 주로 북핵 문제와 북한의 정권 이행 과정의 안정성을 관리하는 문제에 집중했다. 한미동맹은 북한의 도발을 방어하는 데 그치지 않고 북한의 정권 계승 과정에서 나타날 불안정성을 관리하여, 남북 간의 정치적 관계가 군사적 논리에 치우치지 않고 지속되어 나갈 수 있는 발판을 마련하는 데 치중하게 된 것이다. 이러한 상황은 이명박 정부가 이전 정부와는 다른 모습을 띠게 만들었다. 즉, 노무현 정부 당시에는 북한에 대한 관여정책, 중국과의 전략적 협력관계 추진, 그리고 동아시아 다자주의 활성화 등에 전략적 무게를 두면서 한미동맹의 중요성이 상대적으로 위축되는 경향이 있었다. 또한 외교의 자주성을 제고하기 위해 미국에 대한 독자성을 주장하며 한미동맹의 장기적 비전을 설정하는 것을 지연하거나 주저하는 모습을 보였다. 이는 한미동맹 약화, 한국의 외교 노선에 대한 미국의 불안을 야기했다.

그러나 2007년 대선을 거치면서 북한 관여정책에 대한 반성, 대북 전략을 한층 원칙에 충실한 상호적 전략으로 변화시켜야 한다는 시민사회의 판단, 중국의 부상 등으로 인한 동아시아 미래의 불확실성에 대한 대비, 지구 거버넌스에 한국이 더욱 적극적으로 임하는 데 필요한 미국의 지지 등의 요인이 부각되면서 이명박 정부하에서는 한미동맹이 새로운 궤도에 오르게 되었다.

이명박 정부는 한미동맹을 이른바 21세기 전략동맹으로 새롭게 정의하고 한반도에서의 대북 억지·방어 강화, 핵 확대·억지 태세의 강화, 동아시아 지역 세력 전이 현상의 평화로운 관리, 지구적 차원의 인간 안보 협력 등을 미국과 공동 추구하기로 했다. 미국은 자국의 지도력 유지를 위해 동맹국과의 관계 강화가 절실한 상황이었고, 한국의 미국 비판을 접한 상황에서 구체적인 이슈에서의 한미 간 협상보다 전체적인 우호관계를 유지하는 것이 훨씬 더 중요하다는 전략적 판단을 내리게 되었다.[1)]

이후 오바마 정부 역시 지구적·지역적 차원에서 그 나름대로의 전략적 계산을 바탕으로 한미동맹을 강화하는 모습을 보였다. 오바마 정부는 부시 전 정부가 남겨 놓은 부정적 유산을 해결하고 미국의 지도력을 새롭게 유지해야 하는 어려운 과제를 안고 출발했다. 9·11 테러 이후 중동의 근본주의자들은 반미 이념을 유지하고 있었을 뿐 아니라, 핵무기를 취득해 미국과 동맹국에 대한 핵 테러의 위협을 가하고 있었고, 부시 전 정부의 군사적 일방주의는 미국 패권의 이념적 정당성을 크게 약화시켰다. 또한 금융위기로 인해 심각한 재정 위기를 겪은 미국으로서는, 테러와의 전쟁에 재정을 지출하는 것보다는 다른 국가들과의 정책 협조를 강화하는 쪽에 더 노력을 기울일 수밖에 없었다.

오바마 정부는 이라크에서 철군하고 아프가니스탄에서도 2014년까지 철수할 것을 공약으로 내세웠다. 또 2009년 프라하 연설에서 주장했듯이 세계 핵 질서를 근본적으로 개혁하고자 하는 노력을 기울이는 한편, 2010년 핵안보정상회의를 통해 핵의 수평적 확산을 막고자 노력해왔다. 군사적으로는 복합전(hybrid war) 개념을 도입해 비대칭적 위협에 대비하는 한편, 과거의 군사 변환

---

1) Kurt M. Campbell et al., *Going Global: The Future of the U.S.-South Korea Alliance*(Center for a New American Security, 2009).

(military transformation)처럼 급격한 변화보다 균형의 전략(strategy of balance)을 추구하고 있다.[2] 다자주의 제도를 통한 미국의 지도력을 더욱 강조하고, 경제 부문에서도 G20과 같은 회의를 통해 대화와 타협에 의한 미국의 지도력 회복을 꾀하고 있다. 이러한 미국의 전략은 한마디로 미 지도력의 유지 전략(resilience of American leadership)이며, 과거와 같이 군사력과 경제력만으로 지탱할 수 없는 지도력을 이른바 소프트파워(soft power), 그리고 초국가적 힘(transnational power)으로 유지하려는 전략이다.[3]

그러나 미국이 당면하고 있는 또 다른 도전은 이른바 브릭스(BRICs) 국가와 같은 신흥 강대국과의 경쟁이다. 특히 중국의 놀라운 성장과 점차 적극적으로 변해가고 있는 발언권은 미국의 대중국 전략에 어려움을 안겨주고 있다. 미·중의 경쟁이 두드러졌던 2010년 한 해 동안 미·중 양국은 코펜하겐 기후 협약, 미국의 대만 무기 판매, 달라이라마(Dalai Lama)의 워싱턴 방문, 중국의 환율 문제, 천안함 사태 이후 서해 군사훈련, 북한에 대한 유엔제재, 센카쿠 분쟁, 남중국해 문제 등을 놓고 첨예하게 대립했다. 여전히 전략적으로 미국과 협력할 수밖에 없는 구조적 한계를 안고 있음에도 중국은 신장된 힘에 걸맞은 외교적 범위에서 미국과 갈등을 빚고 있다. 미국과 중국은 개별 사안들을 다룰 때마다 언제나 상대방의 의도에 대한 전략적 불신을 드러냈고, 이러한 개별 사안들은 곧바로 양국 간 안보딜레마로 연결되는 결과를 가져왔다. 양국 중 어느 한 측

---

2) Kurt M. Campbell, Nirav Patel and Vikram J. Singh, *The Power of Balance: America in Asia*(Center for a New American Security, 2008); Stephen J. Stedman, Bruce Jones and Carlos Pascual, *Managing Global Insecurity: A Plan for Action*(The Brookings Institution, 2008); Gayle Smith, *In Search of Sustainable Security: Linking National Security, Human Security, and Collective Security to Protect America and Our World*(Center for American Progress, 2008); Robert Gates, "A Balanced Strategy," *Foreign Affairs*, Vol. 88, No. 1(January, February, 2009) 등 참조.

3) Joseph S. Nye, Jr., "The Future of American Power," *Foreign Affairs*, Vol. 89, No. 6(November, December, 2010) 참조.

이 특별히 공세적이 아니었다 하더라도 전략적 불신의 환경하에서 양측은 서로의 의도를 불신하고 충돌하게 되는 것이다. 더욱이 중국의 힘이 강화 일로에 놓여 있는 상황에서 미국은 현재의 중국 대신 미래의 중국과의 균형을 '미리 추진하는 전략(prebalancing strategy)'의 필요성도 느끼게 되었다. 이러한 미국의 움직임은 평화적으로 부상하려는 중국에게 지나친 견제로 느껴지고 양국의 관계는 악화되는 과정을 반복하게 된 것이다. 2011년 1월의 미·중정상회담으로 양측은 서로의 국제적 지위를 인정하고 주요 사안에 대한 협력의 여지를 확인했지만, 협력과 갈등을 야기할 수 있는 구조적 환경은 여전히 지속되고 있다.

이러한 상황에서 미국의 한반도 전략은 이상의 세계 전략 및 동북아 전략과 연속성을 가지게 되었다.[4] 미국은 북한의 핵무기를 단순한 한반도의 불안정 요인을 넘어, 핵 테러와 연결될 수 있는 대량살상무기 확산의 문제이자 중국의 영향력이 확산될 수 있는 미·중 간 세력 균형의 문제로 인식한다. 따라서 미국은 북한 정권이 향후 동북아에서 어떠한 정치적 지위를 가져야 하는가에 대해 고민하는 것이 상대적으로 어려워졌다. 미국의 직접적 국익에 관련된 문제가 더 급박하기 때문이다. 중국의 부상에 따른 부담 역시 미국의 동아시아 전략 변화로 이어진다.[5]

미국은 최근 들어 동아시아의 안보 질서를 근본부터 일신하려는 모습을 보여주고 있다. 중국의 부상에 따른 동아시아에서의 미국 입지의 약화를 사전에 막으려는 전략이다. 미국은 수차례에 걸쳐 미국이 동아시아의 일원이며 기존의 양자 군사동맹이 앞으로도 매우 중요할 것이라고 강조했다. 이와 더불어 미

---

4) Remarks by President Barack Obama at Suntory Hall, Suntory Hall, Tokyo, Japan, November 14, 2009 참조.

5) Mark Holt, "U.S. and South Korean Cooperation in the World Nuclear Energy Market: Major Policy Considerations," *Congressional Research Service*, December 27, 2013, <http://www.fas.org/sgp/crs/row/R41032.pdf> 참조.

국이 참여하는 다차원의 다자 안보 협력의 중요성을 역설하며 미국이 적극적으로 참여할 것을 예고하고 있다. 이러한 움직임은 중국의 군사력 증강과 무관하지 않다. 중국은 미국의 항공모함을 공격할 수 있는 탄도미사일을 개발했다고 발표하는 한편, 미국의 정보화 전력을 약화시킬 수 있는 위성 타격 무기, 그리고 자체 항공모함과 스텔스 전투기를 개발하는 등, 이른바 반접근·지역 거부 전략을 추진하고 있다. 미국이 군사적으로 동아시아에 접근할 수 있는 능력이 제한될 경우, 미국에게 양자동맹은 더욱 중요한 수단이 될 것이다.

미국은 한국, 일본, 필리핀, 호주, 태국 등과의 군사동맹에 더욱 심혈을 기울이고 있으며, 기존의 부채살 체제를 넘어 동맹 상대국들 간의 연계도 내심 바라고 있다. 한국의 경우 한미동맹을 다양한 차원에서 강화하는 것뿐 아니라, 한일 군사협력 등 미국을 축으로 하는 타 동맹국과의 협력을 강하게 요구받고 있는 것이다. 한국으로서는 중국의 군사적 위협을 의식하는 미국 중심의 군사협력이 부담스러울 수밖에 없다. 중국과의 전략적 협력을 강화하면서도 한미동맹의 이점을 활용해야 하는 어려운 과제를 안게 되었기 때문이다.

이상을 돌이켜 볼 때 냉전의 종식 이후 한미관계와 한미동맹을 둘러싼 통일외교의 흐름을 다음과 같이 요약해볼 수 있다. 첫째, 한국 정부의 정책 방향에 따라 통일정책이 전면에 드러나기 어려웠기 때문에 통일외교가 적극성을 띠기 어려웠다는 점이다. 진보 정권하에서는 대북 교류·협력을 강조했기 때문에 북한이 위협을 느낄 수 있는 통일 담론을 적극적으로 내세우지 않았고, 점진적인 통일 방안만을 강조했다. 그러나 이 역시 남북교류·협력이 증진되면 한국의 체제 위주로 통일될지도 모른다는 북한의 불안감을 자극했기 때문에 쉽지 않은 일이었다. 보수 정권하에서는 엄격한 남북 상호성을 중시했기 때문에 남북관계가 호전되기 어려웠고 이 과정에서 통일 담론이 본격적으로 등장하기 어려웠다. 이러한 상황에서 통일외교 역시 일관된 흐름을 가지고 존재하기 어려웠다. 이것은 한미관계에도 적용되어 통일외교의 기본 흐름이 강하지 않은 상황에서 대미 통일외교 역시 전면에 드러나지 못했다.

둘째, 북핵을 위시한 북한 문제가 시급해짐에 따라 통일외교의 중요성이 상대적으로 줄어들었다. 1993년에 발발한 북핵 문제가 20년이 되어가도록 해결의 실마리를 발견하지 못하고 북한의 지속적인 핵·미사일 개발로 이어졌다. 한국과 미국 모두 안보 문제와 관련해 북핵 문제 해결을 중시했고 이 과정에서 통일을 둘러싼 양국의 협력은 아무래도 우선순위에서 밀리는 결과를 가져왔다. 또한 북핵 문제와 북한 문제 해결이 통일 과정과 어떻게 연계되어야 하는지에 대한 논의도 본격적으로 등장할 수 없었다.

셋째, 미국의 세계 전략과 동북아 전략이 변화함에 따라 한반도의 전략적 가치에 대한 미국의 인식이 서서히 변화했다. 냉전 종식 직후 미국은 세계 유일무이한 강대국으로서 구공산권을 변화시키는 데 주된 관심을 가지고 있었다. 이 과정에서 한국은 대북 전략을 추구할 수 있는 자율적 공간을 확보할 수 있었고 노태우 정부의 북방정책도 가능했다. 그러나 9·11 테러 이후 미국은 반테러 지구 전략을 강화하는 한편 핵 비확산 논리를 강조했다. 이 과정에서 북핵 문제는 지구적 비확산 문제로 대두해 해결의 실마리를 찾는 것이 더욱 어렵게 되었다. 또한 한미동맹 역시 반테러전쟁의 기능을 나누어 맡게 됨에 따라 한반도 문제와 지구 안보 문제가 모두 동맹의 주요 기능으로 변화했다. 시간이 지나면서 중국의 부상 역시, 중요한 미국의 안보 고려 요인으로 등장했다. 결국 한반도는 미·중 전략 경쟁에서 핵심적 지역이 된 것이다. 북한은 미국과 중국 간 경쟁의 주요 완충 지역이 되었고, 이에 따라 한반도의 통일은 과거와는 또 다른 의미를 가지게 되었다. 이러한 상황에서 통일에 대한 미국과 중국의 인식이 변화했고 한국의 통일외교의 기본 방향 설정 역시 변화해야 하는 실정이다.

## 3. 한반도 통일에 대한 미국의 인식

한반도 통일에 관해 미국은 지속적으로 찬성의 입장을 보였다. 미국이 한반도 통일에 관한 명시적 입장을 구체적으로 정립해 공표한 적은 없으나 미국의 대통령들은 기회가 있을 때마다 한반도 통일이 당위적으로 옳으며 한반도 통일이 미국의 이익에 합치한다는 언명을 지속해왔다. 그러나 당위적 관점에서의 언명과 별개로 급변하는 국제정치 상황 속에서 한반도 통일에 대한 미국의 생각은 동아시아 국제정치 국면의 변화와 밀접하게 관련되어온 것이 사실이다. 미국의 동아시아 전략에 과연 한반도 통일이 기여할 수 있느냐의 여부가 한반도 통일에 대한 미국의 인식의 핵심적 요소라고 할 수 있다.

현재 동아시아에서 미국이 추구하는 주된 안보 목표로는 ① 테러의 위협을 가중시킬 수 있는 테러 집단의 증식과 테러 집단에 이전될 수 있는 핵무기의 개발·확산 방지 ② 동맹국의 안전 도모와 미국과의 동맹 체제 유지 유도 ③ 중국의 부상에 따른 세력 경쟁 구도에서의 우위 확보와 동아시아에 대한 지속적인 관여 ④ 중국, 인도 등 부상하는 국가들과의 전략적 관계 설정·유지 ⑤ 경제위기 극복에 필요한 시장 확보와 지구 경제 거버넌스에 필요한 지지 세력 확보 ⑥ 북한과 같은 반대 세력의 도발 방지 ⑦ 환경, 인권, 마약 등 인간 안보 이슈에서의 지역 다자협력 추구 등을 들 수 있을 것이다.[6)]

이러한 관점에서 한반도의 통일은 미국의 이익과 부합하는 측면이 있다. 물론 어떠한 형태로 통일이 이루어지느냐가 중요하겠지만 현재의 상황으로 보아

---

6) Emma Chanlett-Avery, "North Korea: U.S. Relations, Nuclear Diplomacy, and Internal Situation," *Congressional Research Service*, December 27, 2013, <http://www.fas.org/sgp/crs/-nuke/R41259.pdf>; Mark E. Manyin, Emma Chantlett-Avery and Mary Beth Nikitin, "U.S.-South Korea Relations," *Congressional Research Service*, December 27, 2013, pp.12~13, <http://fpc.state.gov/documents/organization/191602.pdf>. 등 참조.

한국이 주도가 되고 국제적 기준에 맞는 새로운 한반도 통일 국가를 상정하고 논의해볼 수 있을 것이다. 우선 통일은 북한의 핵무기 개발 위협을 근본적으로 제거할 것이다. 한국이 현재까지 추진해온 핵정책에 비추어보아 새롭게 등장하는 통일 국가는 핵무기 개발을 하지 않을 것이기 때문에 북한의 핵 개발 프로그램은 모두 제거되고 국제 기준에 맞는 사찰을 받게 될 것이다. 둘째, 미국이 지금까지 한국과 맺어왔던 전략적 관계를 유지하는 전망을 해볼 수 있다. 통일 이후 북한의 위협은 사라지지만 지역 안정을 위한 한미 간의 협력은 여전히 필요하고, 기본 가치를 공유하고 있는 상대이기 때문에 한미 협력을 증진해 미국의 동아시아 전략을 지속하는 가능성을 생각해볼 수 있다.

미국이 한반도의 통일을 상정하고 있다는 사실은 여러 보고서나 정부 당직자들의 언급에서 확인해볼 수 있다. 최근 다양한 상황 속에서 미국은 북한이 급변 사태로 붕괴되고 예상치 않은 통일을 맞을 수 있다는 생각을 하고 있는 것이 사실이다. 특히 김정은 정권이 등장한 이후에도, 북한의 경제 상황이 여전히 많은 문제를 안고 있다는 점 등은 이러한 우려를 뒷받침해준다. 김정은 정권은 등장 직후 새로운 권력 기반이 형성되는 과정에 놓여 있었고 여기에 도전하는 세력이 등장할 수도 있었기 때문에 급변 사태의 발생 가능성은 결코 낮지 않았다. 김정은 정권이 정당성을 확보하기 위해 무엇보다 경제 발전에 치중할 수밖에 없는 상황에서 과연 경제가 얼마나 회복될 수 있을 것인가도 주요 관심사이다.7) 핵을 개발하는 이상 한국이나 미국 등 주변국으로부터 경제적 지원을 받기 어려운 상황이고, 중국에 일방적 지원을 요구하는 상황에서 중국도 여러 가지 자국의 이익을 고려하고 있음을 염두에 둔다면 북한의 경제 발전 가능성도 여전히 지켜보아야 할 변수이다. 김정일 정권 시기와 마찬가지로 김

7) Victor D. Cha, "The End of History: 'Neojuche Revivalism' and Korean Unification," *Orbis*, Vol. 55, No. 2(2011), pp.290~297 참조.

정은 정권 역시 정권 안보, 핵 개발, 경제 발전 세 가지 성과를 모순 없이 한꺼번에 얻기란 사실상 불가능할 것이다.[8)]

중·장기적으로 보더라도 한국 중심의 통일 가능성은 점차 커지고 있다. 경제 격차가 벌어지면서 남북 군사력 대결에서 북한이 승리하고 한국을 무력통일할 가능성은 희박해졌다. 더욱이 한미동맹이 굳건히 유지되고 있는 상황에서 북한의 무력통일은 불가능하다고 할 수 있다. 또 한국의 국력과 외교력이 증가하면서 한국 중심의 통일에 대한 국제적 합의가 도출되고 있고, 그간의 대북 관여 전략으로 북한의 점진적 변화 역시 감지되고 있다. 이러한 변화가 통일이라는 사건으로 언제, 어떻게 촉발될지 예측하기는 매우 어려우나 한국 중심의 통일을 향한 구조적 환경이 마련되고 있다는 점에 국제사회 일반과 미국이 강하게 공감하고 있는 것이 사실이다.

이런 상황에서 한반도 통일을 보는 미국의 계산은 점차 복잡해지고 있다. 첫째, 통일 이후 한미동맹의 지속가능성이다. 한미동맹은 한국전쟁 이후 북한의 군사 공격에 대한 방어와 억지를 위해 체결된 것이었다. 통일이 되어 북한의 군사 위협이 완전히 소멸된 이후 과연 주한미군이 한국에 존재하면서 한미동맹이 유지될 수 있을 것인가는 미국이 우려할 만한 일이다. 과거 노무현 정부 당시 한국은 북한과의 협력 속에서 군사적 자주권을 확보하고자 전시작전권 환수를 위한 협상을 시도했고 이는 한국국민들의 일정한 지지를 받았다. 남북 화해·협력 속에서 한국이 한미동맹의 변화에 대한 다양한 대안을 고려했다는 점을 염두에 둔다면, 통일 이후 동맹의 향방은 예측하기 어려운 것이 사실이다.

한국 정부는 몇 차례에 걸쳐 통일 이후에도 주한미군의 주둔이 중요하다는 점을 강조한 적이 있다. 심지어는 1차 남북정상회담 당시 김정일 국방위원장

---

8) Scott Snyder(ed.), *The U.S.-South Korea Alliance: Meeting New Security Challenges*(New York: Lynne Rienner Publishers, 2012) 참조.

은 김대중 대통령에게 한반도 지역의 안정을 위해 주한미군의 주둔이 필요하다는 언급을 한 것으로 보도된 적도 있다. 한반도 통일 이후에도 다양한 목적상 주한미군의 지속적 주둔이 필요하다는 통일 한국 정부의 결정과 이에 대한 국민들의 지지가 있을 수 있다. 그러나 미국의 입장에서는 통일 이후 주한미군의 주둔과 전진 배치가 과연 가능할 것인가 하는 우려가 남는 것이 사실이다.

둘째, 통일 이후 한반도 발전 과정에서 미국이 할 수 있는 역할에 관한 것이다. 통일 직후 한반도는 많은 주변국들의 참여의 대상이 될 것이다. 북한 지역의 개발에 경제적으로 참여하고자 하는 주변 국가들이 많아질 것이고, 국제기구들의 도움도 필요할 것이다. 한반도 평화와 주변 정세의 안정을 위해 주변국들과의 안보 협력도 필요할 것이고, 국경을 마주한 중국과의 다양한 협의도 필요하게 될 것이다. 이러한 상황에서 미국은 통일 한반도에 대한 적극적 참여를 고려하게 될 것인데, 그러한 참여가 과연 미국의 국익에 어떻게 도움이 될지를 생각해보아야 할 것이다. 미국은 주변국의 통일 한국 지원 경쟁이 일어날 경우 여기에 어떻게 대처해야 할지 다양한 생각을 하고 있다고 보아야 할 것이다.

셋째, 통일 한반도의 대중관계에 관한 미국의 우려이다. 통일된 한국은 어쩔 수 없이 중국과 밀접한 관계를 유지하게 될 것이다. 현재 한국이 중국과 맺고 있는 경제관계만 해도 미국과 일본을 능가하는 부분이 많다. 통일 이후 한국은 중국과 국경을 맞대고 더욱 밀접한 경제 교류관계를 맺을 것이다. 안보 측면에서도 한·중 간의 국경 관리와 국민 이동, 다양한 범죄에 대한 공동 대처 등 많은 공동 사안을 가지게 될 것이다. 기존에 북한이 맺어왔던 중국과의 유대 관계, 동북 3성 지역의 조선족 등과의 관계 역시 중요한 요인으로 작동할 것이다.

인구 8,000만에 달하는 한반도가 미·중관계 속에 어떠한 외교적 지향을 유지할 것인가는 미국에게 매우 중요한 문제이다. 미국 내 일각에서는 한국이 중국과 맺고 있는 깊은 경제관계, 그리고 공동의 유교문화권으로서 오랜 역사를 통해 유지되어온 양국의 문화적 유대 등을 들어 결국 한국은 중국에 편향된 정책을 펼 수밖에 없으리라는 우려를 표하고 있는 것도 사실이다. 더욱이 미·중 간의 전략 경쟁이 본격화될 경우, 또한 중국이 지속적 경제성장을 하고 미국은 상대적 쇠퇴를 거듭할 경우 한국이 중국의 부상에 편승해 국익을 추구할 것이라는 미국 내 일각의 염려도 존재한다. 이런 논의는 미·중 간의 전략 경쟁이 지속되는 한 사그라지지 않을 것이고, 통일 한반도의 외교적 지향에 대한 미국의 우려는 미국의 현재 한반도정책을 결정하는 데 중요한 요소로 작용할 것이다.

넷째, 여타 동아시아 국가들과 한국이 어떠한 관계를 맺어나갈 것인가 하는 미국의 우려이다. 통일된 한국은 동아시아에서 여전히 상대적으로 작은 나라이겠지만 국력은 전체적으로 향상될 것이다. 그 상황에서 중국과 일본 간의 경쟁이 일어난다면 한국의 선택에 따라 동북아 세력 판도가 좌우될 수도 있다. 미·중관계에서도 한국이 차지하고 있는 중요한 지정학적 위치, 경제 규모, 그리고 향후 결정될 군사력 수준에 따라 한국이 일정한 역할을 차지할 수도 있다. 러시아와 맺게 될 통일 한국의 정책, 그리고 다자 안보와 지역 안보에 대한 한국의 전략 역시 동북아 세력 구도에 중요한 변수로 작용할 수 있다.

이러한 상황 속에서 한국이 일본과 어떠한 관계를 맺을지, 기타 중요한 지역 안보 이슈에서 어떠한 정책을 추구할지는 미국에 매우 중요한 요소일 것이다. 특히 중국과의 전략 경쟁을 염두에 두고 있는 미국의 입장에서 한일 간의 안보 협력, 그리고 한·미·일 삼각 협력은 중요한 목표이다. 만약 한국이 통일되어 강대한 힘을 갖춘 상태에서 일본과 대립각을 유지할 경우, 이는 미국의 동아시아 전략에서 매우 어려운 요소가 될 것이다. 따라서 미국은 통일 한국이 동아시아 국가들과 새롭게 맺게 될 협력관계를 예의 주시할 것이다.

이상의 고려들이 아직 명확한 정책으로 반영되고 있다고 보기는 어렵다. 현재 한반도 통일에 대한 미국의 정책은 찬반을 떠나 아직 명시적으로 수립되거나 표명되지 않은 것으로 보아야 할 것이다. 다만 북한의 급변 사태로 인한 상황 변화에 어떻게 대처할 것인가, 특히 이 상황에서 중국이 어떻게 대응할 것

인가 등에 직접적인 정책적 관심을 쏟고 있는 것으로 보아야 할 것이다.[9)]

## 4. 통일을 위한 한국의 대미 전략과 한미동맹 전략

한반도의 통일은 동북아시아에서 그간 한국이 축적해온 경제력과 소프트파워를 물려받은 인구 8,000만의 큰 국가가 탄생한다는 것을 의미한다. 더구나 한반도는 대륙과 해양을 매개하는 위치에 있기 때문에 향후 미국이라는 해양세력과 중국이라는 대륙세력이 경쟁하게 되면 그야말로 강대국들의 이해가 교차하는 요충지 중의 요충지가 될 것이다. 이러한 사실을 잘 인식하고 있는 주변국들은 한국의 통일 노력을 주의 깊게 살펴보고 있고, 한국의 통일외교는 그러한 점에서 통일 과정에 매우 핵심적인 사안이다.

여전히 지구적·지역적 초강대국의 지위를 구가하는 미국이 한국의 통일을 적극적으로 지지한다면 한국의 통일정책의 전망은 더욱 밝아질 것이다. 한미 양국이 협력해 북핵 문제 해결, 북한의 개혁·개방 유도를 통한 북한 정상화 등을 이루고 이후 남북 간의 제 분야 교류를 통해 경제적·사회문화적·정치적 공동체를 이룩해나갈 수 있다면 통일의 가능성은 커진다. 더욱이 통일된 한국의 존재가 주변국의 이익과 일치한다는 점을 일본, 중국, 러시아 등에 설득하는 데 미국이 앞장설 수 있다면 통일은 더욱 수월해질 수 있다. 1991년 독일의 통일 과정을 돌아보면 통일 독일이 러시아, 프랑스, 영국 등 유럽의 주요 강대국들의 이익을 저해하지 않을 것이라는 미국의 설득과, 그들의 신뢰를 얻기 위한

---

9) Peter M. Lewis, "US Foreign Policy toward the Korean Peninsula: An Anti-Unification Policy or Just Too Many Uncertainties to Account For?" *International Journal of Korean Unification Studies*, Vol. 16, No. 2(2007), pp.79~108 참조.

노력이 독일의 통일을 한층 수월하게 했던 것이 사실이다.

따라서 한국은 통일을 위해 미국과의 관계를 강화하고 한미동맹의 새로운 위상을 설정하기 위해 노력을 기울일 필요가 있다. 한국이 대미 외교를 통해 달성해야 할 목표는 ① 한미동맹을 통해 대북정책 및 통일정책을 추진하는 과정에서 북한의 도발을 방어·억지하고 ② 북핵 문제 등 북한과의 현안 문제를 해결해나가는 데 미국이 더 많은 자원을 투입하고 한국과 협력하도록 설득하며 ③ 한국이 제시하는 통일 방안과 로드맵에 미국이 적극적인 지원을 하도록 독려하고 ④ 미국이 주변국들에게 한국의 통일이 그들의 이익과 동아시아 평화와 안정에 긴요하다는 점을 설득하면서 통일에 대한 주변국들의 신뢰를 얻도록 하고 ⑤ 통일 이후 북한 지역의 정상화 과정에 미국이 더 적극적으로 참여하도록 유도하고 ⑥ 만약 순조로운 통일이 이루어지지 않고 북한 급변 사태에 의한 통일이 현실화될 경우 미국이 한국의 정책을 경청하고 양국 간 협력에 최선을 다하도록 설득하는 것 등이다.

이러한 목적을 달성하기 위해서는 어떠한 대미 외교를 추진하고 어떠한 위상을 가진 한미동맹을 설정해야 할 것인가? 무엇보다 한국 스스로가 북핵정책, 대북정책, 그리고 통일정책이 긴밀히 연관된 정책 레짐을 설정하고 구체적인 로드맵을 제시하는 것이 필요하다. 한국이 그간 제시한 통일 방안은 현실적인 남북관계의 진행 상황과 유리된 채 그저 방안에만 그치는 바가 많았던 것이 사실이다. 통일로 나아가는 길에는 북핵 문제와 북한 문제라는 현실적인 문제가 자리 잡고 있는 만큼, 북핵 문제의 본질을 정확히 파악하고 이를 해결책과 함께 미국에 설득력 있게 제시하는 것이 필요하다. 미국 내에서도 한국의 통일 방안이 구체적으로 북핵 문제 해결과 어떻게 연결되는지 정확히 인식하지 못하고, 통일 방안을 그저 방안에 그치는 것으로 인식하는 경향이 짙다.

북한이 핵을 개발하는 것은 국가의 생존을 보장받는다는 정치적인 목적을 위해서이기 때문에, 이것이 보장되지 않는다면 단순히 핵무기 개발 금지라는 이유로 북한이 핵을 버릴 리가 만무하다. 따라서 동북아에서의 북한의 정치적 지위에 대해 북한과 주변국 모두가 합의하지 않으면 평화로운 방법으로 핵을 포기하게 만들 가능성은 매우 희박하다. 더욱이 정권 승계 과정의 불안정성이라는 불안 요인도 있기 때문에 북한이 핵을 포기하면서 새로운 정권 기반을 다지려는 모험을 감행할 가능성도 매우 적다고 보아야 한다.

향후 북한 문제에 대해서는 핵 문제 해결과 김정은으로의 정권 승계, 그리고 김정은이 통치하는 북한과의 관계 설정이 중요한 문제로 대두할 것이다. 북핵 문제는 이제 한반도만의 문제도 아니고 북한과 미국 양자만의 문제도 아니다. 이미 세계적 핵 질서와 관련된 지구적 안보 거버넌스의 문제가 되었다. 세계의 모든 국가가 관심을 가지고 있는 문제이기 때문에 한국이 원하는 해결책만 고집하기 어렵다. 그럼에도 북핵 문제는 비단 핵무기 개발이라는 안보에 한정된 문제가 아니라, 북한 전체의 문제와 연결된 정치적 문제라고 생각해야 한다.

북한이 정치적 불안정이나 경제적 어려움으로 인한 급변 사태를 맞이할 가능성도 물론 있다. 그러나 한국과 미국의 전략이 북한의 급변 사태를 조장하거나 유도하는 정책이어서는 안 된다. 그러한 전략은 북한의 고립을 강화시켜 북한의 공격성을 배가하고, 특히 미국과의 관계에서 북한을 중요한 완충 지역으로 생각하는 중국의 대미·대남 전략을 더욱 강경하게 할 것이다. 중국이 북한에 지속적인 지원을 하는 상태에서 북한의 급변 사태를 조장하는 정책은 성공할 가능성이 낮을 뿐 아니라, 실패했을 경우 차선책이 없어진다는 문제가 있다.

주변국이 바라는 북한은 국제사회의 규범을 충실히 이행하면서 핵무기 개발을 전적으로 포기하고 주민들의 인권을 보장하는 정상 국가이다. 만약 북한이 주변과 국제사회에 군사적 위협을 가하지 않고 정상적인 국가로 평화롭게 이행할 경우, 북한과의 평화 공존 및 화해를 추진하지 않을 국가는 없을 것이다. 따라서 한국은 북한에 대한 장기적이면서도 확고한 목적 설정과 이를 위한 철저한 안보 태세의 확립을 한반도 전략의 목표로 삼아야 한다.

이러한 과정에서 한미동맹의 대북 억지력은 매우 중요하다. 천안함과 연평도의 사태에서 보듯이 한국의 안보는 북한 내 불안정과 도발에 취약하며 이를 원천봉쇄하기 위해서는 강고한 군사력과 외교력이 필요하다. 한미동맹은 비단 북한의 도발을 막는 중요한 수단일 뿐 아니라, 북한이 정상 국가로 이행하는 데 필요한 조건을 마련하는 주체이기도 하다. 그러기 위해서는 한미동맹의 목적을 명확히 하고, 대북 전략과의 긴밀한 상호관계를 설정해야 할 것이다.

통일 한국이 미국의 동아시아 전략에 이익이 된다는 점을 설득력 있게 제시할 필요가 있다. 무엇보다 미·중 간의 전략적 경쟁 속에서 통일 한국이 미국의 이익이라는 점을 어필하는 논리 개발이 필요하다. 그러나 이러한 논리가 미국 아니면 중국이라는 양자택일 상황에서 미국에 경도되는 방향으로 나아가서는 곤란하다. 미국에게 통일 한국의 외교적 지향에 관한 설득 작업을 할 때 유념하고 강조해야 할 바는 ① 한국의 통일이 미·중 어느 한쪽에 일차원적인 유리함을 제공하는 게 아니라 동아시아 전체의 운영 원리 차원에서 미·중 간의 전략적 불신을 완화할 수 있는 기제를 마련하는 데 유리할 것이라는 점 ② 그런 점에서 통일 한국은 동아시아 전체의 체제적 유연성을 증가시키고 갈등 해결의 메커니즘 개발에 도움을 줄 것이라는 점 ③ 한국은 보편적 가치에 기초한 외교정책을 추진할 것이며 그 과정에서 미·중 양국과 새로운 차원의 협력을 해나갈 것이라는 점 ④ 이 과정에서 한미동맹은 과거와 같이 특정한 안보 위협에 대처하는 것에서 지역 전체의 공동 안보를 증진시키는 방향으로 발전되어야 한다는 점 ⑤ 통일 한국은 미·중관계뿐 아니라 일본, 러시아 등 동아시아 주요국들과의 협력을 강화하는 방향으로 외교정책을 추진할 것이라는 점 등이다.

통일 한국이 미·중관계 속에서 외교적 지향을 결정할 때 고려해야 할 가장 중요한 요소는 미국과 중국이 서로의 전략적 의도를 불신해 각각의 개별 사안에서 준비 없이 위기를 상승시키는 일을 막는 것이다. 경제문제, 안보갈등, 문화적 충돌 등 구조적 뿌리를 가진 문제들도 각각 사안별 특성을 고려해 사안별

갈등 해소 방안을 만들어가면 작은 문제가 전략적 대립으로 쉽사리 비화되는 일을 막을 수 있을 것이다. 통일 후 한국은 강대국 간 패권 경쟁을 조장할 의도가 전혀 없는 국가로서 이슈별로 생겨날 수 있는 갈등의 근원을 파악해 이를 해결할 수 있는 대안을 제시하는 중견국의 협력 촉진자로서 기능해야 할 것이다.

이러한 협력의 틀이 자리 잡기 전까지 동북아의 군사적 균형과 협력은 반드시 필요한 일이다. 최대한 군사적 투명성을 확보한 상황에서 잠재적 갈등이 실제 군사 충돌로 이어지지 않도록 군사적 전략 대화를 유지하는 동시에 균형을 유지해야 한다. 그러한 균형 위에서 갈등을 정치적으로 해결할 수 있는 지평이 마련된다. 이런 점에서 한미동맹은 중국의 부상이나 성장을 저해하는 봉쇄의 수단이 아니라 동북아의 군사적 균형을 유지하면서 지역 공동의 안보 문제를 해결해나가는 기제라는 사실을 유념하고 미·중과 소통하는 것이 필요하다.

한미동맹은 통일 이후 북한 문제에 대처하는 역할에서 완전히 벗어나 동아시아 지역과 지구 차원의 안보를 위한 새로운 역할을 맡게 될 것이다. 사실 미국과의 동맹관계는 냉전의 종식, 21세기 국제정치의 급격한 변화, 그리고 무엇보다 한국 국력의 신장과 같은 새로운 변수에 처해 많은 변화를 겪어왔고 통일 이후에도 그러할 것이다. 냉전기 동맹이 북한의 침략에 대한 억지와 방어, 그리고 공산권 국가들의 확대를 막는 봉쇄에 치중해 있었다면 통일 과정과 통일 이후 동맹은 이에 더해 새로운 목적을 수행해야 할 상황에 놓여 있다. 통일 과정에서 군사적 불안 요인을 제거하고, 동아시아의 군사적 불확실성을 최소화하는 한편, 인간 안보의 새로운 과제를 다루어가는 것 등의 목표가 한국이 한미동맹을 지속시키도록 만들 것이다.[10)]

---

10) 2009년 한미 간 가치동맹의 강조 부분에 관해서는 공동 비전을 참조. <http://www.whitehouse.gov/the_press_office/Joint-vision-for-the-alliance-of-the-United-States-of-America-and-the-Republic-of-Korea>.

현재까지 한미동맹의 강화는 지구적 중견국으로 부상하려는 한국의 전략에 상당 부분 부합하는 성과를 가져다주었고 이는 통일 이후에도 적용되는 사안이다. 지구적 차원의 다자 외교 무대에서 한국은 미국의 지원을 받아 한층 중요한 역할을 수행했고, 이는 동맹국의 외교적 지원을 필요로 하는 미국의 이익에도 부합하는 것이었다. 한국이 북한의 핵 개발이나 도발에 대처할 때도 미국의 외교적 지원에 힘입어 국제적 지원을 획득할 수 있었고, 한국은 이를 토대로 북한에 대한 전략을 수행할 수 있었을 뿐 아니라 지구적 차원에서 북한 문제를 다루는 규범적 토대를 설정하고 한국의 입지를 강화할 수 있었다. 아프가니스탄 파병과 같은 한국의 상호적 노력도 필요한 부분이었다. 국내의 많은 반대에도 불구하고 위험 부담이 있는 해외 파병은 지구적 차원에서 미국의 지지를 활용하는 것에 대한 반대급부이다. 이러한 지구적 차원의 안보 활동을 한미동맹을 위한 단순한 비용으로 여겨서는 안 된다. 통일 이후 한국은 스스로의 지구적 안보 전략하에서 이를 주체적으로 운용할 수 있는 역량을 키워야 한다.

통일외교에서 미국과의 관계를 강화해나가는 것 못지않게 중요한 것은 중국과의 관계 설정이다. 한국은 현재 어떻게 한미동맹을 강화하면서도 이것이 중국과의 협력을 강화하는 전략과 상충되지 않도록 하느냐는 전략적 딜레마에 직면해 있다. 미·중에 대한 한국의 전략적 이중 협력은 일차적으로 미·중관계에 달려 있다. 한국의 전략과 상관없이 미국과 중국 간의 이해관계 상충으로 인해 양자의 관계가 악화되면 한국의 선택지는 좁아질 수밖에 없다. 적극적으로는 미·중 간의 협력을 촉진하는 역할을 하고, 소극적으로는 미·중 간의 갈등이 한국의 전략적 입지를 약화하지 않게끔 이중적 협력의 폭을 넓히는 것이 한국의 과제가 될 것이다. 중국은 한미동맹이 여전히 냉전의 유산이며, 중국의 발전을 봉쇄하려는 전략적 의도가 내재되어 있는 군사적 장치라고 본다.

중국의 부상이 어떠한 결과를 가져올지에 대해서는 아직까지 불확실하다. 중국이 경제적으로 빠른 성장을 거듭하고 있지만 내부적으로 빈부 격차, 부패,

정치적 권위주의 등 문제를 안고 있는 것도 사실이기 때문에 향후의 경제 발전을 정확히 예측하기 어렵다. 더구나 최근까지 불거진 미국과의 관계 악화 문제로 중국의 민족주의도 더욱 경화되는 모습을 보인다. 안보딜레마로 인해 중국은 군사력 신장이라는 전략을 추진하고 있다.

한국에게 중국은 경제, 북한 문제, 동북아 안보 구조 등 거의 모든 주제에서 중요한 전략적 협력의 대상이었고 이는 통일 이후에도 마찬가지일 것이다. 중국이 평화로운 부상을 거듭해 동북아의 책임 있는 강대국이 될 때 통일 이후 한국의 발전과 평화도 보장될 것이다.

마지막으로, 통일 이후 한미동맹을 축으로 한 일본과의 관계 설정 문제도 지속적으로 대두할 것이다. 최근까지 미·일동맹은 민주당 정부 들어 다양한 문제에 직면해왔다. 오키나와의 후텐마(普天間) 기지 문제에서 볼 수 있듯이 미·일동맹 역시 동맹 유지나 전략적 관계 유지 등에 얽힌 문제를 겪었고 이를 해결하기 위해 노력해왔다. 후텐마 기지뿐 아니라 센카쿠 열도를 둘러싼 미·일동맹 협력의 이슈는 동맹을 둘러싼 양국의 전략적 인식과 일본의 국내 정치적 갈등 등이 다양하게 얽혀 미·일동맹의 현주소를 상징적으로 보여주었다. 향후 미·일동맹이 어떠한 방향으로 전개될지는 지켜보아야 할 과제이지만, 통일 이후 동아시아의 안보 구도를 다룰 때 미국을 축으로 한미동맹과 미·일동맹이 여러 사안에서 상호관계에 놓이게 됨을 예상할 수 있다.

한국과 일본은 긴밀한 경제관계뿐 아니라 문화적·정치적으로 공통의 정체성을 가지고 있다. 하지만 역사 문제, 영토 문제 등으로 협력적 관계 설정에 많은 어려움을 겪는 실정이다. 이런 상황은 한국이 통일된 이후에도 크게 달라지지 않을 수 있다. 통일 한국이 동북아 안보 상황을 경쟁적 세력 균형에서 다자적 협력 구도로 바꾸는 지역 전략을 추구하는 과정에서 일본의 협력을 구하는 한편, 통일 과정에 일본이 협력할 수 있도록 유도하는 일 또한 필요할 것이다.

## 제5장

# 남남갈등의 구조와 특성

임을출

## 1. 남남갈등의 기원과 변화 과정

남남갈등의 형성·확산에는 한국 사회 내에 잠재되어 있던 이념 갈등이 큰 영향을 미쳤다. 이념 갈등이 처음 나타난 것은 해방 직후이지만, 한국전쟁을 겪은 뒤 공산주의나 사회주의 이념은 한국 사회에서 용인되지 못했다. 분단의 지속과 국제적·국내적 냉전 구조로 국내에서는 오랫동안 반공주의에 기초한 보수적 입장이 지배적이었다. 북한 문제를 둘러싼 갈등의 양상은 시대별로 다르게 나타났지만, 기본적으로는 이념의 차이가 시각의 차이를 낳고, 시각의 차이가 타협점을 찾지 못하게 하면서 남남갈등이 깊어지는 과정이 반복되었다.

특히 진보 성향의 이미지는 어떠한 형태로든 항상 북한과 관련되어 있었다. 이러한 현상은 한국전쟁 이후 형성된 세계적 냉전 체제를 배경으로 반공과 안보를 강조했던 권위주의 정부 시기를 거치면서 한층 강화되었다. 박정희·전두환 군사정권은 독재 권력의 유지와 보수 성향 유권자의 결집을 위해 의도적으로 북한에 대한 적대감과 불안감을 조성하기도 했다. 독재 정권은 북한에 대한 일반 국민들의 적대감을 확대·재생산하고 정권에 위협이 되는 민주화 운동을 억제하기 위해 다양한 수단을 동원했다. 1974년 4월 유신 반대 학생운동을 주도하던 전국민주청년학생연맹과 그 배후로 지목된 인혁당재건위 사건이 그 대표적인 사례이다. 인혁당 사건에서는 재판 뒤 18시간 만에 사형이 확정된 여덟 명의 형 집행을 종료함으로써 국제 사법계의 규탄을 받았다.[1] 5·16 군사 쿠데타 이후 한국의 진보 진영은 정권의 적대세력으로 낙인찍히면서 더는 정치사회세력으로 존립할 수 없게 되었고, 정부의 반공주의적 대북 인식을 벗어난 대부분의 견해는 좌파 내지 친북적인 것으로 간주되어 억압받았다.

그러나 1980년을 전후한 제4공화국 몰락과 광주 민주화 운동 이후 등장한 주사파는, 비록 사회 주변부에 머물기는 했지만 대북 인식을 그들만의 이념적 색깔로 덧칠하면서 남남갈등의 새로운 국면을 전개시켰다. 주사파는 김일성의 이른바 주체사상을 지도 이념과 행동 지침으로 내세웠다. 또한 북한의 대남혁명노선이라고 하는 민족해방 민중민주주의혁명론을 추종했는데, 이들 중에는 특히 민족해방(National Liberation: NL)을 강조한 NL파가 존재했다. 이들은 민족해방, 즉 통일을 지향하면서 당시 정통성을 인정받지 못했던 제5공화국 정부를 타도하는 데 앞장섬으로써 많은 학생들의 호응을 받아 한때 그 세력을 크게 확장시켰다. 그러나 지나치게 북한의 노선에 치중·동조한 나머지 한국이 '반봉건사회'이며 '미제국주의의 식민지'라고 주장하는 등의 현실 인식을 보이면서 보수 진영의 강한 반발과 결집을 초래했다. 더구나 1986년 10월 건국대학교에서 무리하게 애국학생 민족해방 투쟁총연맹(애학투련)을 결성하려다가 대규모 공권력의 투입에 의해 좌절됨으로써 조직은 상당한 타격을 받았다.

그러나 이듬해인 1987년 대통령 선거를 앞두고 직선제로 개헌해야 한다는 국민의 여망이 무시되자 전국 각지에서 대학생들을 중심으로 반정부 투쟁이 전개되었다. 이를 틈타 주사파 세력은 운동권의 전면에 나서면서 서울대학생대표자협의회, 전국대학생대표자협의회(전대협) 등의 학생단체들을 주도했다.

---

1) 정상모, "용공조작 작전이 새누리당 대선전략인가", ≪미디어 오늘≫, 2012년 9월 6일 자.

이 6월 항쟁을 통해 대통령 직선제 개헌을 쟁취하고 이어 제6공화국 정부가 들어서면서 어느 정도 민주화가 이루어지자, 주사파의 관심은 통일 문제로 옮겨졌다. 이에 따라 1989년 7월 평양에서 개최된 한민족 축전에 전대협 대표를 처음으로 파견함으로써 세간의 주목을 끌기도 했다. 이처럼 1980년대 들어 한국의 정치적 민주화와 함께 이념적 자유화가 이루어지면서 국내에서 이념적 분화가 이루어지고, 분단과 통일 문제에 대한 새로운 인식이 생기면서 진보·보수의 이념 대립 양상이 나타났다.

1980년대 말~1990년대 초 구소련을 시작으로 한 공산권의 도미노식 붕괴에 따른 세계적 차원의 탈냉전은 공산주의의 몰락을 촉진시켰지만 북한의 김일성·김정일 체제는 건재했고, 이에 따라 1990년대 중반까지 주체사상을 지지하는 세력이 존재했다. 1993년 문민정부 이후 학생운동이 침체되면서 주사파의 활동 역시 표면에 드러나지 않았으나, 1995년 박홍 서강대학교 총장이 기자회견을 갖고 주사파에 대한 경각심을 환기시킴에 따라 다시 세인의 관심을 불러일으켰다. 그러나 전 세계적인 공산주의의 몰락과 김일성의 사망, 학생운동의 위축 등으로 그 존재가 미미해졌다.

주사파 중 1990년 독일 통일과 1991년 소련 해체 이후 공산권 몰락으로 회의감을 품게 된 일파는 전향을 선언해 뉴라이트(new right) 운동에 참여했다. 이들은 뉴라이트, 시대정신, 자유주의 연대, 북한민주화네트워크 등에서 활동하면서 북한 인권 등의 문제에 관여했다. 흥미로운 대목은 한때 좌파로 불렸던 이들이 북한의 입장을 지지하거나 동조하는, 혹은 대북포용정책을 지지하는 진보 진영과 맞서면서 오늘날까지 남남갈등의 핵심축이 되고 있다는 점이다.

뉴라이트가 우파적인 방향의 비판이라면, 좌파적인 비판은 2008년 민주노동당의 분당 사태 때 본격화되었다. 분당 사태 당시 심상정, 노회찬 등의 인사들은 기존 민주노동당을 '종북주의'로 규정, 민주노동당을 탈당하고 진보신당을 창당했다.

보수 성향의 정치권 및 언론이 주체사상과 무관하더라도 좌파적 성향의 인사 및 단체를 주사파로 칭하는 경우도 발생했으며, 1998년에는 최장집 고려대학교 교수 등이 보수 진영으로부터 주사파라는 비난을 받기도 했다. 좌파든 우파든 한때 같은 노선을 걸었던 집단 내에서 분파가 형성되면서 남남갈등이 고조되었는데, 특히 '주사파', '친북좌파', '종북주의' 등의 단어들은 북한 정권에 대한 인식 등 북한 문제를 둘러싼 남남갈등을 유발하는 주요한 수단으로 이용되었다.

김대중·노무현 정권을 거치면서 특정 세력을 주사파로 몰아가는 양상은 줄어들었으나, '친북 좌파'라는 공격적 용어의 활용 빈도는 줄어들지 않았다. 이는 보수 세력이 실제 정치적 태도와 관계없이 주관적인 시각에서 북한에 대한 태도 등을 이유로 상대방을 친북으로 분류하는 경향과 관계가 있다.

1990년대 중반 이후 이른바 북한의 기아 실상 등이 한국에 알려지고 IMF 구제금융사건 이후 경제문제가 시대의 화두로 등장하면서 보수와 진보 진영 간의 대립이 완화되는 경향을 보였다. 더불어 탈이념적인 '북한 바로알기 운동'과 북한의 식량난에 따른 인도적 대북지원의 필요성이 부각되면서 대북 인식에도 무시할 수 없는 변화가 발생했다. 특히 북한은 주적인 동시에 언젠가는 하나가 되어야 하는 동족이라는 대북 인식의 이중성이 형성되었다. 심지어 보수 진영조차도 북한 정권과 주민을 분리해 바라봄으로써 인도적인 대북지원의 당위성을 어느 정도 수용하게 되었다.

다만 북한의 핵 개발은 대북 인식의 긍정적 변화에 걸림돌이 되었다. 또한 1990년대 말 김대중 정부가 출범하고 햇볕정책이 추진되면서 좌우 이념 대립이 다시 사회 전면으로 표출되기 시작했다.[2] 남남갈등이란 용어도 김대중 대

---

2) 김학성, "기획특집 대한민국 60년, 한반도의 좌표와 미래는? (6): 대북 인식의 변화와 남남갈등", ≪프레시안≫, 2008년 1월 6일.

통령과 북한 김정일 국방위원장 사이의 6·15 정상회담 이후 7월 13일 자 ≪조선일보≫의 "남북갈등보다 남남갈등이 더 심각"이란 제목의 기사가 실리면서 대중적으로 사용되기 시작했다.[3)]

새롭게 출범한 김대중 정부는 기존의 정부가 사용했던 '통일정책' 대신 '대북포용정책'이라는 용어를 사용하며 '대북정책 3대 원칙'을 내놓았다. 이 같은 변화는 남남갈등을 자극하는 요인으로 작용했다. 김대중 정부의 대북포용정책은 이전 정부의 북한을 보는 시각과는 완전히 달랐고, 이것이 정책의 시발점이 되었다. 이로 인해 이를 지지하는 층과 반대하는 층을 극명하게 갈라놓으면서 한국 사회의 남남갈등을 현저하게 부각시키는 계기가 되었다.

대북정책과 관련한 갈등은 김영삼 정부 시기 일부 나타나기 시작했으나 김대중 정부 시기 대북 화해·협력정책의 추진과 더불어 본격적으로 나타났으며, 이후 노무현 정부의 평화·번영 정책을 추진하는 과정에서도 이어졌다. 이른바 '햇볕정책'으로 일컬어지는 김대중 정부의 대북 화해·협력정책은 지난 반세기 동안 이어져온 남북한의 적대적 대립관계를 해소하고 교류와 협력의 방식으로 남북관계를 발전시키려는 의도로 추진되었다. 대북 화해·협력정책은 남북정상회담의 개최, 남북의 인적·물적 교류와 협력의 확대라는 결과를 가져왔지만 정책 추진 및 그 성과와 관련해 국내에서 진보·보수 세력 간의 첨예한 대립과 갈등이 나타났다.

남남갈등은 구조적으로 북한에 대한 인식, 대북지원 문제, 그리고 한미동맹에 대한 인식에서의 진보·보수 간 갈등이라는 특징이 있다. 이 갈등은 북한 체제의 성격, 북한의 변화 여부, 북한 핵 문제, 대북지원의 방식, 주한미군 및 한미관계와 관련해 여러 형태로 나타났다. 주요 사례로는 조문 파동, 인공기 사

---

3) 구봉호, 「한국 사회의 남남갈등: 현황과 과제」, 동북아시아문화학회 국제학술대회 발표 자료집 (2007.11), 290쪽.

건, 북한 잠수함 침투 사건, 두 차례의 서해교전, 남북정상회담, 8·15 평양 통일대축전에 참가한 남측 방문단의 만경대 정신 언급(만경대 방명록 사건), 국가보안법 문제, 성조기와 인공기 소각 사건, 미군 장갑차에 희생된 여중생 추모 시위, 맥아더 동상 철거 집회, 평택 대추리 주한미군 기지 이전 반대 시위, 북한 인권 문제, 장기수 북송 문제 등이 있다.

1980년대 이후 국내 진보 세력 내에서 미국에 대한 인식의 변화가 생기면서 한미동맹과 주한미군에 대한 반미주의적 시각이 나타나 대북정책에 대한 인식과 연관되어 남남갈등 구조의 한 축을 형성했다. 한국 사회 내부에서 한미동맹에 대한 시각·비전·정책 등의 차이를 중심으로 남남갈등이 표출되기 시작한 것이다. 햇볕정책에 대한 찬반 여론에서 시작된 남남갈등은 특히 미군 장갑차에 의한 여중생 사망 사건, 제16대 대통령 선거, 이라크 파병 문제, 주한미군 기지 이전·감축 문제, 용산기지 이전 비용 문제 등을 통해 대미관, 대미정책, 한미관계, 한미동맹으로 그 외연이 확장되었다. 특히 2001년 출범한 미국 부시 정부의 대북 강경정책의 구사에 따라 북·미관계와 남북관계가 악화되자 햇볕정책의 지지자들 사이에서 반미 감정이 생성되었고, 2002년 미군 장갑차에 미선·효선 양이 사망하는 사건을 계기로 반미 감정이 사회적으로 확산되었다.

한편 10년간의 김대중·노무현 진보 정권과는 다른 지지 기반으로 정권 교체에 성공한 이명박 정부는 그간의 대북정책과 패러다임을 달리하는 대북 강경정책을 추구했다. 이명박 정부는 엄격한 상호주의를 적용하는 '상생·공영'의 대북정책을 표방했으나 전쟁에 준하는 천안함 침몰과 연평도 포격 사건이 발생하면서 남북관계의 장기적 교착 국면이 지속되었고 이에 따라 대북정책을 둘러싼 남남갈등은 고조되었다.

이명박 정부 아래에서의 남남갈등은 보수층의 안보 우선론과 진보층의 통일 우선론의 양극적 대립을 중심으로 형성되어왔다. 양측은 북한 정권의 존재 인정, 김정일 정권 인정, 북한 체제의 변화 여부, 북한의 급변 사태 가능성, 북한 인권, 북핵 용도 등 대북 인식에서 커다란 차이를 보였다. 이러한 인식 차이는 통일 방식, 당면 목표, 대북정책 원칙, 최우선 해결 과제, 남북경협, 인도적 지원, 남북정상회담 등 대북정책의 모든 핵심 이슈에 대한 견해 차이를 불러왔다. 결국 이러한 인식과 견해의 차이는 통일 우선론에 입각한 진보 세력의 햇볕정책 및 안보 우선론에 입각한 보수 세력의 상생공영(비핵·개방·3000) 대북정책을 둘러싼 찬성과 반대로 나타나 남북갈등의 양극화를 심화시켜왔다.[4]

## 2. 대북정책의 정쟁화

대북정책이라는 특정 이슈를 둘러싼 남남갈등의 정쟁화는 김대중 정부의 대북 햇볕정책으로부터 출발했으며, 이는 특히 이념 갈등, 지역갈등과 중첩되면서 더욱 심화되는 경향을 보였다.

남남갈등에는 다양한 요소들이 개입되었는데, 대내적 차원에서는 보수와 진보의 이념적 편향성, 정치적 요인으로서의 북풍, 언론 권력의 편파적 보도 등이 중요한 변수로 작용했고, 대외적 차원에서는 북한의 대남통일전선전략 등이 적지 않은 영향을 미쳤다. 또한 보수와 진보 간의 이념적 대립 구조를 근간으로 다른 사회적 갈등 요인들, 즉 지역갈등·여야갈등·세대갈등·계층갈등 등이 남남갈등과 중첩되어 나타나는 현상을 확인할 수 있었다.[5]

지역갈등과의 연관성은 노무현 정부 이후 상대적으로 약화되어 왔지만 영호남의 대립적 지역갈등은 남남갈등의 양극화에 여전히 투영되어 있다. 지역

---

4) 엄상윤, 「대북정책을 둘러싼 남남갈등 해소 방안」, 통일부 용역과제 연구보고서, 2010년 9월.

5) 이우영, 「남남갈등과 사회통합」, 『화해·협력과 평화번영, 그리고 통일』(서울: 한울, 2005), 420~421쪽.

갈등의 연원은 그 역사가 매우 오래된 것이다. 특히 1961년 5·16 군사 쿠데타 이후 장기간 지속된 영남 지역의 권력 독점으로 인해 지역갈등은 한국 사회의 중요한 갈등으로 대두되었고, 지난 30여 년간 이른바 남남갈등의 대명사가 되어왔다. 지역갈등의 주요한 원인으로는 특정 지역의 인사 독점과 경제개발 과정에서의 자원 편중 배정이 지적되며, 이러한 현상에 대한 호남 지역의 저항과 맞물려 지역갈등은 곧 영호남의 갈등으로 지칭되고 있다.

주요 정당들은 정치적 지지를 동원하는 과정에서 지역주의적 정서에 의존해왔으며 그 결과 한국 정치에서 지역주의는 중요한 요소로 자리 잡았다. 김대중 정부와 노무현 정부는 영남보다는 호남 지역의 지지에 크게 의존하고 있었고 호남 지역 역시 두 정부에 대해, 또 그들이 추진했던 대북 화해·협력정책에 대해 영남 지역보다 더 높은 지지도를 보였다.

김대중 정부의 대북 햇볕정책의 성과였던 2000년 6·15 남북정상회담을 둘러싸고 보수와 진보 진영이 첨예한 갈등을 빚었던 것도 이념 갈등, 지역갈등과 무관치 않았다. 사실 햇볕정책은 처음부터 보수 진영의 우려를 야기했다. 보수 진영은 김대중 대통령의 이념에 대한 뿌리 깊은 의심뿐만 아니라 신뢰할 수 없는 북한 정권을 포용하려는 의도에 대해서도 비현실적이라는 견해를 지니고 있었다고 할 수 있다.

햇볕정책은 김 전 대통령의 최대 업적이자 비판의 대상이 되는 정책에 해당한다. 햇볕정책의 공식 명칭은 '대북 화해·협력정책'이다. 남측이 먼저 북한을 포용하면 북측도 이에 호응할 것이라는 인식을 전제로 한 대북포용정책이라고 할 수 있다. 이것은 비바람보다는 따뜻한 햇볕이 두꺼운 외투를 벗길 수 있다는 우화에 빗대 햇볕정책이라는 명칭으로 일반화되었다. 국민의 정부는 당장 통일을 달성하기보다 남북관계를 개선하고 통일 기반을 조성하는 데 집중했다. 이에 무력도발 불용, 흡수통일 배제, 가능한 분야부터 화해·협력 추진을 3대 원칙으로 햇볕정책을 입안했다.

초기에 북한은 강한 거부감을 보였다. 북한을 통일의 상대가 아닌 변화의 대상으로 상정했기 때문이다. 한국 내부에서도 햇볕정책이 통일에 이르는 하나의 방법적 과정일 뿐 그 자체가 목적이 될 수 없다는 비판론이 제기되었다. 하지만 국민의 정부의 지속적인 정책 추진을 통해 2000년 6월 15일 남북정상회담이 개최되었고 남북 양 정상 간에 '6·15 공동선언'이 탄생했다. 이 선언은 통일 문제, 이산가족과 경제협력, 당국 간 대화 및 북한 김정일 국방위원장 답방 등에 대한 남북 합의를 담고 있다. 정상회담 이후 남북관계는 급진전되었다. 장관급회담, 국방장관회담, 경제협력 등 다방면에 걸쳐 남북대화가 진행되었다. 이를 통해 이산가족 상봉 정례화, 경의선과 동해선 연결, 개성공단 건설 등 실질적인 성과들이 나타났다. 햇볕정책은 이후 노무현 참여정부의 '평화·번영 정책'의 근간이 되면서 10년에 걸친 남북화해 협력의 단초를 제공했다.

그러나 이 같은 성과에도 논란은 끊이지 않았다. 우선 남북정상회담 추진 과정이 투명하지 못했다는 비판이 나왔다. 햇볕정책에 대한 찬반 여론이 가열되는 가운데 이루어진 2000년 남북정상회담은 사전 준비 과정에서부터 총선과 맞물려 정쟁화의 대상으로 주목받으면서 한국 사회 내의 정치사회적 균열을 심화시켰다. 특히 노무현 참여정부 출범 이후 6·15 남북정상회담 성사를 위한 비밀 대북송금이 밝혀지면서 보수 진영은 퍼주기 논쟁을 통해 남남대립의 주도권을 쥐었고, 이는 나중에 이명박 정부의 출범에 적지 않은 기여를 했다.

2000년 6·15 남북정상회담 개최 이후 한동안 전개된 진보 진영의 득세는 보수와 진보 세력 간의 갈등과 대립을 심화시켜 남남갈등 구조를 정착시켰다. 6·15 공동선언은 한반도 정세와 남북관계에 결정적인 변화를 가져왔다. 즉 한반도는 냉전 시대에서 탈냉전 시대로, 그리고 남북은 반목과 대립의 관계에서 화해와 협력의 관계로 바뀌게 된 것이다. 6·15 공동선언은 남북 당국자 간의 합의인 동시에 국내 보수와 진보 진영 간의 역학관계를 결정적으로 바꿔놓은 계기가 되었다. 특히 이전 정부에 의해 이적시되었던 조국통일범민족연합(범민련) 등 민간단체들이 대거 음지에서 양지로 나왔다. 범민련 남측 본부는 강령과 규약을 6·15 선언 수준에 맞게 손질하고 또 합법화운동을 펼치기 시작했다.

민간 차원의 6·15 선언 실천 움직임은 북한에서 제안되었다. 북한은 남북장관급회담, 군사회담, 이산가족 상봉 등 당국자 차원의 대화와 교류, 그리고 경협 등의 안건들이 폭주하는 가운데에도, 2001년 10월 북한 노동당 창건 55돌 행사에 한국 사회단체 대표들을 초청했다. 또한 북한은 2001년 1월 10일 당해를 '우리 민족끼리 통일의 문을 여는 해'로 설정하고, 6월 15일부터 8월 15일까지를 '민족통일촉진운동기간'으로 정했다. 한국에서는 2001년 3월 중순에 과거 이적단체로 규정되어왔던 범민련 남측 본부, 한국대학총학생회연합(한총련)을 비롯한 전국연합, 전국민주노동조합총연맹(민주노총) 등 진보적 성향의 40여 개 시민사회단체들이 참여해 새로운 민간 통일운동 연대 조직인 '6·15 남북공동선언 실현과 한반도 평화를 위한 통일연대(통일연대)'를 결성했다. 하지만 그해 8월 15일 평양공동행사에서 문제가 불거졌다.

'만경대 방명록 사건'으로 불리는 사건이 발생한 것이다. 이것은 동국대학교 사회학과의 강정구 교수가 2001년 8월 김일성 주석의 생가로 알려진 만경대를 방문해 그곳의 방명록에 '만경대 정신 이어받아 통일위업 이룩하자'라는 글을 남겨 국가보안법 위반(찬양·고무) 혐의로 구속·기소된 사건을 말한다. 8·15 평양축전 방북단 일원으로 북한을 방문한 강 교수는 만경대 방명록에 문구를 남기고, 북한의 조국통일 3대헌장 기념탑 제막식에도 참석했다. 이러한 행동은 이적성 논란을 일으켰고, 결국 강정구 교수는 국가보안법으로 구속·기소되었다. 이 사건은 임동원 당시 통일부 장관의 해임과 DJP(김대중 + 김종필) 공동정권 붕괴의 한 원인으로 작용했다. 따라서 이 사건은 시민사회 수준의 진영 간 대립이 국내 정치 문제로까지 비화된 상징적 사안으로 볼 수 있다.

남남갈등의 구조적 특징은 국가 수준, 정치사회 수준, 그리고 시민사회 수준에서 주요 행위자들 사이에서의 대립과 갈등으로 나타난다. 정치사회 수준에서는 대북정책을 둘러싼 정당 간 갈등으로 나타나며, 시민사회 수준에서는 여러 이슈를 둘러싸고 진보와 보수 세력 간의 갈등으로 나타난다. 만경대 방명록 사건은 다양한 수준에서의 구조적 정파 대립과 갈등을 보여주는 대표적인 사례이다.

결국 이명박 정부 들어 김대중·노무현 정부의 대북 화해·협력정책은 존재감을 상실했다. 보수 세력을 기반으로 한 이명박 정부는 지난 정권이 '북한에 일방적으로 끌려다녔다'라고 규정했으며, 6·15 공동선언과 10·4 남북정상선언 등 포용정책 기조의 결과를 평가절하했다. 대통령 직속 자문기구인 민주평화통일자문회의는 책자에서 "6·15 공동선언은 절차적 정당성이 결여되었다"며 "북한의 통일 방안인 고려연방제를 일부 수용해 대한민국의 정체성을 훼손했다"라고 비판했다. 보수 진영은 남북관계의 경색과 북한의 핵 무장화 시도에 대해 10년간 퍼주기가 북한의 핵 무장화를 도왔다고 주장했다.

햇볕정책에 대한 찬반의 이면에는 한국 정치의 고질적 지역갈등 구도가 상당 부분 반영되어 있다.[6] 그러나 대북정책을 둘러싼 남남갈등을 심화시킨 원인이 단순히 전통적인 이념 갈등이나 지역갈등에만 있다고 단정하기에는 무리가 있어 보인다. 노무현 정부 시기에는 이에 더해 세대갈등이 새로운 정치적 갈등 요인으로 등장했으며, 386세대의 진보 진영에서 '뉴라이트'가 탄생했다는 점에 주목하면 더욱 그렇다.[7]

<표 5-1>에서 보는 바와 같이 오늘날의 대북정책 혹은 북한 문제를 둘러싼 다양한 갈등적 이슈들은 정부의 대북·통일정책을 둘러싼 갈등과 상호연속 작용을 일으키면서 남남갈등을 지속·심화시키는 요인으로 작용하고 있다. 실제로 남남갈등의 내용을 살펴보면 갈등의 축이 다양하고, 중첩된 갈등 구조가

---

6) 김학성, 「대북 인식의 변화와 남남갈등」.

7) 같은 글.

〈표 5-1〉 다양한 이슈에서의 남남갈등

| | | |
|---|---|---|
| 통일 관련 | 통일 방식과 속도 | 흡수통일론 vs. 합의통일론<br>급속통일론 vs. 단계적통일론<br>단일국가론 vs. 연립국가론 |
| | 통일 정당성 | 단일민족당위론 vs. 부강국가실현론 vs. 분단 체제 극복론 |
| | 평화와 통일의 가치 | 평화 우선 vs. 통일 우선<br>평화절대론 vs. 전쟁감수론<br>군축 반대 vs. 군축 지지 |
| | 대북정책 | 포용정책 vs. 압박정책 |
| 북한 관련 | 북한 체제에 대한 입장 | 하나의 국가 vs. 다른 국가<br>적대적 관계 vs. 동반자 관계 |
| | 북한 변화 유도 | 급속 붕괴 vs. 점진적 변화 |
| | 북한 핵 문제 | 완전 폐기 vs. 조건부 수용 vs. 북한 핵 인정 |
| | 대북지원 | 퍼주기론 vs. 조건지원 vs. 인도적 지원<br>변화 유도지원 vs. 북한지원 개선 |
| | 북한 인권 | 적극적 개입 vs. 소극적 개입 |
| 대외 관련 | 미국 관련 | 우방 국가 vs. 제국주의 국가 |
| | 향후 국제관계 | 친미 vs. 친중 |
| | 미군 철수 | 현 규모 유지 vs. 조건부·단계적 철수 vs. 즉시 완전 철수 |
| 기타 개별 주제 | 북한이탈주민 | 적극 수용 vs. 신중 수용 |
| | 납북자·국군포로 | 적극 개입 vs. 신중 개입 |
| | 통일 교육 | 안보 교육 vs. 평화통일 교육 |
| | 사회문화교류 | 신중 추진 vs. 적극 추진 |
| | 금강산·개성 | 사업 지지 vs. 사업 반대 |
| | 북한 정보 | 개방 확대 vs. 통제 강화 |

자료: 이우영, "6·15 이후 남남갈등의 전개 과정과 시사점", ≪한반도 포커스≫, 제19호(2012), 14쪽.

서로 결합하면서 갈등의 원인을 찾기 어렵게 만드는 경향이 있다.[8)]

## 3. 역대 선거 국면의 남남갈등 양상

역대 선거 국면에서의 남남갈등은 주로 북한 변수, 혹은 북풍에 의해 촉발되었다는 특징이 있다. 역대 한국의 주요 선거에서 북한은 주요한 변수로 등장했다. 이른바 '북풍'으로 불리는 현상이다. 총선, 지방선거, 대선 등 주요한 한국의 국내 정치 상황에 대해 북한이 남남갈등을 부추겨 대선에 개입하려는 시도가 지속적으로 이어져왔다고 할 수 있다. 북한의 한국 선거 개입은 남남갈등을 부추기는 주요인으로 작용해왔다. 북한의 선거 개입 시도는 한국의 주요 선거 때마다 대남 매체들을 총동원해 특정 세력에 대한 비방을 퍼붓거나, 진보 진영에 우호적인 자세를 취하는 방식으로 이루어졌다. 그러나 북한의 노골적인 선거 개입은 역풍으로 작용해 보수 진영을 돕는 결과가 될 수 있다는 점에서 진보 진영의 우려를 자아내기도 했다.

북한 변수는 지난 1997년 금융위기 이전까지는 주로 보수 정당에 유리한 국면을 조성했다. 노태우 정부를 탄생시킨 1987년 대선 직전에는 북한에 의한 대한항공기 폭파 사건이 발생했고, 김영삼 대통령이 승리한 1992년에는 대규모 간첩단 사건이 김대중 당시 후보에게 타격을 입혔다. 그러나 1997년의 경우 대선 직전 여당인 신한국당 일부 인사에 의한 이른바 '총풍 사건'이 알려지면서 당시 야권 후보인 김대중 후보가 대선에서 승리했다.

이후 일부 국내 정치세력의 의도와 달리 북한 변수는 총선과 대선 등 큰 선거에서 영향력을 발휘하지 못했다. 김대중 정부가 2000년 4월 남북정상회담을 발표했지만 사흘 후에 열린 4·13 총선에서 보수 성향의 정당인 한나라당이 승리했다. 2002년 대선 직전 북한이 국제원자력기구(IAEA) 결의안을 정면으로 거부하며 북핵 위기가 닥쳤지만 여권인 노무현 후보가 승리했다. 당시는 주

---

8) 이우영, 「남남갈등과 사회통합」, 420~421쪽.

한미군에 의한 여중생 사망 사건으로 전국에서 촛불시위가 일어나는 등 반미 이슈가 정국을 장악한 상황이었다.

북한의 대남 담당 부서들은 줄곧 지난 2002년부터 대선과 총선에서 북한에 호의적인 정권 수립을 유도하기 위해 대남선전전을 강화해왔다. 2007년 12월 대선 정국에서는 한나라당을 반동 보수로 매도하며 '친미반동 매장하자'라는 주장을 펼쳤고, 2010년 6월 지방선거 정국에서는 북한매체들이 천안함 사건을 한국 정부의 모략극이라고 주장함으로써 일부 국민들의 판단을 흐리게 하고, 이를 통해 남남갈등을 증폭시키는 전술을 구사했다. 지난 2011년 10월 서울시장 재보선 정국에서는 나경원 서울시장 후보를 집중비난하며 박원순 야권 후보와 안철수 바람을 자신들에게 유리하게 보도하는 치밀성을 보여주었고, 지난 2012년 4월 총선 정국에서는 신년공동사설을 통해 '남조선집권세력이 준엄한 심판의 대상'이라고 주장했다.

사실 북한은 '전체 한반도의 주체사상화와 공산주의 사회건설'을 달성한다는 목표 아래 오랫동안 대남 선거투쟁을 시도해왔다. 2011년 10월에 있었던 서울시장 보궐선거 당시 '부패왕초가 서울시장이 되면 시민의 과반수인 우리 서민이 밥도 잃고 집도 잃고 일자리마저 잃게 된다'라며 여당 후보를 집요하게 공격했던 것도 그 때문이다. 북한은 대남기구인 '구국전선'에 게재한 신년 사설을 통해 '진보 세력의 대단합을 한층 높은 수준에서 이룩해 올해 총선과 대선에서 한국 정부에 결정적 패배를 안겨야 한다'고 주장해 노골적인 선거 개입 의도를 드러낸 바 있다. 특정 후보, 주로 진보적 인사에 대해 우호적인 자세를 취하는 북한 측의 태도는 남남갈등을 더욱 심화시킨 요인이 되었음을 부인하기 어렵다.

이후에도 북한은 김정은 우상화 작업을 통해 지도체제와 체제 결속을 다지는 가운데, 2012년 4월 국회의원 선거에 대한 개입을 시도했으며, 12월 대통령 선거를 겨냥해 대남 비방전을 강화하는 모습을 보였다. 북한은 한국 측 인사들의 방북 당시 발언 일부를 공개하고 미군 장갑차에 치여 숨진 효순·미선 양 10주기를 맞아 반미 촛불집회를 촉구하는 등 '남남갈등' 부추기기에 주력하는 모습을 보였다.

≪노동신문≫ 2012년 6월 13일 자는 "경애하는 김정은 동지를 모시어 민족의 앞날은 밝고 창창하다"라는 제목의 기사에서 북한 교육체계를 찬양하는 남측 인사들의 발언을 실었다. 종북 논란과 관련해 한국 유력인사들의 방북 시 발언을 공개하겠다고 한 이전의 위협을 실행에 옮긴 셈이다. 그러나 이들이 언제 방북했는지 등이 분명하게 언급되지 않아 북한이 의도적으로 조작된 내용을 게재한 것 아니냐는 의혹만 불러일으켰다. ≪노동신문≫은 "언젠가 평양을 방문한 서울의 한 여성이 '나는 만경대 학생소년궁전을 돌아보고 너무 부러워서 발길을 뗄 수 없었다. 이북 민중이 정말 부러웠다'고 말했다"라고 보도했다.

아울러 ≪노동신문≫은 효순·미선 양 10주기가 되는 이날 '미제에 의해 억울하게 숨진 효순이와 미선이의 넋은 남조선 인민들이 10년 전 온 남녘땅을 뒤덮었던 거대한 항거의 촛불바다를 다시금 펼쳐줄 것을 애타게 호소하고 있다'면서 노골적으로 반미 촛불집회를 선동했다.

북한이 종북주의 논란에 기름을 부으면서 남남갈등을 겨냥한다는 지적도 있었다. 북한은 종북 주사파 논란의 중심에 서 있는 임수경 민주통합당 의원 등 야권 인사들뿐 아니라 여권 대선 주자들 역시 과거 방북 당시 종북 발언을 했으며 필요할 경우 공개할 수도 있다며 협박했다.

북한 조국평화통일위원회(조평통) 서기국은 국영방송인 조선중앙통신을 통해 '박근혜는 2002년 5월 평양을 방문해 장군님(김정일)의 접견을 받고 평양시의 여러 곳을 참관하면서 친북 발언을 적지 않게 했다'라고 주장했다. 또 '정몽준, 김문수 등이 우리에게 와서 한 말들을 모두 공개하면 온 남조선 사람들이 까무러칠 것'이라고도 했다. 조평통은 '필요하다면 남측의 전·현직 당국자와 국회의원들이 평양에 와서 한 모든 일과 행적, 발언들을 전부 공개할 수 있다'

라고 덧붙였다. 북한의 선전용 웹사이트 '우리 민족끼리'도 이날 '종북 함정에 뛰어든 박근혜'라는 기사에서 '종북을 따진다면 박근혜는 통합진보당 의원들은 상상도 못할 경력을 갖고 있다'며 '종북 논쟁에서 검증의 도마에 올려야 할 기본 인물은 박근혜'라고 주장했다.

북한 변수가 선거 국면에서 남남갈등을 조장하는 주요 변수라는 점은 부인할 수 없지만 유권자의 투표 행태에 큰 영향을 주지는 못했던 것으로 드러나고 있고, 앞으로도 그럴 가능성이 크다.[9] 물론 정치권은 북한 변수를 이용해 유리한 선거 결과를 유도하려 했지만 결과는 정반대인 경우가 적지 않았다. 따라서 앞으로 정치권의 북한 변수 활용 시도는 남남갈등만 심화시키는 결과를 낳을 것으로 보인다.

2012년 4·11 총선에서도 김정일 사망, 김정은 체제의 출범, 광명성 3호 로켓 발사 예고 등 굵직굵직한 사건들이 발생했음에도 선거에서 주된 변수로 작용하지는 않았다.[10] 천안함 사건 2주기에 북한은 광명성 3호의 발사를 강행하겠다는 입장을 보였고, 이 문제가 3월 26일 서울에서 개최된 핵안보정상회의의 주요 의제가 되면서 새누리당은 야권연대에 종북세력이 있다고 공격하며 안보 이슈를 건드렸다. 그러나 역대 선거를 돌이켜보면 북한 변수는 점점 유권자의 관심에서 멀어지고 있다.

이에 앞서 새누리당은 2010년 6·2 지방선거 직전 발생한 3·26 천안함 사태가 보수층의 결집을 불러올 것으로 기대했지만 역풍을 맞았다. 당시 정부는 공식 선거운동 개시일에 천안함 사태가 북한의 소행이라고 발표하면서 군사적 긴장을 선거에 이용한다는 논란을 일으켰다.

---

9) 이를 입증하는 대표적인 연구 논문은 다음과 같다. 김영태, 「제17대 대통령 선거와 북한변수」, ≪정치·정보연구≫, 제10권 제2호(2007), 65~77쪽; 김형준, 「제16대 대통령 선거와 북한 변수」, ≪정치·정보연구≫, 제10권 제2호(2007).

10) 임을출, 『김정은 체제의 미래를 묻다』(서울: 한울아카데미, 2012), 279~297쪽 참조

〈표 5-2〉 역대 선거와 북한 변수

| 1987년 대선 | |
|---|---|
| 변수 | KAL기 폭파 사건과 폭파범 김현희 압송 귀국 |
| 결과 | 노태우(여) 후보 당선 |
| 1992년 대선 | |
| 변수 | 안기부, 거물 간첩 이선실과 남조선노동당 사건 발표 |
| 결과 | 김영삼(여) 후보 당선 |
| 1996년 총선 | |
| 변수 | 북한군 판문점에서 무력시위 |
| 결과 | 신한국당(여) 139석 확보 제1당 차지 |
| 2000년 총선 | |
| 변수 | 김대중 정부 남북정상회담 개최 발표 |
| 결과 | 한나라당(야) 133석 확보 제1당 차지 |
| 2010년 지방선거 | |
| 변수 | 북한 천안함 피격사태 발생 …… 정부 5·24 조치 발표 |
| 결과 | 통합야권 광역단체장 9곳 당선 등 한나라당(여) 패배 |

자료: 『부산일보』, 2012년 3월 11일.

선거 직후 동아시아연구원이 실시한 여론조사 결과에서 응답자의 70%가 천안함 사태를 정치적으로 활용하려는 의도가 느껴졌다고 응답했다. 오히려 응답자는 초등학교 무상급식과 4대강 사업, 세종시를 투표에 영향을 미친 변수로 꼽았다. 또한 현재 유권자들은 남북문제보다 경제문제를 더욱 중시하고 있다. 1997년의 IMF사태 이후 한국 사회의 핵심 쟁점은 경제문제였으며, 향후에도 유럽재정 위기 발생 등으로 인해 경제문제는 지속적으로 핵심 쟁점으로 남을 것이다.

## 4. 최근 남남갈등 사례 분석

김대중, 노무현 정부의 대북포용정책을 비판하며 그 반사이익으로 정권을 쟁취한 이명박 보수 정부에서도 남남갈등은 이어졌으며, 오히려 진보와 보수의 갈등이 증폭되는 경향을 보였다. 특히 이명박 정부 출범 초기에 미국산 쇠고기 수입에 저항하는 시민사회의 촛불시위와 국가 간의 갈등이 진영 간 갈등을 첨예화시켰다.

북한이 핵을 포기하고 개방할 경우 국제사회와 협조해 북한 주민 1인당 소득을 3,000달러 수준으로 만들어주겠다는, 즉 '선핵포기, 후남북경협·대북지원'을 골자로 하는 '비핵·개방·3000' 정책은 임기 내내 남남갈등의 원인을 제공했다. 이 정책은 진보 정권의 햇볕정책 혹은 포용정책과는 정반대의 방향성을 갖는 것으로서 이명박 정부 임기 내내 갈등의 불씨가 되었다. 나아가 이명박 정부의 대북정책은 '북한 조기붕괴론'과 '급변 사태론'에 기초해 추진되면서 남북 당국 간 대화를 중단시켰고, 인도적 차원의 대북지원과 남북경협에 대해 소극적인 태도를 보이면서 진보 진영의 커다란 반발을 불러일으켰다.

이명박 정부는 초기부터 '핵 문제가 해결되지 않는 한 남북관계 발전은 한계에 직면'한다며 비핵화와 남북대화를 연계시켰고, 핵포기에 대한 북한의 진정성을 요구하며 6자회담에도 소극적 태도로 일관했다. 이는 임박한 북한 붕괴론, 체제 위기론이라는 '주관적 희망'에 빠져 북핵 문제에서 가시적 성과를 내지 못한 채 그저 방관자가 되어 결과적으로 북한의 핵 능력만 높여줬다는 비판을 받고 있다.[11] 2010년 3월에 발생한 천안함 침몰 사건과 이어 정부의 대응조치로 취해진 '5·24 조치'는 남남갈등의 골을 끝내 좁히지 못한 사건으로 평가된다.

---

11) 정창현, "북한 변화의 성격은? 양극단의 평가가 아니라 현실 인식이 우선이다", ≪통일뉴스≫ 칼럼, 2012년 9월 3일.

### 1) 천안함 침몰 사건

#### (1) 여론 분열 과정

북한에 의한 천안함 침몰 사건은 이명박 정부 시기의 남남갈등의 현주소를 가장 적나라하게 드러낸 사례로 남을 것으로 보인다. 이 사건은 2010년 3월 26일에 백령도 근처 해상에서 대한민국 해군의 초계함인 PCC-772 천안이 침몰된 사건으로, 정부에서 발표한 공식 명칭은 '천안함 피격 사건'이다. 이 사건으로 해군 40명이 사망했으며 6명이 실종되었다. 정부는 천안함 침몰 원인을 규명할 민간·군인 합동조사단을 구성했고, 대한민국을 포함한 오스트레일리아, 미국, 스웨덴, 영국 등 5개국의 전문가 24여 명으로 구성된 합동조사단은 2010년 5월 20일 천안함이 북한 어뢰 공격으로 침몰한 것이라고 발표했다.

천안함 사건을 둘러싼 갈등은 진보단체인 참여연대가 북한 소행이라는 정부 조사 결과에 이의를 제기하면서 촉발되었다. 참여연대는 2010년 6월 천안함 침몰 원인과 관련해 물기둥, 생존자 부상이나 시신의 훼손 정도가 어뢰 폭발로 인한 것으로 보기 어렵다는 등의 의문점과 열영상장비(Thermal Observation Device: TOD) 동영상 은폐 의혹, 해외 조사단의 역할 등 조사 과정에 대한 문제를 제기한 '참여연대 이슈 리포트'와 서한을 유엔에 발송했다. 참여연대의 이 서한 발송은 라이트코리아 등 보수단체들의 거센 반발을 불러왔다. 보수단체들은 특히 참여연대의 행위가 민·군합동조사단 조사위원들의 명예를 훼손하고, 정부의 외교 업무에 차질을 빚게 한 것은 물론, 고의적으로 북한을 이롭게 할 목적으로 행해진 것이라고 주장하며 허위 사실 유포 혐의 등으로 고발했으나 무려 1년여 만에 검찰은 무혐의 판단을 내린 바 있다.[12)]

12) 검찰은 '(천안함 사건 관련 민·군합동조사단의 조사 결과를) 조직적으로 왜곡·유포한 점은 인정되지만, 그 수준이 명예훼손, 공무집행방해죄에 이를 정도는 아니라고 판단했다'고 설명했다. ≪뉴시스≫,

천안함 침몰 사건을 둘러싼 첨예한 남남갈등은 보혁 진영의 북한 정권에 대한 뿌리 깊은 인식의 차이, 이명박 정부의 대북정책에 대한 입장의 차이에 근거한 것으로 볼 수 있다. 아울러 북한 소행으로 단정한 정부의 조사 결과에 대해 일각에서 의혹을 제기함으로써 남남갈등을 잠재우지 못한 측면이 있다. 남남갈등 구조 속에서 천안함 사건의 해소되지 않은 일부 의혹들은 갈등의 요인으로 계속 잠복해 있을 것이 다.

참여연대는 '정부와 일부 언론이 이 사건을 북한에 의한 폭침 사건으로 단정하고 있지만 관련 정보도 공개되지 않았고 국민과 주변국들이 신뢰할 만한 조사 결과도 아직 제시되지 않았다'며 '19대 국회에서 초정파적인 천안함 진상조사위원회를 구성해야 한다'라고 주장한다.[13] 천안함의 진상 규명은 민주주의와 남북 간 신뢰를 회복하기 위한 필수 과정이라는 참여연대의 주장은 진보 진영의 지지를 받고 있다. 반면 보수 언론과 단체들은 참여연대의 이런 주장에 대해 '인적·물적 증거에도 불구하고 친북좌파 시민단체들은 종북이념에 터 잡은 편견에 매달리고 있다'라고 맹비난한다.[14] 보수와 진보 진영 간의 대립된 견해를 좁히는 것은 거의 불가능해 보인다. 이처럼 천안함 사건을 둘러싼 남남갈등은 과거형이 아니라 현재진행형인 것이다.

진보적 학자들은 "천안함 사건 이후 나온 '명확한 과학적 증거'는 이명박 대통령의 주장과는 달리 민·군합동조사단(합조단)의 북한 어뢰설을 부정하는 것이다. 즉, 합조단이 주장한 어뢰의 수중폭발 증거가 없을 뿐만 아니라 어뢰와 천안함을 인과관계로 연결지어주는 핵심적 물증으로 제시된 데이터가 조작되었다는 것이다. 명확한 증거는 이미 나와 있다. 즉 어뢰 폭발의 물증은 없다는

---

2011년 8월 10일.

13) ≪뉴시스≫, 2012년 3월 22일; ≪프레시안≫, 2012년 3월 12일.

14) ≪동아일보≫, 2012년 3월 24일.

것이고, 합조단이 결정적 증거라고 내세운 데이터 중 적어도 하나는 조작되었다"[15]라고 주장한다. 이는 대통령마저 과학적 증거에 정반대되는 '폭침론'만을 주장하며 또 하나의 왜곡을 시도하고 있다는 진보 진영의 인식을 보여준다.[16] 야당인 민주통합당도 이런 인식에 편승하고 있다. 이해찬 민주통합당 상임고문은 2012년 3월 1일 민주당의 대북정책을 발표하는 자리에서 '천안함 사건은 이명박 정부가 과학적 자료를 명확하게 제시하지 않아 의혹이 증폭되었다'며 '정부가 2010년 6·2 지방선거 직전에 이 사건을 선거용으로 악용해 국민적 신뢰를 상실했다'라고 주장했다.

북한은 처음부터 천안함 침몰 사건에 대한 자신들의 연루 가능성을 일축했다. 그들은 조선중앙통신 '군사논평원'의 명의로 천안함 침몰 사고가 자신들과 무관하며 북한이 관련되었다는 주장은 '날조'라는 공식 입장을 밝혔다.[17] 북측은 조선불교도연맹 중앙위원회 명의 등으로 한국 측 천태종를 비롯한 진각종, 태고종, 한국기독교교회협의회(NCCK) 등 종교단체와 6·15 공동선언 실천 남측위원회, 정당 한 곳 등 총 9개 단체에 천안함 사건이 날조되었다는 이메일이나 팩스를 보내왔다.

북한의 대남기구인 조국통일민주주의전선 중앙위원회도 5월 29일 '남조선 인민들에게 보내는 공개편지'를 통해 천안함 사태에 대해 '괴뢰 보수패당이 꾸며낸 전대미문의 모략광대극'이라며 한국 국민을 직접 겨냥한 선전선동전을 펼쳤다.[18] 북한의 이런 언행은 천안함 사태 조사 결과의 발표 이후 국제사회의

---

15) 서재정·이승헌, "한국 사회는 최소한의 합리성을 언제 회복할 것인가: MB의 '천안함 이중왜곡', 17세기식 종교재판", ≪프레시안≫ 기고문, 2012년 6월 14일.

16) 이명박 대통령은 전 국민을 대상으로 하는 2012년 5월 28일의 제91차 인터넷 라디오 연설에서 천안함과 관련해 세 가지 주장을 펼쳤다. 즉 ① '2010년도 천안함 폭침 때도 명확한 과학적 증거가 나왔음'에도 ② '북한은 똑같이 자작극이라고 주장'했고 ③ '이들(북한)의 주장을 그대로 반복하는 우리 내부의 종북세력은 더 큰 문제입니다'라고 말했다.

17) ≪조선중앙통신≫, 2012년 4월 17일.

비난이 쏟아지고 제재가 임박해지자 위기를 돌파하고자 대남선전전에 들어간 것으로 해석되었다. 또한 6·2 지방선거를 앞두고 남남갈등을 촉발하고자 이러한 괴서한을 보낸 것이라는 의심도 받았다. 사실 북측 종교단체 등은 천안함 사태 이후 천안함뿐 아니라 4대강 사업 반대운동, 6·15 남북공동선언 10주년, 한국전쟁 60주년 등 주요 계기 때마다 남측 종교, 시민사회단체 등에 팩스를 보내 남남갈등을 조성해왔다는 의심을 받았다.

한국 내부에서는 사고 원인을 둘러싸고 각종 설이 제기되며 혼란을 더했다. 한국 사회 내부에서 확인되지 않은 의혹과 괴담이 만들어지면 북한이 이를 받아 논거로 활용하고, 그것을 다시 남한의 일부 인사들이 따라 옮기며 '북한이 결백을 밝혔다'라고 주장하는 악순환 구조가 만들어지기도 했다.

이에 따라 보수층은 민주당이 마치 북한 대변자인 것처럼 처신하고 있다고 맹비난했다.[19] 이들은 ① 사고 수역이 북방한계선(NLL)과 인접해 있고 서해상에서 그동안 세 차례나 남북 해군 간 교전이 벌어졌다는 점 ② 한국과 군사적 충돌을 일으켜 주민들의 대남 적개심을 자극함으로써 북한 당국에 쏠렸던 주민 불만의 물꼬를 외부로 돌리려는 계산일 수 있다는 점 ③ 군사적 측면에서는 2009년 11월 '연평해전' 패배를 보복하고 위축된 북한군의 사기를 높이기 위한 계기가 필요했다는 점 등을 들어 천안함 침몰 사건은 북한의 의도적 도발이 확실하다고 주장했다.

진보 진영은 이명박 정부의 대북 강경책이 도발의 빌미를 제공했다는 비판을 제기했고, 보수 진영은 지난 김대중·노무현 정부의 대북 퍼주기가 참혹한 무력도발로 돌아왔다고 반박했다. 결국 천안함을 대하는 엇갈린 시각은 상대방의 행동을 '북풍 몰이' 혹은 '북한 비호'라고 비판하게 만들면서 남남갈등을

---

18) ≪연합뉴스≫, 2012년 6월 1일.

19) 김대중, "민주당은 '북한 대변자'인가", ≪조선일보≫, 2010년 4월 4일.

야기했고, 여기에 당시 지방선거를 눈앞에 둔 정치권의 부추김이 더해지며 상황은 더욱 악화되었다.

북한은 개입설을 적극 부인했고, 이를 야당(민주당)이 옹호하는 모양새로 비치면서 남남갈등은 더욱 격화되었다. 북한은 천안함 사건이 '특대형 모략극'이며, 연평도 포격에 대해서도 '남이 연평도를 도발의 근원지로 만들었기 때문'이라고 주장했고, 남북관계 경색의 원인이 정부의 '대결정책'에 있다고 일관되게 비난했다. 민주당 지도부는 '북한의 공격 가능성은 매우 낮다'며 아예 북한 개입이 없는 것처럼 단정하는 발언을 내놓기도 했다. 당시 민주당의 박지원 정책위의장은 한 라디오 방송에 출연해 '북한의 공격일 가능성은 매우 낮다'고 분석했다. 그 근거로 '제임스 스타인버그(James Steinberg) 미 국무부 부장관은 북한이 개입한 근거가 없다고 했고, 북한의 대남 경제협력 공식 창구인 민족경제협력연합회도 북한 연관설에 어이없다는 반응을 보였다'라고 밝혔다.[20)]

정부가 의문을 제기하는 일부 여론에 대해 명확한 논리와 설득력 있는 대응을 하지 못한 것도 남남갈등을 제때 수습하지 못한 원인으로 지적될 수 있다. 이는 침몰 원인에 대한 논란과 의혹이 끊임없이 제기되었음에도 이를 잠재울 수 있는 결정적 증거를 제시하지 못한 것과 관련이 있다. 정부와 보수 진영은 '국제전문가와 민·군합동조사단이 북한 어뢰의 공격임을 입증했는데 안 믿는다면 이는 이념적 혹은 정치적인 편견 때문이라고 해석할 수밖에 없다'라고 일관되게 주장했다. 여기에 대해 참여연대는 ① 사고 당일 천안함이 어디에서 무엇을 하고 있었는지 ② 폭발이 실제로 존재했는지 ③ 군이 제시한 결정적 증거는 과연 증거 능력을 가진 것인지 ④ 어뢰를 발사했다는 북한의 '연어급' 잠수정이 실제로 존재하는지 ⑤ 그 잠수정이 사건 전후 어떻게 움직였는지 등의 의문을 제기하며 모든 면에서 '폭침'이라고 확정할 만한 정보와 신뢰할 만한 근

---

20) ≪뉴시스≫, 2010년 4월 1일.

거가 제시되지 않았다고 비판했다. 조사 과정 내내 정부와 군의 말바꾸기가 계속되어 확인한 것만 23건 이상이었다고 참여연대는 강조했다.[21)]

정부가 초기 조사 과정에서 취한 정략적 태도도 비판의 대상이 되고 있다. 결정적 증거물이라는 어뢰 부품이 발견된 지 5일 만인 5월 20일, 합조단은 내외신 기자회견을 통해 조사 결과를 발표했는데 그날은 공교롭게도 지방선거운동 개시일이었다. 당시 윤덕용 합조단장이 설명한 북한산 중어뢰의 설계도면은 다른 어뢰의 설계도면인 것으로 드러났고, 시뮬레이션 결과도 온전히 완성되지 않은 상태에서 설명되었을 뿐 아니라 최종보고서에서도 같은 형태로 실렸다.[22)] 이 같은 결과를 바탕으로 이명박 대통령은 지방선거를 앞둔 시점인 5월 24일 대북제재 내용을 담은 '5·24 조치'를 발표했다.

### (2) 5·24 조치 해제를 둘러싼 논쟁

남남갈등 구조 속에서 시행된 5·24 조치는 또 다른 남남갈등의 불씨로 작용했다. 이는 대북지원과 더불어 남북경협의 과거 성과를 둘러싼 논쟁과도 연결되어 있다. 5·24 조치는 평소 남남갈등과 직접적 관련이 없었던 주체들까지 끌어들이는 새로운 양상을 보여주었다. 5·24 조치로 대북지원과 남북경협이 중단되면서 직간접적으로 피해를 입은 지원 단체들과 기업인들이 본인들의 의도와 무관하게 진보 진영 편에 선 것이다.

한국 정부는 천안함 사건에 대한 대응으로 5월 24일 개성공단 사업을 제외한 남북교역 중단 조치를 내렸다. 이 조치는 구체적으로 ① 북한 선박 운항 금지 ② 남북교역 중단 ③ 방북 불허와 주민 접촉 제한 ④ 신규 투자 불허와 개성공단 체류 인원 제한 ⑤ 영유아 등 취약 계층을 제외한 대북지원 원칙적 보류

---

21) ≪미디어오늘≫, 2012년 3월 22일.

22) ≪미디어오늘≫, 2012년 3월 22일.

등을 포함한다. 단, 정부는 개성공단의 특수성을 고려해 개성공단 입주 기업의 생산 활동은 유지하겠다고 밝혔다.[23]

이 조치는 2006년 7월 북한의 미사일 실험 발사, 10월 핵실험, 나아가 천안함 사건 이후 불거진 남북경협에 대한 보수층의 불신을 단적으로 보여준다. 보수층은 천안함 사건 이전에도 대북지원과 경협이 애초 의도했던 북한의 개혁·개방 진전이나 군사적 긴장 완화에 크게 기여하지 못했고, 오히려 미사일과 핵 능력 강화만 초래했다고 주장해오던 터였다. 나아가 국정원 산하 연구소의 책임자는 한 언론과의 인터뷰에서 '대북제재 조치가 역설적으로 북한의 시장을 활성화시켰다. 과거 정권에서는 돈과 물품을 갖다 주면서 남북대화를 해달라고 사정했다. 북한을 스포일(spoil)시키고 잘못 길들였다'고 주장했다.[24]

이명박 정부는 대북정책을 전면적으로 재검토했고, 대북지원이나 남북경협 추진은 이전 정부에 비해 소극적으로 추진하게 되었다. 천안함 사건은 이명박 정부의 이 같은 대북정책 기조를 더욱 강화시키는 구실을 했고, 5·24 조치는 그 결과물로 볼 수 있다.

천안함 사건에서 5·24 조치 유지와 해제 문제로 이슈가 옮겨가면서 남남갈등이 이어지고 있는 상황이다. 보수와 진보 진영 간의 의견 대립은 대북제재의 효과성, 북한 경제의 중국 의존도 정도 등을 둘러싸고 격화되었다. 5·24 조치에 의한 남북교역 중단 조치는 중국의 북한 무역 독점과 북한에 대한 한국의 영향력 상실을 유발할 것이기 때문에 5·24 조치를 해제해야 한다는 주장[25]과 북한의 진정성 있는 태도 변화가 선행되어야 한다는 주장이 맞섰다. 정부는 5·24 조치가 해제되기 위해서는 ① 천안함 폭침과 연평도 포격 도발에 대한 책

23) 통일부, 「천안함 피격 사건 이후 대북정책 추진방향」, 천안함 피격 사건 1주년 대북정책 설명자료(2011.3), 1쪽.

24) 유성옥, 국가안보 전략연구소 소장과의 인터뷰, ≪조선일보≫, 2012년 8월 27일.

25) 코리아연구원, 「천안함사건과 남북경협 및 남북관계」, ≪코리아연구원 특별기획≫, 제30-6호(2012), 5쪽.

임 있는 조치와 추가 도발 방지에 대한 확약 ② 비핵화에 대한 진정성 확인이 먼저 필요하다는 점을 지적해왔다.[26)]

적어도 5·24 조치의 제재 효과와 관련해서는, 북한의 대중국 수출 급증으로 실질적인 제재 효과가 거의 없는 것으로 나타났다.[27)] 5·24 조치 이후 개성공단을 제외한 남북교역이 사실상 중단되었지만 이를 충분히 상쇄할 만큼 북·중 무역이 확대되었다. 북·중 무역 규모는 2010년에 35억 달러로 전년 대비 30% 가량 늘었고, 2011년에는 56억 달러를 기록해 증가율이 63%로 더 커졌다.

그러나 보수학자들은 북한의 대중 수출이 주로 무연탄과 철광석 등 북한 내 전략물자 반출 위주로 진행되어 5·24 제재가 장기적으로 북한 경제에 제재 효과를 낸다고 지적한다. 또 이러한 제재 국면은 북한의 핵보유국화와 반개혁적 체제 고수의 비용을 누적적으로 증가시켜 북한에 커다란 학습효과를 준다고 반박한다.[28)]

### (3) 종북 논쟁

천안함 사건은 종북 논쟁의 핵심 대상으로 발전했다. 종북은 한국에 살면서 북한 김일성의 주체사상과 북한 정권의 노선을 무비판적으로 추종하는 경향을 지칭하는 말이다. 단순한 '친북'과 구별하기 위해 나온 말이기도 하다.

보수 진영은 북한의 주장을 조금이라도 지지하는 입장을 보이면 종북파로 규정하고 매도하면서 진영 간 싸움에서 유리한 고지를 차지할 수 있었다. 반면 진보 진영의 경우 정부가 천안함 사건 이후 관련 정보도 공개하지 않았고, 신

---

26) 통일부, 「천안함 피격 사건 이후 대북정책 추진방향」, 1쪽.

27) 이석, 「5·24 조치 이후 남북교역과 북중무역의 변화」, 『북한 경제리뷰』(서울: 한국개발연구원, 2012).

28) 차문석, "북한의 대외 대남 전략과 2012년 하반기 남북관계 전망", ≪공감코리아≫ 칼럼, 2012년 6월 29일.

뢰할 만한 조사 결과를 제시하지도 않았으면서 '북한에 의한 폭침 사건'이라는 발표에 의문을 제기하는 이들을 모두 종북세력으로 몰아세운다고 반발했다.

특히 이명박 대통령이 직접 종북세력을 언급하면서 남남갈등의 골을 더욱 깊게 만든 측면도 있다. 그는 2012년 5월 28일 정례 라디오·인터넷 연설에서 '북한의 주장도 문제이지만 이들의 주장을 그대로 반복하는 한국 내부의 종북세력은 더 큰 문제'라며 '국제사회가 북한에 대해 변화를 요구하듯 선진국 대열에 선 대한민국에서 국내 종북주의자들도 변해야 되겠다'고 말했다.[29] 종북세력의 자성과 변화를 촉구한 것이다. 그러나 이 대통령은 천안함 침몰이 북의 어뢰에 의한 것이라고 주장하기 위해 과학적 증거를 왜곡했을 뿐만 아니라 합조단의 발표에 문제를 제기하는 사람들을 '종북세력'이라고 부르며 사실을 터무니없이 왜곡했다는 비판을 받았다.[30]

이런 대통령의 인식을 반영하듯 2011년 이후 국방부의 안보 강연 예산이 기존에 비해 10배 이상 늘었으며, 특히 그해 말부터는 안보 강연의 다수가 '종북 강연'으로 대체되었다. 또 유신 반대, 반독재 민주화 운동을 '종북'으로 규정한 '종북 시험'이 각급 부대에서 실시된 것으로 확인되었다.[31] 이에 대해 국방부는 정례 브리핑을 통해 '종북세력의 위험성에 대해 교육하는 것은 필요하되, 정치적 논란이 될 만한 용어 표현은 하지 않도록 지침이 내려가 있다'라고 밝혔으나 실제로는 지침과 달리 각급 시행부대에서 지휘관의 부대 운용 방침에 따라 종북 교육이 강화된 것으로 드러났다.[32]

---

29) ≪조선일보≫, 2012년 5월 29일.

30) 서재정·이승헌, "한국 사회는 최소한의 합리성을 언제 회복할 것인가", ≪프레시안≫ 기고문, 2012년 6월 14일.

31) ≪한겨레≫, 2012년 9월 4일.

32) 국방부가 2012년 9월 4일 안규백 민주통합당 의원에게 제출한 2012년 1~6월까지의 자료를 보면, 사단급 이상의 경우 육군에서 157회(사단급 이상 기준), 해군 70회, 공군 83회의 안보 강연이 진행되었는데 이 가운데 절반에 가까운 152회가 '종북 강연'이었다. ≪한겨레≫, 2012년 9월 4일.

문제는 이런 강연들이 과도하게 정치적 논란을 불러일으킨다는 점이다. 강연의 강사들이 탈북자단체, 북한 인권단체 등에 소속된 사람들로 보수 성향 일색이고, 일부 강사는 근거 없는 매도 발언을 해 남남갈등을 조장하기도 했다. 더구나 군이 1970년대 반유신, 반독재 민주화 투쟁까지 종북세력과 결부시키는 내용 등을 담은 정신교육용 시험 문항을 만든 것은 사회적 논란을 불러일으키기에 충분해 보인다. 또한 종북 시험은 '김정일 사망 후 유화 및 개방의 가능성이 크기 때문에 안보 비용을 줄이고 협력과 동반자적 관계를 더욱 강화해야 한다'라는 보기를 내고, 틀린 답(?)으로 표기하도록 하고 있다.[33)]

북한과의 대립적 관계를 유도하는 이 같은 문제는 대북 유화책을 정강정책으로 내세우는 야당의 대선 공약을 비판하게 만드는 것이어서 군의 대선 개입 논란을 불러올 뿐 아니라 남남갈등의 수준을 한층 높인다는 점에서 극히 우려되는 대목이다.

### 2) 기타 사례

천안함 침몰, 연평도 포격 사건 등의 북한 문제를 놓고 남남갈등이 지속되면서 북한 인권법 통과 문제, 김정은 3대 후계세습의 정당성, 김정일 사망 조문 문제 등을 놓고도 보수와 진보 간의 현격한 견해 차이를 보였고, 이는 서로 간의 불신과 갈등의 폭을 넓혔다. 심지어 진보 진영 내부에서도 김정은 3대 세습 체제에 대한 정당성 여부를 놓고 논쟁이 벌어지기도 했다. 한편에서는 북한 내부의 일이라며 내정간섭 반대 입장을 피력했고, 다른 한편에서는 명백한 3대 세습에 대한 공개 비판을 회피해서는 안 된다고 주문했다.

북한 김정일 국방위원장 사망 소식이 전해지자 애도 표시나 조문 여부를 둘

---

33) ≪한겨레≫, ≪내일신문≫ 등, 2012년 9월 4일.

러싸고 시민단체들 간의 갈등도 고조되었다. 사실 지난 1994년 김일성 주석 사망 당시에도 남남갈등이 나타났다. 국내의 정치계 일각과 재야·학생들 사이에서 조문 문제를 둘러싸고 심각한 국론 분열 양상이 빚어진 것이다. 당시 애도 표시는 물론 조문을 해야 한다는 학생운동권, 재야세력, 일부 야당의원들의 주장과 이를 용납할 수 없다는 보수단체의 주장이 강하게 반발했다. 김정일 사망 때도 남남갈등이 재현되었다. 조문을 주장하는 측은 한반도 정세의 안정적·평화적 관리를 위해 정부가 조문에 나서서 남북화해무드를 조성해야 한다고 말했다. 반대 측에서는 김 위원장이 2010년 천안함 폭침과 연평도 폭격 사건을 비롯해 1980년대 랑군 폭탄 테러와 KAL858기 폭파 등의 무력도발행위를 주도했다는 점을 문제 삼아 조문은 어불성설이라고 주장했다.

이러한 사례들 외에도 국가보안법 폐지, 주한미군 철수, 6·15 공동선언 실천, 한미 자유무역협정(FTA) 존폐 문제 등을 놓고 보수와 진보 진영 간의 남남갈등은 수그러들 기세를 보이지 않고 있다.

## 5. 남남갈등 전망

남남갈등의 역사는 짧지 않고, 그 뿌리는 깊다. 해방 이후 남남갈등이 없었던 시기는 거의 없었다고 할 수 있다. 한국전쟁 이후 한국의 역사도 크고 작은 남남갈등의 연속이었다. 갈등은 어느 시대, 어디에서나 발생하는 자연스러운 현상이다. 하지만 역대 대통령들 가운데 남남갈등을 잘 다스리고 조절해 국가 발전의 원동력으로 삼은 이는 없었던 것 같다. 대부분 남남갈등을 제대로 다스리지 못해 갈등의 골만 깊게 패이도록 만들었다. 남북한이 분단되어 있는 한 남남갈등은 쉽게 해소되기 어려워 보인다. 분단으로 인해 생겨난 북한 문제, 이와 관련한 이념적 갈등은 과거에도 그랬고, 앞으로도 타협점을 찾기가 결코 쉽지 않아 보이기 때문이다.

더구나 앞으로는 남남갈등이 약화되기보다는 오히려 심화될 가능성이 높아 보인다. 우선 북한의 김정은 체제가 군사적·안보적 측면 특히 핵보유 정책을 고수할 경우 보수 진영은 다른 긍정적 변화들을 애써 외면하면서 남북대화나 교류·협력보다 기존의 대북 강경정책을 고수할 가능성이 크다.

또한 우려할 만한 수준의 종북 논쟁은 남남갈등을 어떤 식으로든 해소시켜야 한다는 당위론을 부각시킨다. 종북 논쟁은 보수와 진보 진영 간의 객관적인 사실에 근거한 합리적 토론마저 어렵게 만든다는 측면에서 심각한 남남갈등 국면을 예고하고 있다. 종북 논란은 '합리적 토론과 이성의 장이 아닌 중세유럽식 종교재판을 상기하게 한다는 점에서 문제가 있다'[34]는 진보 진영 학자들의 비판은 향후 남남갈등 전개 국면에 대한 우려스러운 진단이라고 할 수 있다.

어느 한 언론인이 잘 표현했듯이 여야는 모두 국민대통합을 공약했지만 나라는 더 분열되고 있다. 지역과 지역이 대립하고, 세력과 세력이 싸우며, 과거와 현재가 혼재되어 있다. 이런 혼전의 핵심적인 시발점은 이념이다. 남북한의 건국과 발전을 어떻게 볼지, 또 북한을 어떻게 다룰지를 놓고 공동체가 갈라져 있는 것이다. 결국 분단이 이념을 낳고 이념이 지역으로 연결되고 있다. 여기에다 종북 논쟁이 북한의 가세로 남남갈등에서 남북갈등으로 옮겨 붙으며 확산되고 있다. 우리나라의 다양한 쟁점들은 이념 구도의 프레임에 따라 짜인 뒤 정치권으로 넘어가 정국 주도권 경쟁을 유발하며, 북한의 호전적인 언행들은 수그러들던 종북 논쟁의 생명력을 연장시킨다. 사정이 그러하니 북한이 존재하는 한 남남갈등은 사라지지 않을 것으로 전망된다.[35] 그래서 남남통일을 위해서라도 남북통일을 서둘러야 한다는 지적이 나온다.

---

34) 서재정·이승헌, "한국 사회는 최소한의 합리성을 언제 회복할 것인가", ≪프레시안≫, 2012년 6월 14일.

35) 김진, "남북통일 해야 남남통일 된다", ≪중앙일보≫, 2013년 10월 30일.

## 제6장

# 서독의 독일 및 동방정책을 둘러싼 국내 갈등과 극복 노력

김학성

분단 문제와 관련해 독일과 한반도는 상이성과 유사성을 함께 가지고 있다. 분단 관리나 통일정책에 관한 국민적 합의의 문제에서도 마찬가지이다. 대북정책을 둘러싼 남남갈등과 같은 것이 과거 서독에도 존재했다. 그러나 서독의 경우 갈등의 방식이나 강도, 그리고 해결 과정에서 한국과는 차이가 있었다. 특히 독일과 동방정책(분단 관리와 통일정책)을 둘러싸고 전개된 서독 내부의 국민갈등은 특정 시기에만 두드러졌을 뿐, 대부분의 시기에는 크게 부각된 적이 별로 없었다. 우리의 경우 남남갈등이 겉으로 드러난 것은 10여 년 정도에 지나지 않으나, 갈등 방식과 그 강도는 서독의 유사 경험과 비교했을 때 우려를 자아내게 만드는 수준이며, 또 갈등이 쉽게 해소될 것으로 예상되지도 않는다.

분단 관리와 통일정책을 두고 벌어진 양 사회 내부의 갈등이 상이한 모습을 보이는 원인은 아마도 독일과 한반도 분단의 배경·성격, 그리고 정치 상황과 사회갈등 구조의 차이에서 찾을 수 있을 것이다. 하지만 양 지역에서 나타난 그러한 갈등의 상이성을 고려한다 해도, 일단 서독에서 국민갈등이 어떠한 모습으로 나타났고, 또 해소될 수 있었는지를 포괄적으로 살펴봄으로써 우리 사회의 갈등을 완화 또는 해소하는 방안을 모색하는 데 적지 않은 도움을 얻을 수 있을 것이다.

## 1. 서독의 독일 및 동방정책 전개 과정

독일 분단은 제2차 세계대전 패전의 산물이었기 때문에 분단과 통일의 문제는 일차적으로 국제정치적 차원의 문제였다. 다시 말해서 독일 민족의 분단 극복 의지는 국제 환경에 의해 강하게 제약을 받을 수밖에 없었다. 이에 따라 서독의 독일 및 동방정책은 국제 환경의 변화와 밀접한 연관성을 가졌으며, 국민들의 분단·통일 문제 인식과 정책에 대한 반응은 당위성과 외적 현실 제약 사이에서 갈등과 적응의 변증법적 발전 과정을 겪었다.

분단 이래 통일에 이르는 전 시기 동안 서독 정부는 '자유', '통일', 그리고 '평화'를 독일정책의 기본적 가치이자 목표로 설정했다. 문제는 현실적으로 세 개의 가치와 목표가 동시에 충족될 수 있는 정책을 마련하고 추진하기가 결코 쉽지 않았다는 점이다. 그래서 서독의 역대 정부는 각자가 처한 국내외적 환경 속에서 그러한 세 가치와 목표의 우선순위를 상이하게 설정한 독일정책을 추진했다. 즉 서독 초대 총리인 아데나워(Konrad Adenauer)의 기민당(CDU/CSU) 정부는 '자유', '평화', '통일'의 순서로 목표를 정한 반면, 사민당(SPD)의 브란트(Willy Brandt) 정부는 '평화', '자유', '통일'의 순서로 목표를 설정했다. 이러한 차이는 단순히 정당의 이념적 기반에 기인한 것이라기보다 국제 환경과 역학관계의 변화에 더 큰 영향을 받은 것이라고 평가할 수 있다. 특히 1982년 기민당이 재집권했음에도, 기존 사민당의 독일정책 기조를 이어받았다는 사실은 그러한 평가를 가능케 하는 단적인 예이다.

이 맥락에서 동방정책과 연계해 서독 역대 정부의 독일정책의 기조 변화를 좀 더 자세히 살펴보면, 크게 네 시기로 구분할 수 있다. 첫째는 냉전적 대결정책으로 특징지을 수 있는 아데나워 집권 시기(1949~1963년), 둘째는 변화의 과도기로서 에르하르트(Ludwig Erhard) 정부와 대연정 시기(1963~1969년), 셋째는 동서독 관계 정상화를 위한 본격적 긴장 완화 추진 시기인 브란트 집권 시기(1969~1974년), 마지막은 분단의 평화적 관리 정책이 지속적으로 추진된 슈미트(Helmut Schmidt)와 콜(Helmut Kohl) 정부 시기(1974~1989년)이다.

### 1) 아데나워 집권 시기: 냉전적 대결

아데나워 정부의 독일 및 동방정책은 서독이 재무장과 북대서양조약기구(NATO) 가입으로 주권을 회복했던 1955년을 전후로 차이를 보인다. 1949년 동서독이 각각 정부를 수립한 직후 아데나워의 일차적 관심은 서독의 민주화, 자유와 반공, 경제 회복, 그리고 소련의 팽창 저지에 있었기 때문에 그가 최우선적으로 추진한 것은 서독을 서방체제에 편입시키는 것이었으며, 통일은 어디까지나 이차적인 문제였다. 1955년 서독이 재무장과 동시에 북대서양조약기구에 가입함으로써 주권을 회복하고, 여기에 이어 소련과 국교를 정상화한 이후에야 비로소 서독 정부는 통일 문제에 주목하고 독일 및 동방정책을 본격적으로 추진하기 시작했다.[1] 아데나워가 추진했던 독일 및 동방정책의 핵심은 동독 불인정과 그 연장선상에서 동독과 수교한 국가(소련 제외)와는 외교관계를 맺지 않는다는 이른바 '할슈타인 독트린(Hallstein Doctrine)'의 고집, 그리고 서방의 도움으로 소련을 압박해 통일을 실현하려는 '강자의 정책'으로 집약할 수 있었지만, 실제로 아데나워 자신도 조만간에 독일 통일이 가능하리라고 생각하지는 않았다.

이러한 아데나워의 대외정책은 서독이 패전국의 지위에서 벗어나 국제사회의 일원으로 발돋움하고 국내 정치·경제, 그리고 안보적 차원에서 국가 재건을 이룩할 수 있도록 했지만, 그 대가로 분단의 고착화를 가져왔다. 특히 분단의 고착화는 미국의 이중적 봉쇄정책(double containment) — 즉 독일의 패권주의 부

1) 김학성, 『서독의 분단질서관리 외교정책 연구』(서울: 민족통일연구원, 1995), 35~36쪽 참조.

활과 소련 공산주의의 확대에 대한 봉쇄정책 — 에, 자국의 역사에 대한 반성과 대서방 밀착을 바탕으로 하는 아데나워의 자기봉쇄(self-containment)가 더해지면서 더욱 가속화되었다.[2)]

1960년대에 들어오면서 유럽의 냉전 질서는 긴장 완화라는 변화의 소용돌이에 휩싸이게 된다. 미소 간 대타협에 따른 긴장 완화는 유럽의 동·서 분할을 기정사실화하는 것을 의미했다.[3)] '베를린 위기' 당시 케네디의 일방적인 대소 양보에서부터 1963년 발표된 케네디의 「평화전략」, 미소 간 핵실험 금지(Test-Ban) 조약, 핵 비확산조약(NPT) 협상으로 연결되는 일련의 과정은 긴장 완화가 유럽의 현상 유지를 전제로 한다는 사실을 분명히 드러냈다. 1950년대 핵전쟁의 공포를 벗어날 수 없었던 유럽 국가들로서는 미소의 이익과는 별개로 안보적 위험을 통제할 수 있다는 점에서 긴장 완화를 매우 긴요한 것으로 받아들일 수밖에 없었다. 서독의 경우도 전쟁 억지를 위한 긴장 완화에는 원칙적으로 찬성했다. 그러나 아데나워의 기민당 정부는 냉전적 사고를 극복하지 못한 채, 독일 문제 해결을 긴장 완화의 전제로 삼는 입장을 고집했다. 그 결과 서독의 기민당 정부는 대내외적으로 정책적 어려움에 처하게 되었다. 1966년 기민당과 사민당의 대연정(große Koalition)이 출범하기 전까지 한동안 국내적으로 노선갈등에 처하게 되었으며, 대외적으로도 긴장 완화를 둘러싸고 서방 동맹국, 특히 미국과의 갈등을 유발했다.

---

2) Wolfram Hanrieder, *Germany, America, Europe: Forty Years of German Foreign Policy*(New Haven: Yale Univ. Press, 1989), pp.5～7.

3) Josef Joffe, "The Foreign Policy of the Federal Republic of Germany," in Roy C. Macridis(ed.), *Foreign Policy in World Politics: States and Regions*(Englewood Cliffs, N.J.: Prentice Hall, 1989), p.93.

### 2) 에르하르트 집권 및 대연정 시기: 변화의 과도기

아데나워의 뒤를 이은 기민당의 에르하르트 총리는 미국의 압력에 어느 정도 순응하는 태도를 보이면서 한층 변화된 독일 및 동방정책을 추진했으나, 여전히 동독을 국가로 인정하기를 거부했다. 이 시기 외무장관이었던 슈뢰더(Gerhard Schröder)는 동유럽 국가들과 무역 및 문화관계를 개선·확대함으로써 동독을 고립시켜 서독에 대한 동독의 양보를 이끌어내는 계기를 만들고자 했다.[4] 이에 따라 1963년을 전후해 동유럽 국가들(루마니아, 폴란드, 헝가리, 불가리아)과의 무역확대협정이 체결되었다. 소련을 포함한 동유럽은 동독을 고립시키려는 서독의 의도를 간파했지만 서독의 기술과 좋은 조건의 차관을 도외시할 수는 없었다.

한층 유연해진 동방정책하에서 동서독 간의 대화를 촉구하는 사민당의 영향력과 여론이 점점 증대하게 되었다. 사민당은 1961년 '베를린 위기'를 겪으면서 이미 독일정책에 대한 현실적 시각을 가지게 되었다. 즉 양극체제하에서 독일 문제를 정치적으로 해결하기는 어렵기 때문에 아데나워 방식의 독일 및 동방정책을 포기해야 한다고 판단하게 된 것이다. 이에 따라 사민당은 외교적 차원에서 독일 문제의 해결을 모색해야 한다고 주장하면서 이를 위해 동독을 국가로 인정할 필요성을 제기했다.[5]

그러나 동독 고립정책의 효과가 감소할 가능성과 동독의 국제적 지위 향상을 두려워한 에르하르트 정부는 더 이상의 적극적인 독일정책을 추진하지 못

---

4) Manfred Knapp, "Die Außenpolitik der Bundesrepublik Deutschland," in M. Knapp and G. Krell(ed.), *Einführung in die Internationale Politik*(München: Oldenbourg Verlag, 1990), pp.158~159; William Griffith, *The Ostpolitik of the Federal Republic of Germany*(Cambridge, Mass.: The MIT Press, 1978), pp.119~122.

5) Walter F. Hahn, "West Germany's Ostpolitik: The Grand Design of Egon Bahr," *Orbis*, Vol. 16(Winter, 1973), pp.859~80 참조.

했다. 슈뢰더의 동방정책은 서독이 서방으로부터 고립될 위험성을 감소시키는 동시에 동유럽과의 관계를 개선하는 데 중요한 기여를 했지만, 궁극적으로는 한계를 가졌다. 이 정책은 우선 동유럽 국가들의 행동자율성을 과대평가했다는 문제가 있었다. 소련과 동독이 배제된 상황에서 동유럽 국가들이 서독에 접근하기란 결코 쉬운 일이 아니었다. 더구나 오데르-나이세(Oder-Neisse Line) 선(線)을 국경으로 인정하지 않는 한, 서독과 폴란드의 실질적 관계 개선은 애초부터 가능하지 않았다.

### 3) 브란트 집권 시기: 본격적 긴장 완화

1966년 기민당의 키징거(Kurt Georg Kiesinger) 총리, 사민당의 브란트 외무장관으로 구성된 대연정 출범과 함께 서독 정부는 새로운 독일 및 동방정책을 추진하기 시작했다. 키징거 총리는 변화하는 국제 정세를 인식해 서독 외교의 초점을 통일이 아닌 긴장 완화에 두어야 한다고 강조했다. 그러나 기민당 내부 보수파의 반발과 당시 소련의 지도부 교체, 프라하 사태 등 국제정치적 여건이 뒷받침되지 못한 가운데 새로운 독일 및 동방정책은 추진력을 얻지 못했다.[6]

대연정의 새로운 독일 및 동방정책은 1969년 브란트 총리의 사민당 정부 출범과 소련의 대서방정책 변화가 맞물리면서 본격적으로 추진될 수 있었다. 브란트의 독일 및 동방정책은 과거 서독 정부가 주어진 국제 환경에 소극적으로 대응하던 것과는 달리 주어진 환경 제약 속에서도 최대한의 외교적 자율성을 모색하려는 '방어적 공세'의 성격을 띠었다. 그의 정책 구상은 원래 1960년대 초 '베를린 위기'를 경험하면서 서서히 형성된 것으로서 에곤 바르(Egon Bahr)의 1963년 '투찡(Tutzing)연설'에 명확히 나타난다. 여기서 정책 구상의 핵심

6) 황병덕 외, 『신동방정책과 대북포용정책』(서울: 두리, 2000), 391쪽 참조.

은 미국의 평화 공존정책을 독일에 적용시켜서 단기적으로는 현상 유지의 인정을 통한 긴장 완화를 꾀하는 대신, '접근을 통한 변화'를 목표로 장기적 안목에서는 동독의 변화를 유도하는 발판을 만들고, 궁극적으로는 분단의 현상 변화(통일)를 가능케 하는 국제적 여건을 조성하는 것이었다.[7)]

이러한 구상을 바탕으로 브란트는 유럽 평화질서 구축에 적극 동참함으로써 '유럽 분단 극복을 통한 독일 분단의 극복'을 이룩할 수 있는 국제적 환경을 창출하고, 동시에 동서독 관계 차원에서는 내독(內獨) 교류를 증진시킴으로써 동서독 간에 존재하는 민족적 유대감을 유지하려 했다. 이것은 소련이 독일 통일은 물론이고 동독의 체제 급변을 허용하지 않을 것이기 때문에 접근을 통한 동독의 점진적 변화 유도 이외의 방도는 없다고 판단했기 때문이었다.[8)] 브란트의 독일 및 동방정책은 일련의 동방조약들, 즉 모스크바 조약(1970년 8월), 바르샤바 조약(1970년 12월), 4강의 베를린 협정(1971년 9월), 동서독 기본조약(1972년 9월)을 탄생시켰다. 이를 통해 동서독 관계가 정상화됨으로써 당시 유럽 평화체제 형성의 걸림돌이 해소되었고, 결국 1975년 '유럽안보협력회의(Conference on Security and Cooperation in Europe: CSCE)'가 탄생할 수 있었다. 그러나 이 과정에서 국내적으로 보수 정당의 엄청난 비판을 감내해야 했으며, 심지어 동서독 기본조약은 헌법재판소에 위헌제소까지 당했다.

### 4) 슈미트와 콜의 집권 시기: 분단의 평화적 관리

기본조약 체결 이후 동독 정권은 분야별 교류·협력의 제도화와 증대를 위한

7) Egon Bahr, *Sicherheit für und vor Deutschland*(München: Carl Hanser Verlag, 1991), p.12

8) Willy Brandt, "Status quo oder die Schwierigkeit der Realität," *Friedenspolitik in Europa*(Frankfurt a.M.: S. Fischer Verlag, 1968), p.120

서독과의 대화에 응했지만, 동서독 교류·협력의 증가가 동독에 미칠 영향을 우려해 대서독 차단정책을 추진했다. 경제적·인도적 사안과 달리 정치적·이념적 성격을 강하게 내포하고 있는 문화 분야의 교류·협력이 확대되는 것을 동독 정권은 특히 두려워했기 때문이다.

동독 정권의 차단정책에도 내독관계가 활성화될 수 있었던 것은, 궁극적으로 서독 정부의 현실주의적인 독일정책 덕분이라 할 수 있다. 특히 1974년 서독 총리가 된 슈미트의 현실주의적 접근 태도는 주목할 만한 가치가 있다. 그는 제반 조건이 충족되지 않은 상황에서 통일을 논의하는 것보다는 통일의 여건을 조성하는 것이 우선시되어야 한다고 판단하고, 양 독일의 관계 개선에 초점을 맞추었다.[9] 이 과정에서 서독은 동독 정권에 내독 교류·협력의 확대를 통한 경제적 이익의 보장을 확실히 인식시킴으로써 차단정책의 벽을 조금씩 완화하는 성과를 거둘 수 있었다.

1982년 탄생한 기민당의 콜 정부도 브란트의 정책에 비판적이었던 과거의 태도에서 벗어나 결국은 브란트의 독일정책 기조를 승계했다. 냉전적 국제 질서하에서 독일의 통일은 요원하다는 사실을 분명히 인식하고 있었기 때문이다. 그러므로 콜 정부는 '유럽의 분단 극복을 통한 독일의 통일 달성'이라는 이전의 목표를 이어받고, 야당 시절 무효를 외치며 헌법소원까지 제기했던 동방조약과 동서독 기본합의서를 인정하는 노선을 택했다.[10] 심지어 브란트의 정책에 가장 비판적이었던 기사당의 당수 슈트라우스(Franz J. Strauss)도 내독관계의 개선을 위해 1983년과 1984년 두 차례에 걸쳐 동독에 총 20억 마르크에

---

9) Avril Pittman, *From Ostpolitik to Reunification: West German - Soviet political Relations since 1974*(Cambridge, Mass.: Cambridge Univ. Press, 1992), pp.66~72.

10) Jens Hacker, "Die Ostpolitik der Konservativ-liberalen Bundesregierung seit dem Regierungsantritt 1982," *Aus Politik und Zeitgeschichte*, B.14(1994), p.19; Josef Joffe, "The Foreign Policy of the Federal Republic of Germany," p.114.

달하는 차관을 주선하기도 했다.[11] 보수 정당들 역시 긴장 완화와 내독관계의 발전 이외에는 분단으로 인한 민족적 고통을 줄이고, 특히 동독 주민이 인간다운 삶을 영위할 수 있도록 하는 다른 방도가 없다는 사실을 인식했기 때문이다. 그러나 콜 정부의 독일정책은 먼 훗날에 있을 독일 통일을 항상 염두에 둔 것으로, 사민당에 비해 상호주의의 원칙을 더욱 강조했다. 이러한 태도는 야당이었던 사민당이 1980년대 중반 이후 독일 통일은 불가능하다는 입장을 표명하고 동독의 집권당인 사통당과 당 차원의 교류를 추진했던 것과 대비되었다.

## 2. 분단과 통일에 관한 서독 여론의 특징과 변화 추이

냉전 시기 분단과 통일 문제에 관해 서독 여론이 보여준 반응은 다음과 같은 세 가지 특징을 띤다. 첫째, 간혹 그 성과에 대해 상당히 민감한 반응을 보이기도 했지만,[12] 대체로 서독 여론은 독일정책에 무관심했다. 더욱이 독일정책이 선거의 이슈로 등장했던 적은 매우 드물었다. 서독의 역대 연방의회 선거에서 독일정책이 주요 이슈로 등장했던 것은 1972년 선거가 유일했다. 둘째, 서독 주민들은 통일의 당위성을 항상 인정했으며, 또 통일에 대한 희망을 잃지 않았다. 그러나 현실적인 통일 가능성에 대해서는 부정적인 시각이 점차 확대되는 경향을 보였다. 특히 1961년 베를린 위기는 통일에 대한 희망과 현실 사이의 괴리를 크게 만들었다. 셋째, 1970년을 전후한 서독 정부의 정책 변화에 대해

---

11) A. James McAdams, "Inter-German Relations," in Gordon Smith et al.(eds.), *Developments in West German Politics*(London: Macmillan, 1989), p.230.

12) Manuela Glaab, "Die deutsche Frage im Bewusstsein der Deutschen: Einstellungen und Perzeptionsmuster der Bevölkerung in Ost und West," *40 Jahre Zweistaatlichkeit in Deutschland: Ein Bilanz*(München: Bayerische Landeszentrale für politische Bildungsarbeit, 1999), p.54.

여야의 지지자들 사이에 이견이 표출되기도 했지만, 전반적인 여론은 정책 변화를 수용하는 경향을 보였다. 그러나 브란트의 정책 지지자들도 정책 성과에 대해서는 일방적 지지보다 양면적 태도를 보였다.[13)]

이러한 특징은 서독 주민의 분단과 통일에 대한 인식이 분단 상황 및 정책 변화와 불가분의 관계를 맺고 있음을 말해준다. 분단 초기 서독 사회는 「독일 기본법」에 명시된 통일의 당위성에 대해 누구도 의심하지 않았다. 더욱이 1954년까지 전승4대국이 독일 문제 해결을 위한 협상 또는 제안을 지속했기 때문에 서독 주민들의 통일에 대한 기대는 결코 약해지지 않았다. 그러나 분단 초기 반공주의가 득세하는 사회 분위기 속에서 서독 사회의 여론은 공산화 가능성을 내포한 중립화 통일[14)]보다 서방체제로의 편입을 우선시했다. 당시 동독 또는 전쟁 이전 독일 영토였던 지역(동유럽 지역)에서 쫓겨난 실향민이 서독 전 인구의 약 5분의 1을 차지[15)]했던 상황에서 반공주의의 확산은 자연스러운 현상이었다. 그럼에도 아데나워 정부는 서독의 나토 가입 이후 통일에 대한 서독 주민의 기대에 부응해 한층 적극적인 독일 및 동방정책을 추진했다. 1955년 소련을 방문해 국교를 수립하고, 또 1950년대 후반 소련에 자유총선에 의

---

13) 같은 책.

14) 중립화 통일 방안은 원래 사민당의 대안이었다. 슈마허(Kurt Schumacher)의 지도하에 있던 사민당은 분단 극복을 대가로 삼는 서구로의 통합 정책에 적극 반대했다. 당시 사민당의 국제 정치적 인식은 철저히 유럽 중심적이었으며, 미국과 소련에 대한 고려는 별로 없었다. 따라서 통일 문제에서도 미국과 소련의 의도가 고려되지 않은 채 전통적인 유럽의 세력 균형을 전제로 하는 통일의 가능성을 모색했다. 이로 인해 1950년대 초반까지 사민당은 중립화 통일을 주장했다. 이와는 다른 맥락에서 소련과 동독은 서독의 서방체제 편입이 가시화되자 단기적으로는 이를 저지하고, 궁극적으로는 독일 전역을 공산화하려는 의도 아래 중립화 통일 방안을 제안했다. 서독 사민당은 이후 소련의 의도를 파악하고 중립화 통일 방안을 포기했다. Karlheinz Niclauß, *Kontroverse Deutschlandpolitik: Die politische Auseinandersetzung in der BRD über den Grundlagenvertrag mit der DDR*(Frankfurt a.M.: Alfred Metzner Verlag, 1977), pp.38~40.

15) Timothy G. Ash, *Im Namen Europas: Deutschland und der geteilte Kontinent*(Ulm: Hanser Verlag, 1993), p.50 참조.

〈표 6-1〉 독일 분단은 견디기 힘든 것인지? 또는 점차 적응할 수 있는 것인지?

(단위: %)

| | 1956년 9월 | 1962년 6월 | 1963년 7월 | 1967년 12월 |
|---|---|---|---|---|
| 견디기 힘듦 | 52 | 61 | 53 | 31 |
| 점차 적응함 | 33 | 28 | 32 | 54 |
| 무응답 | 15 | 11 | 15 | 15 |
| 합계 | 100 | 100 | 100 | 100 |

자료: Institute für Demoskopie Allensbach, *Jahrbuch der Öffentlichen Meinung 1968~1973*, Bd.V(Allensbach: Verlag für Demoskopie, 1974), p.506.

한 독일통일 방안〔글롭케(Globke) 계획〕[16]을 제의한 것이 그 대표적인 예이다.

그러나 1961년 베를린 위기와 이에 대한 서방동맹국들의 온건한 대응은 서독 주민들의 인식을 변화시켰다. 미국의 케네디 정부는 베를린 장벽의 구축으로 인적 왕래를 막은 처사에 대해 겉으로는 소련과 동독을 비난했지만, 실제로는 장벽 구축을 용인함으로써 유럽 지역에서 블록 대결의 취약 지역인 베를린을 안정시키고, 이를 바탕으로 소련과의 긴장 완화를 꾀하고자 했기 때문이다.[17] 이 사건을 통해 서독 정치가와 주민들이 '강자의 정책'을 통한 통일의 실현은 비현실적이라는 사실을 깨닫게 되면서 서독 주민들의 분단 인식에 변화의 전기가 마련되었다. <표 6-1>의 설문 조사 결과는 서독 주민들이 베를린 위기 이후 점점 분단 현실을 인정하기 시작했다는 사실을 보여준다.

분단 현실을 깨닫게 되면서 통일에 대한 기대와 당위적 목표의 괴리는 점점 확대되었으며, 그 결과 동서독 주민들 사이의 이질화가 가속화되었다. 이에 따라 서독 정부는 동서독의 이질화를 예방하려는 의도에서 1968년부터 '민족의

---

16) 아데나워의 측근인 글롭케(Hans Globke)는 아데나워의 지시에 따라 10년 이내에 유엔 감시하에 자유총선을 통해 독일 통일 문제를 해결하자는 계획을 내놓았다. 여기에는 만약 동서독 어느 한쪽의 주민들이라도 반대하면 독일은 영원한 분단을 감수할 것이라는 점이 명시되어 있다. William Griffith, *The Ostpolitik of the Federal Republic of Germany*, pp.85~86.

17) Gerhard Wettig, "Die sowjetische Politik während der Berlinkrise 1958 bis 1962: Der Stand der Forschungen," *Deutschland Archiv*, Bd.30, Heft.3(1997), p.395.

상황에 대한 보고(Berichte zur Lage der Nation)'를 통해 서독 주민들에게 동독에서의 삶을 알려주기 시작했다. 나아가 1969년 출범한 브란트 정부가 새로운 독일 및 동방정책을 추진하고 성과를 거두자 서독 주민들은 통일이라는 당면 목표 대신 동서독 관계의 개선을 통한 '민족적 동질성 유지'와 '분단으로 인한 인간적 고통의 경감'이라는 새로운 중간 목표를 추구하게 되었다.

<표 6-2>에서 보듯이 일련의 동방조약들이 체결되고 동서독 관계의 정상화가 이루어지면서 서독 주민들은 통일을 더 이상 주요 정책 문제로 여기지 않게 되었다. 또한 <표 6-3>에서 나타나듯이 통일이 조만간 실현되기 어려울 것이라는 전망이 서독 주민들 사이에서 점차 확대되기 시작했다. 이렇듯 변화된 인식 탓에 1970년 3월 동독의 에르푸르트 시에서 개최된 제1차 동서독 정상회담이 성과 없이 끝났음에도 <표 6-4>에서 볼 수 있듯이 서독 국민들은 크게 실망하지 않았다.

서독 주민들의 이러한 인식 변화 덕분에 브란트의 새로운 독일 및 동방정책은 국민들의 강력한 지지를 바탕으로 당시 야당이었던 보수 기민당/기사당과 보수 세력의 반대를 이겨내고 추진력을 얻을 수 있었다. 1972년 동서독 기본조약 체결 직전에 실시된 연방의회 선거에서 사민당이 역사상 처음으로 기민당을 누르고 제1당이 되었다는 점에서도 국민들의 지지는 간접적으로 입증된다. 국민 여론의 향배를 분명히 읽은 기민당은 자신이 반대한 모스크바 조약과 바르샤바 조약의 비준과 관련해 기권 형식을 통해 비준 통과에 소극적으로 협조할 수밖에 없었다.[18)]

1960년대 서독 주민들의 인식 변화가 베를린 위기를 계기로 시작된 것이긴 하지만, 통일에 대한 열정이 급격히 줄어들고 브란트의 현상 유지와 분단 관리

18) Andreas Hillgruber, *Deutsche Geschichte 1945~1986: Die 'deutsche Frage' in der Weltpolitik*, 8. Aufl.(Stuttgart: Verlag W. Kohlhammer, 1995), pp.126~127 참조.

〈표 6-2〉 서독 주민이 생각하는 주요 정책 문제들(1963~1973년)

(단위: %)

| 주요 문제 \ 연도 | 1963 | 1964 | 1965 | 1966 | 1967 | 1968 | 1969 | 1970 | 1971 | 1972 | 1973 |
|---|---|---|---|---|---|---|---|---|---|---|---|
| 경제 | 20 | 27 | 27 | 46 | 62 | 43 | 24 | 40 | 49 | 38 | 69 |
| 국내 정치 | 8 | 5 | 6 | 4 | 3 | 7 | 11 | 15 | 22 | 24 | 19 |
| 통일 | 31 | 41 | 47 | 29 | 18 | 23 | 22 | 12 | 3 | 1 | 1 |
| 베를린 문제 | 11 | 7 | 4 | 2 | 1 | 2 | 2 | 1 | 2 | 1 | 1 |
| 동방정책 | - | - | - | 1 | 4 | 4 | 6 | 8 | 9 | 23 | 12 |
| 평화 유지 | 15 | 11 | 10 | 11 | 4 | 13 | 15 | 11 | 9 | 5 | 5 |

자료: Institute für Demoskopie Allensbach, *Jahrbuch 1974~1976*, Bd. VI(Allensbach: Verlag für Demoskopie, 1976).

〈표 6-3〉 귀하는 통일을 경험할 수 있을 것이라고 믿습니까?

(단위: %)

| | 1966년 7월 | 1967년 11월 | 1969년 11월 | 1970년 7월 | 1972년 6월 | 1976년 1월 |
|---|---|---|---|---|---|---|
| 예 | 29 | 21 | 18 | 14 | 15 | 13 |
| 아니오 | 47 | 49 | 62 | 66 | 69 | 65 |
| 답하기 어려움 | 24 | 30 | 20 | 20 | 16 | 22 |
| 합계 | 100 | 100 | 100 | 100 | 100 | 100 |

자료: Institute für Demoskopie Allensbach, *Jahrbuch 1965~1967*, Bd. IV(Allensbach: Verlag für Demoskopie, 1967), p.390; Institute für Demoskopie Allensbach, *Jahrbuch 1968~1973*, Bd. V(Allensbach: Verlag für Demoskopie, 1974), p.506; Institute für Demoskopie Allensbach, *Jahrbuch 1974~1976*, Bd. VI(Allensbach: Verlag für Demoskopie, 1976), p.83.

〈표 6-4〉 동서독 1차 정상회담의 결과에 만족하십니까?(1970년 4월)

(단위: %)

| 만족 | 실망 | 그저 그렇다 | 무응답 | 합계 |
|---|---|---|---|---|
| 41 | 12 | 28 | 19 | 100 |

자료: Institute für Demoskopie Allensbach, *Jahrbuch1968~1973*, Bd. V(Allensbach: Verlag für Demoskopie, 1974), p.507.

정책을 수용한 배경에는 한층 근본적인 정치적·사회문화적 변화가 작용했다. 이러한 정치적·사회문화적 변화는 무엇보다 정부 수립과 동시에 서독 정부가 중점을 두었던 정치교육의 성과로 이해할 수 있다. 서독 정부는 유럽근대사를 피로 얼룩지게 만든 독일이 더는 유럽의 문제아가 되지 않도록 하기 위한 근본 대책으로서 서독의 정치·사회문화를 서유럽화시키는 일에 몰두했으며, 그 덕분에 '탈나치화' 과정을 통해 탈민족주의적 정치·사회교육이 활성화되고, '유럽 통합'이라는 맥락에서 서유럽적 민주주의와 시민문화가 정착될 수 있었다.[19] 그 결과 국내 및 국제정치와 분단 문제에 대한 식견과 비판적 시각이 제고되었고, 이는 서독 주민들이 1960년대 분단 상황의 변화를 올바로 인식할 수 있는 토대를 제공했다.

이러한 정치적·사회문화적 변화는 특히 1960년대 후반 학생운동을 겪으면서 급진전되었다. 민주정치교육을 받았을 뿐 아니라 고도산업사회의 혜택을 입은 새로운 세대들은 기성세대에 도전하면서 급격한 문화 변동을 야기했다. 당시 학생운동이 서독에만 국한된 현상은 아니었지만, 정치·사회문화의 변화에 미친 학생운동의 여파는 서독에서 특히 큰 의미를 지닌다. 탈이데올로기, 탈물질주의, 시민 주도 민주주의, 반핵·환경의식의 고조, 인도주의, 평화주의 등으로 특징지을 수 있는 1970년대 서독의 정치·사회문화적 조류[20]는 탈민족주의의 강조와 맞물려 어떠한 서유럽 국가들에서보다 탈근대적 문화 양태를 분명하게 보여주었다.

더욱이 경제적 풍요 속에서 발생한 '조용한 혁명(silent revolution)'[21]을 통

---

19) Hans-Peter Schwarz, "The West Germans, Western Democracy, and Western Ties in the Light of Public Opinion Research," in James A. Cooney et al.(eds.), *The Federal republic of Germany and the United States: Changing Political, Social, and Economic Relations*(Boulder, Colo.: Westview Press, 1984), pp.56~97.

20) Richard Löwenthal, "Cultural Change and Generation Change in Postwar Western Germany," *The Federal republic of Germany and the United States: Changing Political, Social, and Economic Relations*(Boulder, Colo.: Westview Press, 1984), p.54.

21) Ronald Ingelhart, *The silent Revolution: Changing Values and Political Styles among Western Publics*(Princeton: Princeton Univ. Press, 1977) 참조.

해 사람들의 관심은 단순한 물질적 영역을 넘어서 '삶의 질'이라는 주제에 쏠리기 시작했다. 그리고 이런 분위기 속에서 서독의 젊은이들은 전쟁이 재발할 가능성을 원천봉쇄할 수 있는 정책 대안을 요구하기 시작했다. 실제로 독일은 다른 국가보다 지정학적으로 전쟁의 위협에 훨씬 많이 노출되어 있었기 때문에, 이 주제에 대해 서독 주민들은 상당히 민감한 상태였다. 1950년대 재무장 반대, 1960년대 학생운동, 1970년대와 1980년대의 반핵·평화운동은 전쟁 위협에 대한 사회운동 차원의 대응으로서 사회문화 저변에서 영향력을 확대하기 시작했다. 전쟁, 특히 소련의 침략에 대한 불안은 국민이 전쟁보다는 사회주의권과의 제휴를 더 선호하게 하는 결과를 초래하게 되었고, 이는 마침내 정치문화, 나아가 외교정책에서 이념적 편견이 극복되는 계기를 마련했다.[22)]

이처럼 탈민족주의와 민주주의 문화의 정착, 반공주의의 퇴조를 초래한 전후 서독의 정치적·사회문화적 변화는 독일 문제를 독일 민족의 힘만으로는 해결할 수 없으며, 오직 유럽 분단의 극복이 선행되어야 이를 해결할 수 있다는 의식을 확립시켰고, 브란트의 독일 및 동방정책이 보수 정당들의 반대에도 국민적 지지를 받을 수 있는 배경으로 작용했다. 이것은 더 나아가 1982년 정권 교체로 집권한 보수 정당이 브란트의 정책 기조를 유지할 수밖에 없었던 근본 원인이기도 했다.

1960년대 중반 이후 독일 문제에 대한 서독 주민의 인식 변화에도 브란트의 독일정책에 대한 기민당/기사당 지지자들의 의구심이 완전히 사라지지 않았으

---

22) 1969년의 한 설문 조사에 따르면, 서독의 젊은 유권자들 중 64%가 동구권과의 관계 개선을 지지했다. 또 1970년대 중반의 설문 조사에서는 공산주의의 침공 시 핵 전쟁을 감행할 의향이 있다고 대답한 사람이 25%인 데 반해 전쟁보다 공산 치하에서 사는 게 더 낫다고 대답한 이들은 49%에 달했다. 49%라는 수치는 1950년대 공산 치하에 사느니 죽음을 택하겠다고 응답한 이들의 수와 거의 비슷하다는 점에서 대조적이다. Peter H. Merkl, "Die Rolle der öffentlichen Meinung in der westdeutschen Außenplitik," *Im Spannungsfeld der Weltpolitik: 30 Jahre deutsche Außenpolitik(1949～1979)*(Stuttgart: Verlag Bonn Aktuell GmbH, 1981), pp.270～271.

〈그림 6-1〉 독일정책에 대한 서독 주민들의 평가(1967~1986년)

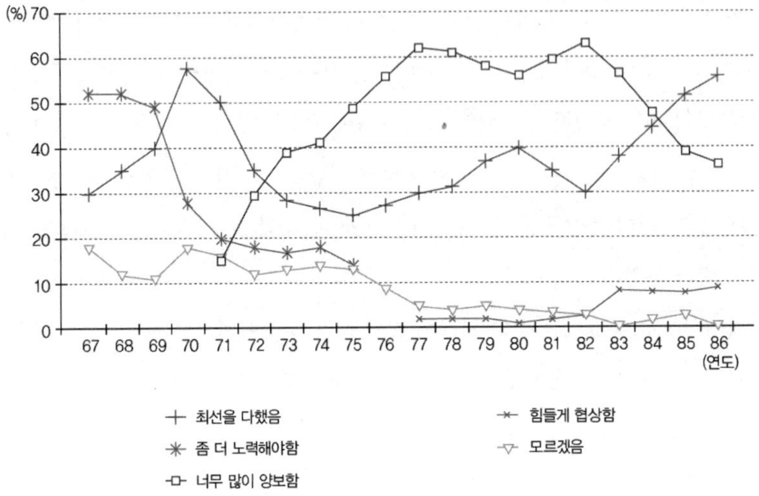


자료: Manuela Glaab, *Deutschlandpolitik in der öffentlichen Meinung: Einstellungen und Regierungspolitik in der Bundesrepublik Deutschland 1949 bis 1990*(Opladen: Leske + Budrich, 1999), p.268.

며, 이로 인한 갈등은 1972년을 기점으로 여야는 물론이고 지지자들 사이에서도 최고조에 달했다. 정책 갈등 과정에서 기민당 지지자들의 결속력은 사민당에 비해 현저히 낮았다. 그러나 이후 독일정책의 추진 과정과 성과에 대한 서독 주민들의 평가는 양면성을 띠었을 뿐만 아니라 굴절을 거듭했다. <그림 6-1>에서 보듯이 정권 교체가 있었던 1969년과 1982년, 그리고 갈등이 최고조에 달했던 1972년, 1973년은 변화의 기점을 이루었다. 이와 관련해 <그림 6-1>의 설문 결과는 몇 가지 흥미로운 사실을 말해준다.[23]

첫째, 1960년대 말 서독 주민의 반수 이상이 정부의 독일정책에 불만을 가

23) Manuela Glaab, *Deutschlandpolitik in der öffentlichen Meinung: Einstellungen und Regierungspolitik in der Bundesrepublik Deutschland 1949 bis 1990*(Opladen: Leske + Budrich, 1999), pp.268~269 참조

졌으며, 동독에 대해 좀 더 강하게 개입하길 원했다는 것이다. 둘째, 브란트 정부의 출범 이후 다수의 서독 주민들은 정부가 모든 노력을 다해 독일정책을 추진하고 있다고 믿었다. 1970년 여름 주민들의 만족도는 최고조에 이르렀고 점차 하강했으나, 1972년까지 긍정적인 반응은 지속되었다. 셋째, 그러나 서독 주민들은 1970년대 초반부터 동독에 대한 접근 태도에 점차 불만을 가지기 시작했다. 이러한 불만은 1972년 동방조약에 대한 비준을 둘러싸고 벌어진 정치적 공방으로 더욱 강화되었으며, 1972년 말 동서독 기본조약의 체결 이후로 더욱 분명히 드러났다. 당시 주민들의 불만은 서독 정부가 동독에 너무 많은 것을 양보한다는 것이었다. 1970년대 중반에 들어가면서 주민들의 반수 이상이 그러한 불만을 표출했다. 넷째, 이후 서독 정부가 동독에 너무 양보하는 정책을 고수한다는 불만은 일상화되었다. 1970년대 후반부터 서독 정부의 정책에 대한 긍정적인 평가가 점차 되살아나긴 했지만, 그 비율은 1982년 정권 교체 시까지 부정적인 여론의 비율을 한참 밑돌았다. 이런 상황 속에서 서독 정부가 동독과 매우 어렵게 협상을 이끌어가고 있다고 판단한 사람은 소수에 지나지 않았다. 다섯째, 1982년 이후 독일정책에 대한 서독 주민들의 만족도가 다시 상승했으며, 너무 많이 양보한다는 부정적 평가는 그에 비례해 하락했다. 다만 1980년대 초 기민당 정부가 동독에 20억 마르크의 외채 보증을 한 것에 대해서는 여전히 불만스럽게 여기는 서독 주민이 많았다.[24)]

이상에서 보듯 서독 주민들은 1970년대 초반 분단과 통일 문제에 대한 인식의 전환이 있었고, 정부의 독일정책에 대해 양면적 평가를 내렸지만, 이후에도 통일에 대한 희망을 버리지 않았다. 단, 독일 민족이 스스로 통일을 주도하기는 어려우며, 예상할 수 있는 미래에 통일이 실현될 가능성도 매우 낮다고 생각했을 뿐이었다. 이런 사실은 <표 6-5>의 설문 결과에서 분명히 입증된다.

24) 같은 책, p.376.

〈표 6-5〉「독일기본법」 전문의 "독일의 전체 민족은 자유로운 자결에 의해 독일의 통일과 자유를 완성해야 한다"라는 문장이 계속 기본법에 남아 있어야 한다고 생각하십니까?(1973~1989년)

(단위: %)

| | 1973년 | 1976년 | 1978년 | 1979년 | 1982년 | 1983년 | 1985년 | 1988년 | 1989년 |
|---|---|---|---|---|---|---|---|---|---|
| 포기함 | 11 | 12 | 11 | 10 | 9 | 7 | 13 | 16 | 12 |
| 포기 못함 | 73 | 72 | 75 | 76 | 77 | 79 | 72 | 69 | 75 |
| 무응답 | 16 | 16 | 14 | 14 | 14 | 14 | 15 | 15 | 13 |
| 합계 | 100 | 100 | 100 | 100 | 100 | 100 | 100 | 100 | 100 |

자료: Manuela Glaab, *Deutschlandpolitik in der öffentlichen Meinung: Einstellungen und Regierungspolitik in der Bundesrepublik Deutschland 1949 bis 1990*(Opladen: Leske + Budrich, 1999), p.136.

## 3. 정치·사회 분야별 갈등의 양상과 해소 과정

### 1) 의회·정당정치: 브란트 정부 초기 여야의 갈등을 중심으로

분단 시기를 통틀어 서독 정부의 독일 및 동방정책에 대한 의회의 견제 또는 통제는 거의 불가능했다고 해도 과언이 아니다. 독일 및 동방정책은 특히 이념적 색채가 강하게 부각되는 것이었기 때문에 정부에 대한 연방의회의 일치된 견제는 애초부터 기대하기 어려웠다. 따라서 여당이 안정적인 의석수를 확보했을 경우, 연방의회가 정부의 정책을 효율적으로 견제 또는 통제할 수 있는 방법은 거의 없었다. 즉 야당의 반대 또는 비판이 있었다 해도 실제 정책에는 거의 영향을 미치지 못했을 것이다.

다만 1960년대 후반기의 대연정 시기와 1970년대 초 여야의 원내의석 차이가 매우 적었던 시기는 예외적인 경우라 할 수 있다. 대연정 시기는 양대 정당의 정책 조율이 이루어졌기 때문에 정부와 의회의 관계는 매우 협조적일 수밖에 없었다. 물론 당시 정부정책에 대한 의원들의 불만도 있었지만, 이는 각 당 내부의 차원에서 해결되었다. 이에 비해 1970년대 초반 여야의 의석수 차이가 매우 미미했던 시기에는 정부가 추진했던 독일 및 동방정책이 의회 내(야당)의 반발로 상당한 위기를 겪었다.

1969년 브란트의 사민당 정부 출범은 권력 기반이 취약한 가운데 이루어진 서독의 첫 정권 교체라는 국내 정치적 의미를 안고 있는 동시에, 독일 및 동방정책의 일대 전환을 의미하는 것이었다. 따라서 의회는 독일 및 동방정책에 대해 그 어느 때보다 큰 영향력을 발휘할 수 있었다. 비록 실제 정책의 형성과 추진 과정에서 연방의회의 역할은 생각보다 크지 못했지만, 당시 정책 결정 및 추진 과정을 분석해보면 정부의 독일 및 동방정책에 대한 의회의 견제와 통제는 매우 강력했던 것으로 보인다.

브란트는 연방총리로 취임한 직후 총리의 결정권을 과거보다 더욱 강화했다. 정무차관제를 도입해 행정에 대한 정치적 비중을 높였으며, 정권 교체에 맞추어 총리실의 인적·구조적 개혁을 단행했다. 또한 동방정책의 실무 부서인 외무성의 주요 관료들을 사민당 노선을 지지하는 인물들로 전격 교체했다. 오랜 기간 고착화된 외무성의 전통적인 노선을 쉽게 바꾸기 어려웠기 때문이다. 이러한 제도·인사 개혁과 함께 브란트 정부는 사민당과 자민당의 연립내각에 참여하는 의회 및 각종 조직의 주요 인물들을 묶는 의사소통 네트워크를 구축해 단계별로 정보 교류와 정책 조율 및 추진을 시도했다. 예컨대 총리실 장관은 매주 월요일 사민당 원내교섭단체 대표와 조찬회동을 통해 정책 현안을 논의했으며, 오찬 때는 연정파트너인 자민당 대표와 주간 업무를 상의했다. 또한 연방의회의 회기 중에는 월요일 오후 연방의회의 원로평의회[25)]에 정부 측 대

25) 원로평의회는 의장을 지원해 의회의 운영을 원활하게 하는 기능을 하며, 의회의장단과 원내교섭단체의 의석수에 비례해 선임된 다수의 의원으로 구성된다. 이것은 본회의에서 이루어지는 결정 과정의 시간적 소모를 줄이고, 원내교섭단체들 사이에서뿐 아니라 원내교섭단체와 의장단 사이에서도 의사소통 통로로서 주요한 역할을 한다. 권세기, 「독일 연방의회」, 『독일의 대의제 민주주의와 정

표로 참가해 중요한 의회 일정을 확정했다.[26)]

초기 제도 및 인적 개혁에 대해 적지 않은 반발이 있었다. 그러나 외무성의 경우, 정책 사안별로 태스크포스(task force) 팀을 운영함으로써 전통적인 조직 구조에 얽매여 있던 외무관료들의 타성을 극복하는 동시에 실천력을 증대할 수 있었다. 그리고 독일정책과 관련해 기존의 '전독문제성'을 '내독성'으로 개명함과 동시에 내독성이 독일정책에 관한 모든 활동을 조율하는 책임을 지게 만들었다. 이는 과거 독일정책의 조율 과정에는 총리실과 전독문제성 사이의 긴장관계가 상존했음을 감안한 조치였다. 그러나 외무성과 내독성의 업무는 각각 동방정책과 독일정책의 정책 결정 전 단계를 준비하거나, 결정된 사항을 이행하는 데 국한되었다. 독일 및 동방정책의 기조 확립이나 주요 결정사항은 전적으로 총리실과 브란트의 측근에 의해서 이루어졌기 때문이다. 심지어 정부의 가장 중요한 내각회의조차도 독일 및 동방정책에 대해서 결정적인 영향력을 행사하지 못했다. 내각회의는 단지 총리실에서 사전 결정된 사안을 추인하는 역할만을 수행했을 따름이다.[27)]

연방정부가 정책을 결정하고 추진할 때는 항상 연방의회와의 사전 조율이 이루어졌다. 여당, 특히 연정파트너와의 당정협의 차원에서는 물론이고 연방의회의 상임위원회와 본회의를 통한 의회의 대정부 견제에 대응하기 위해서도 정책에 대한 사전 정보 제공 및 조율은 필수적이었기 때문이다. 더욱이 비준이 필요한 조약 체결의 경우, 정부의 사전 정책 조율과 야당에 대한 설득은 더욱 중요했다. 이 과정에서 연방의회는 정부에 대한 견제와 통제력을 발휘할 수 있는 기회를 마련했다. 브란트 정부 시기 연방정부와 연방의회 간 대화·협력과

---

당정치』(서울: 세계문화사, 1999), 18~19쪽 참조.

26) Günther Schmid, *Entscheidung in Bonn: Die Entstehung der Ost- und Deutschlandpolitik 1969-1970*(Köln: Wissenschaft und Politik, 1979), pp.181~188 참조.

27) 같은 책, pp.188~201.

견제의 상호작용은 크게 두 가지 차원에서 이루어졌다. 하나는 정부와 여야 원내교섭단체의 차원이었고, 다른 하나는 의회의 공식기관인 상임위원회와 본회의의 차원이었다. 흔히 의회 내의 의회로 불리기도 하는 원내교섭단체는 비록 연방의회의 공식기관은 아니지만, 의회의 중요한 일부분으로서 의회활동의 기반이 된다. 여야를 막론하고 기본적 정책 노선이 원내교섭단체를 중심으로 형성되기 때문이다. 특히 여당의 경우, 원내교섭단체는 당정협의의 중심 역할을 한다. 또한 여당의 원내교섭단체 지도부는 연방총리의 자문위원회 구실을 한다. 비공개로 개최되는 지도부 회의에는 종종 총리와 총리실 장관, 그리고 관련 각료가 참석해 의회의 일정과 관련한 주요 현안, 의회의 대정부 질문, 원내 의원들에 대한 정책 설득 과제, 정책 조율 협력 등을 논의하며, 여기서 결정된 사항은 의원총회에 보고되어 의원 개개인의 의사결정에 영향을 미친다.

대개 특정한 정책 사안을 두고 원내교섭단체 지도부 회의가 개최될 경우, 정책전문가들로 구성된 각 당 산하 전문분과위원회와 그룹 내부의 사전 검토를 통해 정책 건의가 제출된다. 전문분과위원회는 연방정부의 정책 제안에 대한 대응책 차원에서, 아니면 자발적 또는 원내교섭단체의 요청에 따라 권고안을 마련한다. 이 맥락에서 전문분과위원회의 영향력은 적지 않다. 특히 여당 소속 전문분과위원회는 정부 측과 긴밀한 의사소통로를 유지했다. 경우에 따라 위원장은 정부로부터 직접 정보를 듣고 협의했으며, 심지어 정부의 의사결정 과정(내각회의 등)에 직접 참여해 전문적 지식을 제공하기도 했다.

새로운 독일 및 동방정책의 형성 및 추진 과정에서도 그러한 제도적 기반이 형식적으로는 활용되었다. 그러나 실제 정책 결정 과정은 제도보다는 인물 중심적인 특징을 보였다. 겉으로는 사민당의 전문분과위원회나 원내교섭단체 지도부 회의에서 독일 및 동방정책의 기조, 전략, 실천계획 등이 충분히 협의되는 것처럼 보였으며, 연정파트너인 자민당과의 협력도 정기적으로 이루어졌다. 하지만 그 속내를 보면 이러한 협의의 과정은 총리실과 당 지도부 가운데에서도 브란트의 측근들이 비공식 조율을 거쳐 이미 결정한 사항의 정보를 당정 간 결속력 확보 차원에서 제공한 것에 지나지 않았다.[28]

이러한 인물 중심적 정책 결정 탓에 사민당 소속의원들 사이에서도 새로운 독일 및 동방정책의 진행 과정에 대한 정보 수준의 격차가 컸다. 외교·내독관계에 대한 상임위원회 소속일 경우에는 고급 정보를 확보하고 각종 회의를 통해 문제를 제기할 수 있었지만, 나머지 의원들은 정보가 차단된 채 정책 노선에 대한 공감대를 표명하는 것 이상의 어떤 행동도 할 수 없었다.[29] 이에 비해 자민당은 원내의석이 얼마 되지 않았기 때문에 원내교섭단체 지도부 회의내용을 대개 의원총회에 그대로 공개하는 경향을 보였다. 물론 자민당 내에도 브란트의 독일 및 동방정책에 비판적인 파벌이 있었지만, 연정의 의석수가 야당과 거의 차이가 없는 상황에서 사민당과 불협화음을 내는 데 주저했다. 더구나 당시 외무장관이자 자민당의 대표자 격이었던 발터 셸(Walter Scheel)은 새로운 동방정책을 전폭적으로 지지했으며, 브란트와 수시로 정책 방향을 논의함으로써 협력을 다졌다.

여당 원내교섭단체는 결과적으로 브란트의 독일 및 동방정책에 대한 전폭적인 지지를 보내며 당 내부와 연정파트너 간의 결속력을 강화하는 역할을 했던 데 반해, 당시 처음으로 야당이 되었던 기민당/기사당은 브란트의 정책에 대해 매우 극렬하게 비판했다. 문제는 이념적 차원뿐만 아니라 조직 차원에서

---

28) 원내교섭단체 지도부회의와 전문분과위원회에 당시 독일 및 동방정책을 실질적으로 지휘하던 총리실 정무차관 에곤 바르가 수시로 참석해 정책 설명과 협상 진행사항을 보고했다. 그러나 이는 일방적인 성격을 띠었으며, 원내교섭단체로부터 구체적인 전략·협상 과정에 대한 조언을 구하는 것이 아니었다. 같은 책, p.208.

29) 독일의 상임위원회는 공개·비공개 회의로 구분된다. 일반적으로 공개 회의에는 위원회 소속이 아니더라도 관심 있는 모든 의원의 참관이 가능하지만, 외교·국방 관련 상임위원회는 항상 비공개로 개최되며, 여기에는 위원회 소속의원들만 참석할 수 있다. 이는 독일 및 동방정책과 관련해 사민당 소속의원들 간 정보획득 수준 차이를 더욱 크게 만든 또 다른 원인이기도 하다.

도 기민당/기사당은 정책비판을 넘어선 건설적인 정책 대안을 제시하는 데 어려움을 겪었다는 점이다. 1969년까지 여당으로서 연방정부와 다양한 수준에서 서로 긴밀한 관계를 구축했던 기민당/기사당은 정보와 전문가를 정부에 너무 의존했던 탓에 당내 자체 정보·자문기구를 구축하지 못했다. 따라서 야당이 된 이후 대규모 조직적 개편이 필요했다. 새로운 당대표로 취임한 바르첼(Rainer Barzel)은 결정 과정에서 과거 총리와 각료를 역임했던 정치적 원로들과 긴밀한 협의를 거쳤다. 이른바 '11인 회의'로 불리는 비공식 협의체에서는 거의 모든 중요한 정책이 토론되고 결정되었다.[30)]

당시 야당은 브란트의 독일 및 동방정책을 한목소리로 비판했지만, 실제로 정책 기조에 대해서는 강온파가 공존했다. 이미 대연정 시절 기민당 내에서 새로운 동방정책 구상이 어느 정도 호응을 얻었던 점을 상기하면, 그다지 이상한 일은 아니었다. 대표적으로 야당 대표였던 바르첼은 동방정책에 근본적으로 반대하지 않았으며, 당내에서는 물론이고 정부와의 관계에서 조약들을 좀 더 개선해 야당의 동의를 받아야 한다고 주장했다. 실제로 바르첼은 야당이 정부로부터 독일 및 동방정책의 진행 상황에 대한 정확한 정보를 얻길 원했다. 총리를 비롯해 주요 정책 결정자, 그리고 외무성과 내독성의 고위관료들은 상임위원회에 참석해 동방정책의 진행 과정에 대해 비공개 정보를 제공했다. 하지만 상임위에서 모든 정보에 대해 비밀을 지킬 것이 미리 합의되었음에도, 상세한 정보가 정부에 의해 제공되지는 않았다. 대개의 경우, 정부는 가능한 정책 추진 시나리오를 제시하는 수준에 그쳤다. 또한 어떤 경우에는 그 시나리오가 이미 진행되고 있었음에도 추진 사실을 비밀에 부치기도 했다. 따라서 야당은 정부의 보고를 신뢰하지 않았으며, 항상 주어진 정보가 충분하지 않다고 판단

---

30) Günther Schmid, Richard Löwenthal, *The Federal republic of Germany and the United States: Changing Political, Social, and Economic Relations*, pp.211~215 참조.

했다.[31] 바르첼의 경우에도 브란트와 주요 정책 결정자들과 만나면서 정보를 얻을 수 있는 기회를 적지 않게 가졌지만, 그는 이러한 정보의 내용들이 종종 불충분하거나 정확하지 않다는 것을 알았다.

따라서 야당은 정부를 더욱 불신하게 되었고, 상임위원회를 통한 정책 권고가 제대로 이루어질 수 없다는 판단을 내렸다. 이러한 상황에서 야당은 상임위원회에서 제시된 정보 중 일부를 언론에 흘려 보수 여론을 자극하고, 이를 통해 정부에 영향을 미치려 시도하기도 했다. 그러나 이 경우에는 정부가 관련 의원에게 더는 정보를 제공하지 않음으로써 상임위 활동에 지장을 받도록 했다.[32] 이에 따라 야당의원들은 정부로부터 정보를 얻지 않고 그냥 비판만 할 것인지, 아니면 정부와의 대화를 유지함으로써 정책에 영향력을 계속 미칠 것인지를 두고 고민해야 했다. 실제로 일부는 전자의 입장을, 일부는 후자의 입장을 취했다. 후자의 입장을 취한 대표적인 야당 지도자는 바르첼과 과거 외무장관을 지냈으며 당시 외교상임위원회 위원장이었던 슈뢰더였다.

사실 연방정부도 의회 내 취약한 권력 기반을 고려해 가능한 야당의 동의를 얻으려 노력했다. 일례로, 1970년 5월 에곤 바르와 소련 외무장관 그로미코(Andrei Andreevich Gromyko) 간의 비밀 합의를 담은 이른바 '바르 문서(Bahr-Papier)'가 공개되었을 때, 야당은 그 내용을 두고 상임위원회를 통해 정부를 극렬하게 비판[33]했다. 브란트와 셸, 그리고 외무성 고위층은 여당의 취약한 의회 내 기반을 고려, 야당이 제시한 수정안을 최소한 부분적으로나마 받아들임

---

31) 같은 책, p.209.

32) 이와 관련해 실제로 야당의원뿐만 아니라 연방정부 측에서도 몇 가지 정보를 언론에 흘려 여론을 자신의 편으로 만들려는 노력들이 있었다. 같은 책, pp.209~210 참조.

33) 야당의 비판은 기본적으로 정책 방향 자체에 관한 것은 아니었다. 당시 긴장 완화라는 국제 환경의 압력을 기민당도 피하기 어려웠기 때문이다. 비판의 요체는 정부의 대소련 협상이 너무 빨리 전개됨으로써 소련으로부터의 반대급부를 제대로 챙기지 못할 위험성과 관련된 전술적인 것이었다. 같은 책, p.211.

으로써 정부정책의 구상에 대한 의회의 동참을 확대하고 야당의원들의 의사도 반영하려 했다. 하지만 정부정책의 핵심 내용이나 전략적인 방향에서의 근본적인 변화는 없었으며, 야당은 여기에 아무런 영향도 끼칠 수 없었다. 이러한 상황에 대해서 당시 기민당의 외교전문가이며 외무 상임위원회 소속이었던 한 의원은 '상임위원회는 정책 결정·추진 과정에 전혀 영향을 줄 수 없었으며, 단지 위원 개개인의 정치적 역량에 따라 자신의 생각을 관철시키는 방식으로 영향력을 발휘할 수 있었을 뿐'이라고 증언했다.[34)]

연방정부가 야당 쪽에 충분한 정보를 제공하거나 협의를 통해 정책을 결정하고 추진할 수 없었던 이유는 독일 및 동방정책의 외교적 민감성 때문이었다.[35)] 결국 문제는 비밀 유지에 있었다. 야당 지도자에게 충분한 정보를 주지 못했던 것은 정보가 주어질 경우, 이것이 원내교섭단체 지도부와 보수적인 기사당에 제공될 가능성이 높았기 때문이다. 어쨌든 정부와 여당, 야당은 독일 및 동방정책을 둘러싸고 엄청난 대립과 갈등을 겪었다. 당시 사민당 원내교섭단체 의장인 베너(Herbert R. Wehner)가 언론을 통해 야당의 협력이 필요 없다는 말까지 내뱉었을 정도였다. 이러한 가운데 야당은 보수적 여론을 자극하기 위해, 여당은 야당의 온건파를 회유하기 위해 전술적으로 제한적인 정보를 공유했다.

브란트 정부의 독일 및 동방정책에 대한 연방의회 차원에서의 합리적 견제가 어렵다고 판단한 야당은 건설적 내각불신임이라는 극단의 조치를 선택하게 된다. 물론 이러한 조치는 야당이 스스로 만들었다기보다 연립여당의 권력 기

---

34) 같은 책, p.210에서 재인용.

35) 실제로 에곤 바르는 그로미코와의 비밀 합의를 가진 직후 미국으로 건너가 당시 국무장관이었던 키신저(Henry Kissinger)에게 합의 내용을 알렸다. 그러나 외교적으로 민감한 부분, 즉 향후 동유럽 국가와 서독과의 관계 개선 등에 관한 서독과 소련의 합의에 대해서는 밀하지 않았나. 키신서는 오히려 그로미코로부터 상세한 내용을 전달받았으며, 이 탓에 미국과 서독 정부 간 오해가 발생하기도 했다.

반이 취약한 데 기인한 것이었다. 애초 브란트 정부 출범 당시 여야의 의석 차이는 12석이었다. 그러나 새로운 독일 및 동방정책에 대한 사민당 및 자민당 내 보수파의 반발은 몇몇 의원들의 탈당과 기민당으로의 당적 이적이라는 결과를 초래했다. 1970년에서 1972년 사이 당적 변경으로 인해 여당은 의석 과반수보다 단지 2석만을 많이 확보하는 데 그쳤다. 이 가운데 기민당은 자민당 내 보수파 2명을 더 회유할 수 있다는 판단 아래 내각불신임안을 제출했다. 하지만 1972년 4월 27일 연방의회 표결 결과, 예상과 달리 2표 부족으로 내각불신임안은 부결되었다.[36)]

그러나 건설적 내각불신임안이 부결된 다음날 총리실 예산에 관한 본회의 표결에서는 찬반 동수로 예산 신청이 부결되는 결과가 연출되었다. 이렇듯 막상막하인 표 대결 상황 속에서 정부와 의회의 협조는 사실상 불가능한 상황에 이르렀다. 이러한 가운데 브란트는 소련과 체결한 모스크바 조약과 바르샤바 조약의 비준을 위해 야당 지도자인 바르첼에게 여야 간 공동 협의를 제안했다. 이것은 사민당, 자민당, 기민당/기사당의 대표들이 모여 협정에 관한 연방의회의 공동결의문을 채택함으로써 양 협정에서 부족하다고 생각되는 부분을 정치적으로 보충하고 비준 표결에 대한 찬성표를 얻기 위함이었다. 바르첼은 이를 긍정적으로 수용했다. 그러나 기민당의 원로들과 기사당 당수인 슈트라우스의 반대가 강했다. 이에 따라 당의 결속력을 과시하기 위해 바르첼은 비준 표결에 대한 야당의 기권을 권고했다. 그러나 모스크바 조약 비준 표결에서는 야당의원들이 10표의 반대표를, 바르샤바 조약 비준 표결에서는 17표의 반대표를 던

36) 그중에서 1표의 향방은 독일 통일 이후 동독의 비밀경찰 문서에서 밝혀졌다. 당시 동독 정권은 브란트의 실각을 우려해 표결에 간접적으로 개입한 것으로 드러났다. 당시 사민당 원내총무였던 한 의원의 고백에 따르면, 기민당의 한 의원이 5만 마르크를 받고 반대표를 던졌다. 그리고 이 돈은 동독 비밀경찰로부터 나온 것이었다. Manfred Görtemaker, *Geschichte der Bundesrepublik Deutschland: Von der Gründung bis zur Gegenwart*(München: Verlag C.H.Beck, 1999), p.553 참조.

졌다.[37]

이렇듯 불신임안과 비준 표결 기권이라는 바르첼의 두 가지 정치적 전술이 수포로 돌아가자 그의 당내 입지는 약화되었고, 1973년 5월 원내교섭단체 대표 자리와 기민당 당수 자리를 각각 카르스텐스(Karl Carstens)와 콜(Helmut Kohl)에게 내주었다. 그리고 브란트는 여야가 비등한 의석수를 차지한 상황에서는 안정된 정책 추진이 어렵다고 판단해 1972년 9월 연방의회를 해산하고 새로운 총선을 실시했다. 그 결과 사민당과 자민당은 압도적인 다수 의석을 차지하게 되었다. 이후 기민당/기사당의 새로운 독일 및 동방정책에 대한 비판은 동서독 기본조약의 체결에서 그 정점을 이루었다.

기사당은 헌법재판소에 동서독 기본조약의 위헌 여부에 대한 심사를 요청했다. 기본조약에 대한 야당의 비판 명분은 크게 두 가지였다. 동독 체제의 인정이라는 일방적 양보를 통해 ① 통일의 당위성을 약화시켰고 ② 동독 정권이 동독 주민들의 자유와 인권을 억압하게끔 용인했다는 것이었다. 보수 야당은 동서독 관계가 정상화되어도 동독의 차단정책 때문에 정부의 주장처럼 독일 민족의 분단으로 인한 고통을 줄일 수 있을 정도로 내독 교류가 활성화될 수는 없을 것이라고 판단했다. 따라서 국제정치적 여건상 동서독 관계 정상화가 불가피하다면, 협상 과정에서 동독으로부터 분명한 대가를 받아내야 한다는 입장을 견지했다. 헌법소원이 기각[38]되고, 기본조약이 비준된 이후 내독관계가

---

37) 같은 책, pp.555~556; Andereas Hillgruber, *Deutsche Geschichte 1945~1986: Die 'deutsche Frage' in der Weltpolitik*, 8. Aufl.(Stuttgart: Verlag W. Kohlhammer, 1995), pp.126~127 참조

38) 연방헌법재판소의 판결 내용은 적지 않은 의미를 갖는다. 재판소는 연방정부의 기본법에 입각한 정치적 행위에 대해 위헌 여부를 판결할 수 없기 때문에 소청을 기각하지만, 기본조약의 해석과 실천은 철저하게 기본법에 적합하게 이루어져야 한다는 점을 분명히 밝혔다. 이와 관련해 기본법의 통일 원칙이 강조되었으며, 또 당시 동서독 국경선에서 벌어지고 있는 동독의 행태 — 장벽과 철조망 구축, 지뢰 및 중화기 설치, 탈출자에 대한 총격 명령 — 는 기본법과 합치하지 않음이 지적되었다. Franz-Christoph Zeitler, "Die Menschenrechte im geteilten Deutschland," in Dieter Blumenwitz et al.(eds.), *Partnerschaft mit dem Osten*(München: Verlag Martin Lurz GmbH,

급속하게 개선되는 가운데에도 한동안 야당은 자신들의 비판적 목소리를 낮추지 않았다.

### 2) 언론

언론은 사회문제와 이에 대한 정책을 공론화함으로써 여론을 선도·조성하는 기능을 하기 때문에 국민갈등과 통합에 지대한 영향을 끼친다. 서독의 경우에도 독일 문제와 독일정책을 둘러싼 여러 견해들이 언론을 통해 공론화되었고 이 과정에서 정부정책에 대한 찬반이 엇갈리는 가운데 국민 여론과 정책에 많은 영향을 주었다. 그러나 독일 문제와 관련해 서독 언론이 그러한 역할을 수행한 것은 1960년대 초반부터였다. 그 이전의 서독 언론은 독일 문제에 대해 보도할 때 냉전 현실을 적나라하게 반영했을 뿐 독일 문제와 정책 자체를 공론화하지는 못했다. 그 대신에 소련 공산주의의 팽창에 대한 두려움, 동서독 체제 비교, 동독 탈출자 문제, 통일에 대한 열정 등이 보도의 주류를 이루었다.

독일정책이 서독 사회에서 공론화되는 데에는 1960년대 초반 야스퍼스(Karl Jaspers)와 골로 만(Golo Mann)과 같은 지식인들의 역할이 결정적이었다. 이들은 당시 서독 사회가 당연하게 받아들이고 있던 통일이 현실적으로 당장 실현될 수 없다는 사실을 강조하면서, 동서독 주민 모두가 확고한 자유를 누릴 수 있도록 하는 것을 독일정책의 일차적 목표로 삼아야 한다고 주장했다. 1960년 한 방송 인터뷰에서 야스퍼스는 당시 국내외적 상황에서 통일은 환상이며, 정치가들이 선거를 위해 통일 문제를 이용하고 있다고 비판했다. 이어서 ≪디 차이트(Die Zeit)≫ 지면을 통해 그는 일단 통일 요구를 접어두고 먼저 서독에서부터 인권의 현실적 기반인 '진정한 자유'를 확립할 것을 주장했다. 그리고

---

1976), pp.191~193.

이를 바탕으로 민족자결권을 조용하고 단호하게 주장해 나감으로써 동독 주민의 자유와 인권을 점진적으로 개선하는 토대로 삼는 것이 가장 바람직하고 현실적인 대안이라고 주장했다. 이른바 '선자유, 후통일' 제안이었다.[39] 물론 그는 통일과 자유를 상반되는 목표로 간주한 것이 아니다. 우선순위와 중요성의 문제에서 자유가 일차적이라고 보았던 것이다. 골로 만도 독일의 재통일은 결코 쉽지 않으며, 새로운 통일을 위한 일차적인 목표는 동독 지역 주민들이 존엄과 자유를 보장받을 수 있도록 그들의 삶의 조건을 개선하는 일이라고 주장했다.[40] 다만 야스퍼스와 달리 골로 만은 동독 지역에 수정된 형태의 사회주의 방식이 도입됨으로써 이것이 실현될 수 있으리라 믿었다. 이 맥락에서 그는 공산주의를 인정하고 그것과 공존할 수 있다면, 결국 공산주의는 변화하지 않을 수 없을 것이기 때문에 현상 유지 정책을 통해 동독 주민의 삶을 개선하는 것이 가장 중요하다는 논지를 전개했다.

이러한 주장은 브란트의 핵심 참모였던 에곤 바르의 '접근을 통한 변화' 명제와 더불어 1960년대 중반 독일정책의 변화를 촉진하는 견인차 역할을 했다. 특히 테오 조머(Theo Sommer), 페터 벤더(Peter Bender), 루돌프 아우크슈타인(Rudolf Augstein), 그래핀 된호프(Gräfin Dönhoff)와 같은 언론인과 지식인들은 '분단 상황을 인내할 수 있게 만드는 여건의 조성이 우선적으로 필요하다'는 여론을 형성시키는 데 지대한 기여를 했다.[41] 이들은 독일정책의 당면 목표를 동독 정권이 동독 내부의 자유화를 용인하도록 만드는 것에 두어야 한다고 강조했으며, 이 맥락에서 '동독의 자유화를 위한 열쇠는 서독에 있다'[42]라는 주

39) Karl Jaspers, *Freiheit und Wiedervereinigung*, 2. Auflage(München: Piper Verlag, 1990), p.37 참조

40) *Die Zeit*, Sept 7, 1962.

41) Jens Hacker, *Deutsche Irrtümer: Schönfärber und Helfershelfer der SED-Diktatur im Westen*(Frankfurt a.M.: Ullstein, 1992), pp.278~341 참조

42) Peter Bender, *Offensive Entspannung: Möglichkeiten für Deutschland*(Köln: Kiepenheuer & Witsch, 1964), p.108.

장이 대두되었다.

이처럼 실현되기 어려운 통일보다 현상 유지를 통한 동서독에서의 자유 확립을 목표로 삼아야 한다는 논조는 테오 조머가 편집인으로 장기간 활동했던 ≪디 차이트≫를 비롯해 아우크슈타인이 편집을 맡았던 주간지 ≪데어 슈피겔(Der Spiegel)≫, ≪프랑크푸르트 룬드샤우(Frankfurt Rundschau)≫, 한스 하이게르트(Hans Heigert)가 편집을 책임졌던 ≪쥐트도이체 차이퉁(Süddeutsche Zeitung)≫, ≪쾰르너 슈타트 안자이거(Kölner Stadt-Anzeiger)≫ 등의 신문에서 주로 두드러졌으며, 실제로 1960년대 후반 독일 문제에 대한 서독 주민들의 인식 변화에 커다란 영향력을 끼쳤다.

한편에서는 '동독 체제의 내적 변화 유도'와 '긴장 완화'에 대한 요구가, 다른 한편에서는 통일에 대한 민족적·기본법적 비전에 대한 의구심이 브란트의 새로운 독일 및 동방정책에 대한 여론 지지의 기반으로 작용하면서 보수 야당과 그 지지자들의 목소리를 약화시켰다. 그러나 야당의 지지 세력은 서독이 동독 정권을 인정할 경우, 동독의 자유화는커녕 오히려 동독 정권이 동독 주민의 자유와 인권을 마음 놓고 억압하는 기회를 제공할 뿐이라고 반박했다. 동서독 기본조약 체결 이후 내독관계가 점진적으로 개선되는 가운데 보수 야당은 독일정책의 핵심을 동독 주민의 자유, 인권, 자결권 증진에 두었다. 동독 정권에 대한 인권 개선 요구는 국제적 인권협정의 차원에서도 충분한 명분을 가졌다. 1973년 동독은 유엔 인권위원회가 주도했던 국제인권협약에 가입했으며, 또 1975년 '유럽안보협력회의'의 결과인 '헬싱키 최종의정서'에 서명함으로써 의정서의 '바구니 3'에 명기된 인권을 비롯한 거주, 이전 등의 자유를 보장해야 할 의무를 갖게 되었기 때문이다. 동독 인권에 대한 보수 야당의 지대한 관심은 두 가지 목적에서 기인했다. 첫째는 체제 대결의 맥락에서 상대방에 대한 이데올로기적 공세를 가하는 것이었고, 둘째는 실용적 차원에서 동독 주민 개개인의 자유와 인권을 증진할 수 있는 방안을 마련하도록 동서독 양 정부에 압력을 행사하는 것이었다.

동독 인권에 대한 보수 세력의 강조는 현상 유지 지지자들에게 한동안 어려움을 가져다주었다. 기본조약의 체결로 동독 정권을 인정했지만, 실제로 당장은 동독 주민들에 대한 동독 정권의 억압을 막을 수단이 없었기 때문에 오히려 자유·인권 억압에 눈감을 수밖에 없는 의도치 않은 상황에 직면했다. 이러한 현실적 문제는 서독 사회의 윤리적 정서와 상응하지 않을뿐더러, 서독의 기본법 제1조와 제16조 및 제116조[43]와 부합되지 않음으로써 서독의 체제 정통성을 지탱하는 기본 규범을 위협할 소지가 다분히 있었다.

이러한 우려는 1970년대 후반 현실로 나타났다. 이때 동독의 저명한 반체제 인사들이 동독 체제의 자유와 인권 억압에 대해 신랄하게 비판하는 책들을 출판했기 때문이다. 서독으로 추방된 루돌프 바로(Rudolf Bahro)는 *Die Alternative: Zur Kritik des real existierenden Sozialismus*(1977)라는 책을 출판했으며, 또 동독 반체제단체에 의해 로베르트 하버만(Robert Havemann)의 동독 실상 고발 문서가 서독으로 몰래 반입되어 "연방 민주공산주의자들의 공표(Manifest)"라는 제목으로 주간지인 ≪데어 슈피겔≫에 발표되었다.[44] 이들은 기본조약 체결 이후 개선되고 있는 내독관계가 동독 내부에 실질적인 영향을 거의 미치고 있지 못하다는 것을 경험적으로 보여주었을 뿐만 아니라, 독일 통일을 염두에 두고 서독 정부가 더욱 강력한 대동독정책을 추진해야 한다는 점을 강조함으로써 현상 유지를 선호하는 세력에 대한 보수 세력의 비판에 날개를 달아주었다.

흥미로운 것은 현상 유지를 지지하던 ≪데어 슈피겔≫에 하버만의 '공표'가 실렸다는 것이다. 더구나 동서독 정부가 긴장 완화 상태를 유지하려 하는 실정

43) 당시 기본법 제1조는 인권의 존중에 관한 조항이며, 제16조 및 제116조는 국적법 조항이다. 특히 제116조는 1937년 12월 31일을 기점으로 과거 독일제국의 영토에 거주하는 자의 후손도 독일인으로 규정하고 있다. 이에 따르면 동독 주민도 서독의 국민으로 간주된다.

44) Jens Hacker, *Deutsche Irrtümer: Schönfärber und Helfershelfer der SED-Diktatur im Westen*, p.297.

에서 동독 반체제 인사들이 긴장 완화의 적대자로 간주될 수밖에 없는 현실을 고발하기까지 했다.[45] 이후 ≪데어 슈피겔≫은 한층 균형 잡힌 입장을 보였다. 동독반체제 인사들의 고발 사태에 대해 가장 고무된 곳은 현상 유지에 초점을 맞춘 독일정책을 비판해왔던 ≪프랑크푸르터 알게마이네 차이퉁(Frankfurter Allgemeine Zeitung)≫과 ≪디 벨트(Die Welt)≫였다. 이 사건의 발생 직후 빈터스(Peter Jochen Winters)는 ≪프랑크푸르터 알게마이네 차이퉁≫에 '독일정책의 오류들'이란 제목의 글을 기고해 '인간의 고통 경감을 목표로 삼는 독일정책 추진자들은 자신들의 의도가 동독 정권에 의해 제대로 받아들여지지 않는 현실을 깨달아야 한다'라고 강조했다.[46)]

1981년 ≪디 차이트≫에 실린 초대 동독주재 서독 상주대표 가우스(Günter Gaus)의 인터뷰는 또 다시 통일과 현상 유지에 관한 논란을 불러 일으켰다. 가우스는 "우리는 아직도 동독을 '내적으로' 인정하지 않고 있다"라고 말하면서 동독 정권에 대해 '민족'이라는 개념을 사용하는 것을 포기해야 한다고 주장했다. 이에 대해 가우스는 수많은 비판을 받아야 했다.[47] 가우스의 주장은 1982년 야당이 된 사민당의 입장 변화를 예고하는 것이었다. 1980년대에 들어오면서 독일정책에 관한 논쟁은 서독 언론에서 점차 사라지는 추세였으며, 그 대신 동독을 법적으로 인정하느냐의 여부가 논쟁의 중심을 차지하기 시작했다. 1980년대 초반부터 사민당 내부에서는 점차 동독에 대한 법적 인정의 필요성이 거론되기 시작했으며, 이 논의는 통일의 포기까지 함축하고 있었다. 이에 대해 보수 언론은 먼저 동독 주민이 동독 정권에 정통성을 부여할 수 있게 된 이후에나 서독의 입장이 정리될 수 있을 것이라는 논리를 전개했다.

---

45) "Einheitsfront gegen die Störenfriede," *Der Spiegel*, Nr.2(1978), pp.19~26.

46) "Irrtümer der Deutschland-Politik," *FAZ*(Feb.6. 1978)

47) Jens Hacker, *Deutsche Irrtümer: Schönfärber und Helfershelfer der SED-Diktatur im Westen*, pp.301~302.

사민당은 야당이 되자, 자신의 집권 시기에 발전 기반이 마련되었던 동서독 관계가 후퇴할지도 모른다는 우려에서 정당 차원의 대화를 적극적으로 추진했다. '신냉전'으로 불리던 당시 국제 환경의 변화를 경험하면서 사민당은 군사적 긴장 완화와 평화 정착의 중대성을 새삼 인식했기 때문에 정당 차원의 대화에 더욱 적극적이었다. 양당의 교류·협력 사업은 여러 형태로 진행되었으나, 사업의 기본 정신과 협력 내용은 이른바 'SPD－SED 문서'에 잘 나타나 있다.[48] 이와 더불어 사민당은 물론이고 브란트의 정책을 지지했던 언론인들까지 논조를 바꾸어 점차 동독의 법적 인정과 통일의 포기를 강조하는 방향으로 변했다. 1987년 통일은 '새빨간 거짓말'이라고 했던 브란트의 주장은 테오 조머, 될호퍼 등의 언론인의 입장과 근본적으로 다르지 않았다.

그러나 양당의 교류·협력 사업에 대해 서독의 보수 언론은 정부 권능의 침해, 동맹국에 대한 서독의 배반이라고 주장하며 이러한 노력은 결국 사통당의 이데올로기적 선전에 이용당하게 될 뿐이라고 비판했다. 그러나 'SPD－SED 문서'가 사통당과 동독 사회 내부에 엄청난 파장을 일으키자 서독의 보수 언론도 문서의 영향력을 인정했다.[49] 이외에도 결과론적이긴 하지만, 양당 교류·협력은 역설적인 결과를 도출했다고 평가할 수 있다. 사민당은 독일 통일의 가능성이 거의 없다는 판단하에 양당 교류·협력을 추진했으나, 이는 의도와 달리 서독의 체제위협에 대한 사통당 지도부의 보호막을 약화시키는 데 일정 부분

---

48) "Das SPD-SED-Streitkulturpapier," <http://www.norbertschnitzler.de>(검색일: 2005.5.10).

49) 사통당은 'SPD－SED 문서'가 공개된 직후 논쟁의 소용돌이에 휩싸였고, 곧이어 공식적으로 문서의 의미를 매우 낮게 해석했으며, 합의 내용을 준수하지도 않았다. 그럼에도 문서를 둘러싼 당내 논쟁은 결국 사통당의 소수 핵심 지도부가 사회 내부와 당 내부로부터 고립되는 결과를 초래했다. Rolf Reißig, "Magna Charta einer DDR-Perstroika," *Freitag Nr.35*(Aug. 23. 2002), <http://www.-freitag.de>(검색일: 2005.5.10); "Das Streitkultur-Papier von SPD und SED. Fünf Jahre danach: Eine Stellungnahme der Grundwertekommission," <http://www.norbertschnitzler.de>(검색일: 2005.5.10) 참조.

기여했기 때문이다. 사실 1989년 11월 베를린 장벽이 무너지는 순간까지 우파와 좌파를 아우르는 서독의 정치·사회지도자들 중 그 누구도 통일이 조만간에 실현될 수 있을 것이라고 예상하지 못했다. 다만 '독일 문제를 잊자'는 입장과 '독일 문제는 언제나 열려 있다'는 입장 간의 차이가 있을 뿐이었다. 통일이 실현된 이후, 정치권과 언론에서는 정부의 독일정책은 물론이고 언론 논조에 대한 일반적 평가를 시도했다. 그러나 그 평가는 여전히 엇갈리고 있다. 우파에서는 현상 유지 정책이 동독의 자유화를 결코 실현시키지 못했으며, 미소의 군비경쟁에서 소련이 패배한 결과 독일 통일이 실현되었다고 주장하는 반면, 좌파는 현상 유지 정책이 장기간에 걸쳐 동독과 동유럽 공산권의 변혁에 직간접적인 영향을 줌으로써 통일이 가능했다고 주장한다.

### 3) 정치교육기관

제2차 세계대전 이후 국가의 주도적 역할과 적극적인 지원으로 이루어진 독일의 정치교육은 서독의 민주화에 결정적으로 기여했으며, 분단 시기 서독의 대동독정책을 둘러싼 국민적 합의를 가능하게 하는 등 커다란 성과를 거두었다. 분단 직후 서독 정부는 정부기구로서 연방 및 주 정치교육본부를 설립하고 학교와 사회단체에 시민정치교육을 위한 다양한 지원을 함으로써 시민정치교육의 기틀을 확립했다. 그러나 정부는 정치적 편향성을 최대한 억제하기 위해 다양한 제도적 장치를 마련했다. 직접 교육도 담당하지 않았다. 포괄적인 지침을 만들어 전달하고 교재와 부자재 등을 제작해 각종 정치·종교·사회단체의 정치교육기관에 배포했을 뿐이며, 특정 방향이나 구체적인 내용을 강요하지는 않았다. 각종 정치·사회단체들은 각자의 정치적 성향을 반영한 시민정치교육 프로그램을 운용했다. 이 맥락에서 독일의 시민정치교육 체계는 다원적인 구조를 가지고 있다고 말할 수 있다.[50)]

그러나 1969년 사민당이 집권한 이후 1970년대 정치교육의 실제 방향에는 적지 않은 편향성이 존재했다. 독일과 유럽의 현상 유지에 대한 선호가 증대하면서 심지어 서독 곳곳에 산재했던 기독교의 교육기관들조차 현상 유지의 불가피성을 강조하기 시작했다. 단지 투찡에 소재한 기독교 정치교육 아카데미만이 다양한 목소리를 냈을 뿐이다. 이는 각종 정치교육기관의 선호 강사들만 보더라도 명백하게 드러났다. 에곤 바르, 페터 벤더, 클라우스 뵐링(Klaus Bölling), 귄터 가우스 등 현상 유지를 강조하는 브란트의 핵심 참모 혹은 지지자들이 대부분의 주요 강연을 독차지했다.[51]

더욱이 1970년 1월 말 브란트가 텔레비전에서 발언했던 '세계 역사는 재판소가 아니다'라는 말이 대중적 인기를 끈 이후 대부분의 정치교육기관은 복잡하게 얽혀 있는 동유럽과 독일의 법적 문제들을 다루는 것을 포기했다. 이러한 현상은 냉전 시기 동구 공산권의 각종 제도와 이데올로기에 대한 정보와 자료를 수집하고 연구하는 데 주력했던 동방학부(Ostkolleg)의 연구 방향에도 나타났다. 1970년대에 들어오면서 동독 체제는 더 이상 전체주의적 시각에서 조명되지 않았으며, 그것을 대신해 이른바 내재적 접근법이 선호되기 시작했다. 그리고 동방학부의 지도부는 브란트의 긴장 완화 및 현상 유지 정책을 옹호하는 정치학자, 역사학자, 언론인들을 주로 세미나에 초청했다. 그리고 독일 문제를 다루어야 할 때에도 비판적이거나 논쟁적인 주제를 처음부터 회피했다.[52] 이러한 경향 속에서 예외적으로 1959년부터 1982년까지 동방학부의 학술이사로 있던 쾰른 대학교의 저명한 동방법학자 마이스너(Boris Meissner)가 독일 문

50) 주독대사관, 「통독을 전후한 연방정치교육센터 활동」, 『독일통일관련 자료』(1991), 100~130쪽.; 신세호 외, 『독일 교육통합과 파생문제점 분석연구』(서울: 한국교육개발원, 1993) 참조.

51) Jens Hacker, *Deutsche Irrtümer: Schönfärber und Helfershelfer der SED-Diktatur im Westen*(Frankfurt a.M.: Ullstein, 1992), p.334 참조

52) 같은 책, p.335 참조.

제에 대한 법적 접근의 필요성을 보여주기 위해서 관련 전문가들을 모아 세미나를 개최하기도 했으나, 이러한 일은 매우 드물었다. 쾰른에 소재했던 동방학과 국제학 연구를 위한 연방 연구소(Biost)에서도 그러한 경향이 나타났다. 긴장 완화와 현상 유지를 옹호하는 정치학자들이 대부분의 자리를 차지하면서 마이스너가 닦아놓았던 법적 연구 기반은 최소화되었기 때문이다.

대다수 정치교육기관의 그러한 교육·연구 방향은 1982년 기민당이 정권을 잡은 후에도 크게 변화하지 않았다. 따라서 1970년대 초반 보수학자들의 문제제기는 시간이 지나면서 더 이상 공개적인 논란거리가 되지 않았다. 다만 통일 이후 과거의 독일 및 동방정책을 평가하면서 보수와 진보 진영의 학자들은 서로를 비판하는 수단으로서 과거 정치교육에 대해 논의를 벌였을 뿐이다.

### 4) 학교 정치교육과 교과서

독일의 학교교육은 연방정부가 아닌 주정부의 관할이다. 즉, 교육을 담당하는 문부성은 연방정부가 아닌 각 주에 설치되어 있는 것이다. 따라서 학교에서 정치교육의 내용은 기본적으로 각 주의 문부성이 책임진다. 주정부가 교육정책을 전담하는 상황에서 주별로 교육내용과 수준의 차이가 과도하게 벌어질 가능성이 상존하기 때문에, 각 주의 문부성 장관들은 상설회의(Kultusminister-konferenz: KMK)를 통해 각 주의 교육정책을 비슷하게 조정하며 필요 시 교육의 기본 지침을 마련하기도 한다.[53] 학교의 정치교육은 별도의 교과목으로서 학년 수준에 맞춰 개설되며, 이를 위한 교과서나 교보재는 원칙적으로 다른 교과목과 마찬가지로 각 주마다 자체 제작된다. 그러나 정치교육의 경우, 교과서

53) 허영식, 「정치교육의 체계와 운영」, 「독일연방공화국: 정치교육, 민주화 그리고 통일」(서울: 대왕사, 1996), p.355.

제작 과정에는 대개 연방 및 주 정치교육본부와 전독연구소가 많은 도움을 주었다.

분단 시기 서독의 교과서를 통해 이루어진 정치교육은 크게 세 시기로 구분할 수 있다.[54] 첫째, 종전 이후 서독의 재무장과 나토 가입으로 제한적이나마 주권을 회복하게 된 1955년까지의 시기로서 당시 독일 분단의 원인과 발전 과정은 교과서에서 매우 불충분하게 다루어졌다. 하지만 분단 상황에 대한 당시의 정보 부족은 독일 분단이 조만간 또는 쉽게 극복될 수 있을 것이라는 믿음과는 별 관계가 없었다. 둘째, 1950년대 후반부터 1969년 사민당이 집권한 시기까지로서 이 기간 교과서에는 현대사의 내용이 급격하게 증가했다. 그럼에도 1945년 이후의 독일 문제는 그다지 충실하게 다루어지지 않았다. 교과서의 관련 내용 중 3분의 2 정도가 동독의 성립을 사실대로 기술하는 것이었으나, 대부분의 내용은 동독 정권이 강조했던 '민족적 요구에 의해 성립된 정권'이라는 주장 대신 동독 정권의 헌법제정 과정을 소개하는 수준에 그쳤다. 이뿐 아니라 1950년대 독일정책이나 1961년 구축된 베를린 장벽의 영향도 그렇게 충분하게 논의되지 못했다. 셋째, 1970년부터 1983년까지의 시기로서 교과서에 현대사 부분이 양적으로 크게 증대했다. 일례로 1950년대 역사교과서에서 현대사가 차지하는 비중이 12.5%였던 것에 비해 1960년대는 20.6%, 1970년대는 28%에 이르렀다. 하지만 이렇게 비중이 증대되었음에도 분단의 원인에 대한 문제의식은 여전히 낮았다. 특히 대부분의 역사교과서에서 서독의 건국은 자세하게 다루어진 데 반해, 동독의 건국에 대해서는 상대적으로 비중이 낮아졌다. 이는 1969년 이래 브란트 정부가 추진했던 신동방정책의 영향을 받았기

54) Wolfgang Marienfeld und Manfred Overesch, *Deutschlandbild und Deutsche Frage in den geschichtlichen Unterrichtswerken der Bundesrepublik Deutschland und in den Richtlinien der Bundesländer 1949～1983*(Braunschweig: Georg-Ecken-Institut, 1986), pp.37～99 참조.

때문이다.

브란트 정부가 긴장 완화를 위해서 동독 정권을 자극하지 않으려 했다는 사실을 감안할 때, 1978년 11월 23일 주 문부성 장관회의에서 결정된 '학교교육에서 독일 문제에 대한 지침'[55]은 당시 정치적인 물의를 일으킬 정도로 매우

---

55) 이 지침서의 주요 골자를 요약하자면, 우선 학교 수업에서 유념해야 할 '권고사항'으로서 ① 독일 문제는 동시에 유럽 문제이다. ② 동서독 관계의 발전은 평화지향적인 정책을 통해서만 달성될 수 있다. ③ 독일의 분단은 여러 가지 원인을 가지고 있다. ④ 민족적 통일을 위한 우리의 노력은 정당하다. ⑤ 역사적 유산에 대한 책임은 독일인 모두에게 있다. ⑥ 국경선 양편에 살고 있는 독일인들은 공통의 역사·언어·문화를 통해 결속되어 있다. ⑦ 독일의 국민들은 비록 공동 국가를 가지고 있지는 않지만 하나의 공동 국적을 가지고 있다. ⑧ 동독의 체제와 서독 질서의 비교는 기본법에 제시되어 있는 가치 척도에 따라 이루어진다. ⑨ 동독에 있는 독일인들의 인권이 보장되어야 한다고 주장하는 것은 우리의 당연한 권리이며 인도주의적 의무이다. ⑩ 인권에 대한 요구는 결코 내정간섭이 아니다. ⑪ 동독은 서방의 영향력에 폐쇄정책으로 대응하려고 한다. ⑫ 몇 가지 중요한 사건들은 동독 주민들도 독일 통일에 대한 의지가 있다는 것을 말해준다. ⑬ 동독의 독일인들도 동독의 발전에 대한 자부심이 커지고 있다. ⑭ 독일의 통일은 우리의 목표이다. ⑮ 서독이 독일 전체를 대변하지는 않는다. 이러한 권고사항들을 바탕으로 독일 문제와 관련된 수업에서 고려되어야 할 '보충사항'으로는 ① 독일 문제는 특히 역사·일반사회·지리·국어 교과에서 다루어져야 한다. ② 학생들은 독일 국가(國歌)의 멜로디를 알아야 하며, 3절까지를 암기해야 하고, 학교는 학생들에게 독일 국가의 역사를 학생들의 연령과 이해 수준에 맞추어 설명해야 한다. ③ 초등학교를 졸업하면 학생들은 독일이 분단국가라는 사실과 베를린이 옛 수도였다는 사실을 알아야 한다. ④ 역사수업에서는 독일 민족의 탄생과 독일 역사의 주요 사항들, 예를 들어 중세 독일 민족의 이주 역사, 종교개혁, 농민전쟁, 19세기 민족자유 운동, 1871년의 독일제국 수립 등을 가르쳐야 한다. 국가사회주의(나치즘)를 다룰 때에는, 나치의 팽창정책과 그것으로부터 야기된 동구권에서의 독일 영토의 상실, 독일의 분단 등이 함께 설명되어야 한다. 제2차 세계대전 이후의 역사는 특히 상급학년에서 다루어지는데, 연합국의 점령으로 인한 독일의 분할, 포츠담 협정, 독일 동부 지역(동독)의 분리, 동독 지역으로부터 독일인의 추방, 독일연방공화국(서독)과 독일민주공화국(동독)의 수립, 동서 긴장 관계 속에서 양대 군사동맹(북대서양 조약기구와 바르샤바 조약기구)의 생성 및 그 의미, 1960년대 말 이래의 긴장 완화 노력은 반드시 다루어져야 한다. 김나지움(Gymnasium, 독일의 중등교육기관) 상급반에서는 기초 과정과 심화 과정을 통해 독일 문제에 대한 지식을 확대하고 심화해야 한다. ⑤ 일반사회 교과에서는 동독의 지배 체제, 이데올로기적·사회경제적 상황의 주요 특징들이 다루어져야 한다. 직업학교에서는 관련 지식들이 심화되고 확대되어야 한다. ⑥ 지리 교과에서는 독일의 정치적 구조와 독일 각 지방의 주요 특징들이 다루어져야 한다. 여기에는 동구권에 있는 옛 독일 지역의 특징도 포함된다. 특히 베를린과 연결된 교통망은 중요하게 다루어져야 한다. 동독과 서독의 경제와 사회를 비교할 때는 에너지 공급, 주요 산업, 환경 보호, 교통, 관광 산업, 유럽공동체(European Community: EC)와 상호경제원조위원회(Council for Mutual Economic Assistance: CMEA)와 같은 경제공동체 가입 등의 문제들이 포함되어야 한다. ⑦ 중등 단계의 국어 수업에서는 독일 민족의 성립 과정에서 문예 작품이 갖고 있는 의미를 시대별로 다루어야 한다. 그리고

이례적인 것이었다. 이 지침은 독일 통일의식을 일깨우고 있을 뿐 아니라 평화와 자유의 원칙에 따른 통일의 당위성을 강하게 드러내고 있기 때문이다. 학교교육에서는 서독기본법의 통일조항과 기본조약에 대한 연방헌법재판소의 판결 내용이 충실하게 반영되었다. 이에 대해 가장 큰 비판은 사민당에서 제기되었다. 이외에도 역사학자와 교육자들 사이에서 지침 내용 중 몇 가지 대목, 예를 들면 '민족' 개념과 독일 분단을 고착화시킨 국가(소련 또는 전승4대국 전부)에 대한 이해를 두고 논란이 벌어지기도 했다. 어쨌든 당시 서독의 11개 주정부에는 각각 다양한 정당이 집권하고 있었음에도 그들이 연방정부의 정책 노선과 상이한 지침에 합의했다는 것은 놀라운 일이 아닐 수 없다.[56]

'학교교육에서 독일 문제에 대한 지침'은 이후 각 주의 학교교육에서 주요 규정으로 받아들여졌다. 중요한 점은 이 덕분에 당시 학교에서의 독일정책에 대한 교육이 정치적 갈등에서 벗어날 수 있었다는 사실이다. 그러나 교육현장에서 독일정책의 성과들에 관한 교육은 상이한 생각을 갖는 교사들 개개인의 판단에 맡겨졌으며, 이는 피할 수 없는 현실이었다.

## 4. 독일 사례의 교훈

독일의 분단 관리와 통일 사례는 한국에게 긍정적이든 부정적이든 다양한 측면에서 귀중한 간접 경험을 제공해줄 수 있다고 판단된다. 그렇지만 독일 사

---

동독의 문학 작품은 특별히 상급반에서 다루는 것이 바람직하다. ⑧ 기타 교과에서도, 특별히 미술과 음악 교과에서 독일 문제와 동독의 상황과 관련된 주제들이 다루어져야 한다. ⑨ 동서독 기본조약에 대한 연방헌법재판소의 평결은 수업에서 특별한 의미를 지니고 있다.

56) Jens Hacker, *Deutsche Irrtümer. Schönfärber und Helfershelfer der SED-Diktatur im Westen*(Frankfurt a.M.: Ullstein, 1992), p.341.

례로부터 적실성 있는 시사점을 얻기 위해서는 먼저 독일 사례의 성공적 경험들을 독일 분단의 역사적·상황적 맥락 속에서 이해해야 한다. 이것이 선행되어야 한국의 실정에 맞게 독일 사례를 창조적으로 활용하는 노력을 기울일 수 있기 때문이다. 특히 독일·동방정책을 둘러싼 서독의 국민갈등과 이것의 극복 과정을 다룰 때는, 한국과 서독 사이에 존재하는 정치·사회문화의 차이를 이해하는 것이 필수적이다.

정치·사회문화는 역사적 산물인 동시에 시대적 상황을 반영하고 있다는 점을 감안할 때, 국민갈등 문제와 관련해 독일의 분단 현실은 몇 가지 점에서 한반도와 크게 대비된다. 첫째, 독일은 분단 이후 민족 간의 전쟁이 없었다. 둘째, 정치적 관계가 단절된 상태에서도 동서독 간에 인도적 분야 및 사회·경제 분야의 교류는 항상 유지되어 왔다. 셋째, 동독 정권이 정치적·경제적 이익을 위해 서독과 관계를 점진적으로 확대한 배경에는 소련의 보호 아래 정권과 체제를 유지할 수 있다는 자신감이 있었다. 넷째, 베를린 장벽 구축 이후 서독 사회는 이른 시기의 통일을 기대하기보다는 인적·물적 교류를 확대함으로써 예측할 수 없는 먼 장래에 이루어질 통일의 시간까지 민족적 동질성을 유지하려 했으며, 정치적·경제적으로도 동독 주민들이 인간다운 삶을 누릴 수 있는 환경을 창출한다는 목표에 대한 공감대를 가졌다. 다섯째, 브란트의 독일 및 동방정책이 성공할 수 있었던 근본적인 이유는 서독의 정치문화, 특히 분단에 대한 사회적 인식이 변화했기 때문이며, 나아가 그 변화가 긴장 완화를 향한 국제 정세의 변화방향과 동조화(synchronize)되었기 때문이다.

이러한 점을 염두에 두면, 독일의 경험이 현재 한국 사회에 그대로 적용되기는 어려울 것이다. 그러나 독일 사례는 국민갈등의 완화 내지 해소를 위해 한국 사회에 필요한 것이 무엇인지를 보여주기에 결코 부족하지 않다.

제7장

# 통일정책의 사회적 합의안 형성 방안

김병로

## 1. 통일정책 정쟁화 구도 해소 방안: 실질적 여야 협력 방안

대북·통일정책을 둘러싼 남남갈등의 구조와 특성을 앞에서 살펴보았는데, 이를 통해 남남갈등이 구조화되고 있는 기저에는 정치권과 언론이 매우 큰 역할을 하고 있음을 알 수 있다. 정치권의 정쟁화 관행은 단지 통일·대북 문제에만 국한되는 것이 아니며 경제와 교육, 복지 등 사회적 이슈 전반에 걸쳐 폭넓게 이루어지고 있다. 물론 정치권의 이러한 관행이 한국 사회만의 고질적 문제는 아닐 것이다. 앞서 독일의 사례에서 볼 수 있었듯이 통일 이전 서독에서도 동방정책과 통일 문제를 둘러싸고 여야 정치권이 치열하게 대립하며 심각한 갈등이 벌어졌다. 그러나 이념 문제로 민족 간 전쟁을 치른 한국은 독일에 비해 정치권의 이념 대립과 갈등이 더 치열할 수밖에 없을 것이다. 대북정책과 통일 문제를 각자의 정당에 유리한 방식으로 해석하며 상대방의 논리는 조금도 인정하지 않는 배타적 태도를 취하고 있는 것이 정치권의 현실이다. 이러한 정치권의 자기중심적 해석이 언론을 통해 국민들에게 전달됨으로써 정치권과 시민사회가 함께 사회적 갈등의 소용돌이에 휘말리게 되었다.

이러한 한국의 정치 현실은, 남남갈등을 해소하고 사회적 합의를 이끌어내는 데 정치권의 협력과 역할이 무엇보다 중요하다는 점을 보여준다고 할 수 있다. 그러나 공정한 경쟁과 설득, 홍보를 통해 권력을 쟁취하는 활동은 정치인과 정치권의 정당한 권리이므로 정치권의 협력과 화합을 위해 모든 논쟁과 경쟁을 배제해야 한다는 것은 아니다. 오히려 이러한 이견과 갈등을 창의적 아이디어로 활용하면 미래 발전과 통합의 동력으로 삼을 수 있기 때문에 이견의 대립과 논쟁, 경쟁은 적극 권장되어야 할 일이다. 그럼에도 요즘 한국 사회는 사회갈등이 창조적 동력이 되지 못한 채 소모되는 측면이 대단히 크다.

삼성경제연구소의 분석에 따르면 한국은 OECD 국가들에 비해 과도한 갈등 비용을 지불하고 있으며, 이는 연간 1인당 GDP의 27%에 이르는 것으로 나타났다.[1] 금액으로 따지면 연간 1인당 5,023달러로, 한국은 사회적 갈등을 제대로 처리하지 못해 막대한 비용을 지불하고 있는 셈이다. 따라서 만약 한국의 사회갈등을 OECD 평균 수준으로 관리할 수만 있다면 1인당 GDP를 5,000달러 이상 증가시키는 효과를 거두게 된다. 이러한 현실을 두고 본다면 여야 정치권은 통일정책의 정쟁 구도를 해소하는 실질적인 협력 방안을 찾기 이전에 남남갈등으로 한국이 지불하고 있는 사회적 비용에 대해 진지하게 고민하고 공감할 필요가 있다.

사실, 갈등은 어느 사회에나 존재하는 것이다. 문제는 갈등 자체가 아니라 그것을 어떻게 관리하고 해소하는가이다. 갈등을 관리하고 해소하는 메커니즘이 어떻게 작동하느냐에 따라 지불해야 하는 사회적 비용이 다르게 나타나기 때문이다. 특히 경제가 어려운 상황일수록 정치권은 여야가 힘을 모아 남남갈등으로 치르는 비용을 줄여서 국민경제에 보탬이 될 수 있도록 하겠다는 책임의식을 가져야 할 것이다. 한국의 경제성장과 미래 발전을 위해 대북·통일 문제를 둘러싼 불필요한 갈등과 대립을 줄이고 화합과 통합의 제도를 정착시켜

---

1) 삼성경제연구소, 『한국의 사회갈등과 경제적 비용』(서울: 삼성경제연구소, 2009).

나가겠다는 의지를 갖는 것이 대북·통일 문제의 정쟁화를 방지하기 위해 가장 먼저 실행되어야 할 조건이다.

실질적인 형태로 여야 협력을 끌어내기 위해서는 정치권이 대북·통일정책과 방향을 논의할 수 있도록 하는 몇 가지 제도적 장치를 마련해야 한다. 첫째, 대북·통일 문제를 정쟁화하지 않고 전반적인 방향과 정책에 관해 함께 논의할 수 있는 제도적 기구가 필요하다. 서독의 경우, 브란트 정부가 동방정책을 추진하는 동안 기민당/기사당은 정부정책에 대해 건설적인 비판을 넘어선 수준의 극렬한 비난을 퍼부었다. 이들은 일부 언론에 유리한 정보를 흘려 보수적인 여론이 반발하도록 유도했고, 이로 인해 서독에서는 독일·동방정책을 둘러싸고 엄청난 대립과 갈등이 발생했다. 이에 서독 정부는 – 언제나 잘 작동했던 것은 아니지만 – 총리실 주관으로 원내교섭단체 대표와 '조찬회동'을 매주 개최했고, 특정 사안들에 대해서는 각 당의 '전문분과위원회' 제도를 활용해 정치권과의 긴밀한 의사소통 통로를 유지했다. 경우에 따라서는 전문분과위원회의 위원장이 정부로부터 직접 정보를 듣고 협의했으며, 내각회의에 참여해 전문적 지식을 제공하기도 했다.

현재 한국의 경우에는 국회에 '남북관계 발전특별위원회'가 설치되어 있어서 대북정책 전반과 쟁점 사안들을 다루고 있다. 이 위원회는 국회 차원에서 경색된 남북관계를 타개하기 위한 합리적인 방안과 민족의 공존과 번영을 위한 남북 간의 교류·협력 증진 방안을 모색하고, 관련 법안을 심사하고 처리하고자 구성되어 2011년 3월 7일 첫 회의를 개최했다. 하지만 남남갈등의 핵심 쟁점이 되고 있는 북한 인권법 제정, 인도적 지원, 북핵 문제 등 여러 사안들을 진지하게 논의하고 있는 것과는 별개로, 아직 이러한 이슈들을 초당적 국가 어젠다로 다루기에는 부족한 형편이다.

사실, 이러한 제도적 장치들은 제도 자체의 설립만으로는 별 효과를 거두지 못하는 경우가 허다하다. 앞에서 설명한 독일의 경우에도 독일·동방정책의 형성과 추진 과정에서 그러한 제도적 기반이 형식적으로는 마련되었으나 실제 정책 결정 과정은 제도보다 인물에 의존하는 경향이 컸다. 제도에만 의존하면 일정한 수준 이상의 심각한 쟁점이 되는 문제에 관해 합의하거나 타협하기 어렵기 때문에, 문제 해결 의지가 강한 정치인이 주도적으로 이견을 좁히고 양보를 받아내고 타협을 이끌어내는 역할을 해야만 한다. 이런 점에서 '남북관계발전특별위원회'에 참여하고 있는 20명의 여야 의원들은 책임의식을 갖고 쟁점 사안에 대해 정치적 유·불리를 따지기보다 초당적 국가 어젠다의 견지에서 의견 조율과 합의를 이끌어내야 할 것이다.[2)]

둘째, 정치권에서 대북·통일 문제, 안보 문제에 관해 여야 간 공감의 기회를 자주 가져야 한다. 갈등을 해결하기 위해서는 논리적인 의견 교환뿐 아니라 당사자들의 솔직한 대화, 공감, 상호 이해, 관계 형성 등의 상호작용이 필요하다. 갈등이란 사실에 대한 상충된 이해와 논리 못지않게 당사자들의 내면에 존재하는 감정과 심리적 모순에 의해 심화되는 경우도 많기 때문이다. 따라서 갈등을 다룰 때는 집단 간의 이해관계를 조정하고 중재하는 대화의 기술과 법적·제도적 합의 장치를 마련하는 것도 중요하지만, 당사자들 간의 공감과 상호 이해를 바탕으로 새로운 관계 형성을 위해 노력하는 과정 역시 중요하다고 할 수 있다. 이런 점에서 정치권에서도 안보·이념·통일 문제에 관한 여야 간 대화의 공간을 제도화하는 것이 좋다. 사실, 국회에서 대북·통일 문제와 관련해 여야 의원들이 함께 참여하는 공부 모임과 세미나가 없었던 것은 아니다. 그러나 근래에는 이러한 모임들이 사라졌는데, 여야 의원들이 서로 의견을 교환하고 이해하며 공감하는 모임들을 활성화한다면 대북·통일 문제의 정쟁화를 방지하고 실질적 협력을 도모할 수 있는 좋은 기회가 될 것이다.

---

2) 국회 「남북관계 발전특별위원회」는 2012년 8월 22일 전체회의를 통해 새누리당 10명, 민주당 8명, 비교섭단체 2명 등 총 20명의 의원으로 인원을 구성했다.

셋째, 현재 겪고 있는 정치권의 대북·통일정책 갈등을 단시일 내에 협력적 방법으로 해결할 수 없다면, 현재의 논쟁을 중재하고 조정하는 제도의 마련을 강구해볼 필요가 있다. 진보·보수 간의 갈등을 근본적으로 해결하기 어렵다는 사실을 받아들인다면 갈등이 극단적으로 폭발하지 않고 적절한 수준 이상으로 격화되지 않도록 관리하는 방법이 가장 현실적인 선택일지 모른다. 이런 점에서 북한에 대한 태도, 통일에 대한 생각, 대북지원 등 남북관계의 중요 사안들에 대해 지나친 싸움이 발생하지 않도록 조정하고 관리할 수 있는 공신력 있는 기구의 구성과 역할을 생각해볼 수 있을 것이다. 집단 간 의견이 첨예하게 대립하고 있는 상황에서는 당사자 간의 타협과 조정이 불가능하기 때문에 종종 제3자의 조정과 중재, 개입이 효과를 발휘하게 된다. 따라서 대북·통일 문제에 대한 전문적인 지식과 기법을 터득하고 있는 제3자 또는 전문가 집단의 도움을 받는 방안을 고려해볼 수 있다. 물론 요즘의 한국 사회에서 제3자 또는 전문가 집단이 완벽하게 중립적 혹은 균형적 태도를 취하면서 여야 정치권을 조정·중재한다는 것은 현실적으로 매우 어려울 것이다. 학자와 전문가들 사이에도 정치적 이념이 첨예하게 대립되는 경우가 많기 때문에 여전히 문제는 존재하겠지만, 객관적 논의와 합리적 토론을 통해 문제의 장단점과 개선책을 한층 더 종합적으로 제시할 수 있는 가능성은 기대할 수 있다.

이런 맥락에서 현재 국내에서 통일·북한 문제에 관한 전문가 집단이 가장 많이 모여 있는 '북한연구학회'나 '한국 정치학회' 등의 학술전문기관에 대북·통일정책에 관한 종합대책을 의뢰해 여야가 합의할 수 있는 공통분모를 찾아가는 방법도 가능할 것이다. 또한 신뢰할 만한 여론조사를 바탕으로 여야 합의를 위한 실질적 기반을 만들어나갈 수도 있을 것이다. 여야 정치권에서 자의적으로 여론조사를 하는 것이 아니라, 공신력을 갖춘 국내의 대표적 여론조사기관을 여야 합의로 선정해 조사를 실시한 후, 여기에서 나타난 국민 여론에 근거해 통합적인 정책을 추진해나가는 것도 좋은 방법이 될 것이다.

넷째, 여야 정치권과 제3의 중재기구가 함께 참여해 대북·통일정책 방향을 논의하는 회의체를 구성할 수도 있을 것이다. 이를 위해서는 가칭 '남남갈등중재위원회'라는 명칭의 갈등관리기구를 만들 필요가 있다. 이러한 범사회적 갈등관리기구는 정치권의 실질적인 협력을 이끌어내기 위해서도 필요한 것이다. '남남갈등중재위원회'는 당면하고 있는 북한 인권법 처리 방식, 대북정책의 원칙, 북핵 문제와 교류·협력 여부 등 여야 간의 합의를 도출하기 힘든 여러 의제도 각각의 범주에 따라 체계적으로 해결해나갈 수 있기 때문이다. 기존에는 갈등을 '관리(management)'하거나 '해소(resolution)'해야 하는 것으로 인식했다. 그러나 최근 사람들은 갈등을 단순히 관리하거나 통제하는 수준에 머물러서는 안 된다는 사실을 인식했다. 물론 그렇다고 해서 갈등의 근원을 완전히 해소한다는 것도 현실성이 없는 일이다. 이에 대한 새로운 대처법으로서 등장한 것이 바로 갈등 전환(Conflict Transformation)이다.[3)]

따라서 '남남갈등중재위원회'는 갈등의 이러한 특성들을 잘 알고 이를 전문적으로 해결할 수 있는 인사들로 구성되어야 할 것이다. 위의 여러 갈등 개념에 따라 매우 심각한 남남갈등 의제와 근본적인 인식의 차이에서 오는 문제들은 '관리'의 차원에서 갈등의 예측 경로나 동력을 파악해 관리하고 통제하는 범주로 조심스럽게 다루어야 할 것이다. 또 서로 조금씩 양보할 수 있는 의제에 대해서는 '해소'의 차원에서 갈등이 어떻게 진화하고 종결되는가를 관찰한 뒤 이를 해소하기 위한 전략과 기술을 개발하고 적용함으로써 해결할 수 있을 것이다. 그러나 이러한 '관리'나 '해소'의 방법만으로는 다룰 수 없는 문제도 많으며, 이러한 문제들은 '관계'의 재정립을 통해서만 해결할 수 있다. 따라서 이러한 갈등의 경우에는, 갈등 자체에 초점을 맞추기보다는 갈등하는 집단 간의 '관계'를 재정립하는 데 초점을 맞추어 갈등을 다루고, 그 과정에서 창의적

---

3) John Paul Lederarch, *The Little Book of Conflict Transformation*(Intercourse: Good Books, 2003).

인 공감 요소들을 발견해 더 건설적인 관계를 구축하도록 노력해야 한다. 이런 점에서 '남남갈등중재위원회'가 남남갈등 해결의 전문기구로 활용된다면 대북·통일 문제를 둘러싼 극렬한 대립관계를 합리적 경쟁관계로 바꿔나갈 수 있으며, 이를 통해 여야 정치권의 실질적 협력을 유도해낼 수 있을 것이다.

정치권의 대북·통일정책 정쟁화를 방지하기 위한 이러한 제도적 제안은 21세기 대한민국의 미래 전략에 대한 통찰력과 지도력이 없이는 성공하기 어려울 것이다. 현재 당면한 남남갈등은 20세기 분단의 슬픈 유산이다. 분단을 그대로 두고서는 미래 전략을 구가할 수 없다. 따라서 21세기 대한민국은 분단을 극복하고 통합된 한반도를 만들어야 한다. 탈냉전의 세계는 이미 민주화·시장화·개방화의 방향으로 가고 있다. 이런 맥락에서 대북·통일정책으로 야기되는 남남갈등을 국가·안보의식의 해이나 친미 사대의식 등으로 보는 구시대적 관점에서 벗어나, 그것이 세계사적 흐름의 변화 속에서 나타나고 있는 현상임을 제대로 인식하는 일이 선행되어야 한다.

통일과 북한 문제에 대한 의견의 차이가 과거보다 큰 갈등을 유발하는 현상에는 여러 원인이 있겠으나, 근본적인 원인은 탈냉전 이후 시대적 조류가 달라졌기 때문일 것이다. 통일을 당위적으로 받아들이던 냉전 시기와는 달리, 탈냉전 시기에는 세계화·정보화의 급진전으로 탈민족주의 이념과 다문화 가치가 확산되었다. 세계화로 가치의 다원화가 진행됨과 동시에 가치에 대한 개인적 차원의 접근으로 인한 개인주의화가 진행되면서, 통일은 수많은 가치 중 하나가 되었다. 이제는 개인이 국가를 건너뛰고 직접 통일 문제에 부딪치는 상황이 된 것이다. 특히 인터넷상에서 특정한 개인이 여론을 주도하는 경우가 점점 늘어나면서 과거와 같이 정부가 주도하는 통일 담론에 개개인이 휘둘리는 일은 점차 줄어들게 되었다. 여야 정치권은 이러한 세계사적 흐름 속에서 대한민국의 미래 전략을 추진해야 한다는 원대한 비전을 가지고 대북·통일정책의 여러 생섬들을 협력적으로 타결해나가야 할 것이다.

## 2. 통일정책의 국민적 합의 기반 강화

### 1) 갈등 존재의 인정: 다원주의 사회에서 대립된 의견의 공존 인정

앞 장에서 살펴보았듯이 한국 사회 내에 통일 문제와 대북정책을 두고 의견의 차이가 존재한다는 사실을 인정하는 것이 중요하다. 서울대학교 통일평화연구원의 2012년 통일의식조사에 따르면 한국 사회는 이념적으로 보수 23.4%, 진보 27.3%, 중도 49.3%의 지형을 형성하고 있다.[4] 북한을 보는 관점이나 대북정책, 탈북자와 북한 인권 문제, 주변국과의 관계 인식 등 여러 이슈에서 이념과 지역, 세대별 생각의 차이가 엄연히 존재한다. 대북·통일정책과 이슈에 대한 생각의 차이는 옳고 그름의 잣대로 평가하기보다는 주변 상황과 관계의 맥락에서 판단해야 하는 중요성과 우선순위의 문제인 경우가 많다.

이러한 현실에 입각해볼 때, 통일정책의 국민적 합의 기반을 강화하기 위해서는 통일 문제와 대북정책에 관해 시각 차이와 의견 차이가 있다는 것을 솔직하게 인정하는 일에서부터 출발해야 한다. 서로 간에 의견의 차이가 있고 또 있을 수밖에 없다는 사실을 받아들이는 것이 중요하다. 의견 차이를 인정한다는 것은 상대방의 의견과 가치관을 억지로 바꾸는 대신 공통의 목표를 위해 서로를 있는 그대로 받아들이는 것을 의미한다. 갈등은 투쟁과 분열을 야기해 사회를 파괴하기도 하지만 때로는 궁극적인 사회의 안정과 통합에 기여하기도 한다는 점에서 긍정적인 측면이 있다고 할 수 있다.

좌우갈등 혹은 보혁갈등으로 표현되는 현재의 남남갈등은 해방 직후 한국 사회 내에서 나타난 파괴적인 형태의 대립·반목과는 양상이 다르다. 해방 전후

---

4) 서울대학교 통일평화연구원, "2012통일의식조사 결과발표"(2012.9.26), 『2011 통일의식조사』(서울: 서울대학교 통일평화연구원, 2011), 181쪽 참조.

기에 이념적으로 대립되던 상황과 비교하면 그다지 치명적이지도 않다. 해방공간에서의 이념 대립은 좌익과 우익이 각자 원하는 이념과 체제를 가진 국가를 건설하기 위해 반목하고 대립하며 서로를 적대시했던 전면전과 같은 것이었다면 현재의 갈등은 북한에 대한 접근 방법의 차이가 충돌하는 국지전이라고 할 수 있다. 문제는 이러한 국지전을 상업 언론이 전면전으로 부풀림으로써 대립 상황으로 몰아가고 있는 측면이 강하다는 점이다.[5)]

대북정책을 둘러싼 한국 사회의 갈등 현상을 무의미하고 소모적인 것으로 여길 수도 있지만, 민주사회의 다양성을 나타내주는 증표로 해석할 수도 있다.[6)] 총선이나 대선에서 후보자들이 제시하는 대북정책이 유권자들의 선호를 결정하는 가장 중요한 기준이 되고 있다는 점은 정당정치의 매우 긍정적인 측면이라 할 수 있다. 과거처럼 지역주의라는 일차적 유대관계에 입각해 자신의 정치적 선호를 결정하는 것에서 벗어나 특정한 정책을 기준으로 유권자들이 자신의 선호를 결정하게 되었다는 사실은 한국의 정당정치가 이전과는 전혀 다른 양상으로 발전해나갈 수 있음을 시사한다. 대북정책을 두고 많은 논란을 벌이고 갈등하는 상황은 특정한 정책을 중심으로 정치 참여가 이루어진다는 점에서 진일보한 정치적 현상이라고 평가해야 할 것이다.

### 2) 협력적 대북정책에 대한 합의

통일정책의 국민적 합의 기반을 강화하기 위해서는 한국의 대북·통일정책에 대한 공감이 필요하다. 즉 한국이 1970년대 이래 지금까지 추진하고 있는

---

5) 김공열, 「남남갈등의 원인, 배경, 그리고 본질: 난국 아닌 합의 가능한 갈등」, ≪통일한국≫, 제21권 10호(2003.10), 11쪽.

6) 최용섭, 「한국의 정당과 사회 제집단의 북한·통일관: 남남갈등을 중심으로」, ≪한국동북아논총≫, 제20권(2001), 65~85쪽.

대북·통일정책은 관계 개선과 교류·협력을 통해 북한을 개혁·개방으로 이끌면서, 궁극적으로 통일의 위업을 실현하는 것을 목표로 하는 협력적 대북정책이라 할 수 있다. 비록 그 명칭은 시대에 따라 달랐지만, 협력적이며 포용성을 지닌 대북정책을 추진하기 위한 노력은 꾸준히 이어졌다. 1972년 7·4 남북공동성명 이후 대한민국은 이러한 대북 협력적 또는 포용적 정책을 지속적으로 추구해왔다. 1970년대에는 대북정책에 대한 특별한 명칭이 없었지만 7·4 남북공동 성명을 발표하며 남북대화를 시작했고 이산가족 상봉사업을 진지하게 추진했다. 1980년 제5공화국에서는 '민족화합 민주통일 방안'을 제안했고, 이것은 노태우 정부에서 '한민족공동체 통일 방안'으로, 또 김영삼 정부에서 '민족공동체 통일 방안'으로 정리되었으며, 김대중·노무현 정부 때는 햇볕정책과 평화·번영 정책으로, 이명박 정부 때는 상생공영정책으로 발전해 오늘에 이르고 있다.

이와 같은 협력적·포용적 대북정책을 전면적으로 시작하게 된 시기는 노태우 대통령이 7·7선언과 북방정책을 시작한 1988년일 것이다. 사회주의·공산주의 국가에 대한민국을 개방하기로 선언하며 '남북교류·협력법' 제정으로 북한과의 교류를 시작한 노태우 정부는 남북기본합의서를 채택하고 남북한이 동시에 유엔에 가입하는 변화를 가져왔다. 이러한 변화의 기조 위에 민족공동체 통일 방안과 평화·번영 정책이 만들어진 것이다. 이명박 정부가 대북정책을 상생공영정책으로 설정하고 평화공동체·경제공동체·민족공동체를 기반으로 한 '3대 공동체 통일 구상'을 제시한 것도 협력적·포용적 대북정책의 맥락에서 이루어졌다고 할 수 있다. 이것은 노태우 정부에서부터 이후의 정권들에 이르기까지 협력적·포용적 대북정책의 필요성에 대한 공감대가 형성되어 있음을 의미한다. 이를 바탕으로 대한민국의 대북·통일정책의 역사성과 일관성에 대해 합의해야 한다. 진보 세력이건 보수 세력이건 남북의 화해와 교류·통합이라는 큰 틀에서 협력적 대북정책을 추진해야 한다는 점에 대해서는 어느 정도 인정할 수 있을 것이다.

이런 점에서 대북정책에 대한 지엽적인 의견은 다르다 하더라도 화해와 평화를 지향하는 협력적·포용적 대북정책은 정권을 막론하고 변함없이 추진되어 왔으며 앞으로도 추진될 것이라는 데 합의해야 한다. 차기 정권을 어느 당이 장악하느냐에 상관없이 협력적·포용적 대북정책은 일관되게 견지해나가야 할 것이다. 역사성과 보편성을 토대로 협력적·포용적 대북정책에 대해 최소한의 공감대를 형성하는 것은 대북·통일정책의 국민적 합의 기반을 강화하는 중요한 첫걸음이다.

### 3) 민주적 여론 수렴 절차에 대한 동의

대북·통일정책의 중요한 부분에 대해서는 국민들의 여론을 수렴하는 과정을 거쳐야 한다. 국민적 합의 기반을 형성하기 위해서는 통일 문제에 대한 당위론적 접근 방식을 지양하고 국민들의 생각과 삶의 현실에 입각한 실용적인 대북정책을 구상해야 한다. 여기에서 실용적인 대북정책이란 당위성에 근거한 미래적 대안을 제시하는 방식에서 눈높이를 낮추어, 한국 사회가 현실적으로 동원할 수 있는 자원들을 활용해 가시적 효과를 가져오는 것을 의미한다. 이런 점에서 남남갈등을 해소하기 위한 국민적 합의 기반은 국민 여론에 기초해야 한다. 철저히 국민들의 의사에 따라 대북정책을 집행하는 방식이 되어야 한다. 이를 위해서는 국민 모두의 의사가 무엇인지 신속하게 알 수 있는 전달체계가 마련되고, 이를 통해 정확한 자료가 제공되어야 한다.

현재 직면하고 있는 남남갈등을 민주적 방식으로 해결하는 능력을 배양하지 않으면 통일 과정에서 현재보다 더 큰 혼란을 맞게 된다. 한국의 진보와 보수가 유념해야 할 것은 통일 과정에서 이념적 지평은 지금보다도 훨씬 커진다는 점이다. 북한 정권이 붕괴한다고 하더라도 그 구성원들은 북한 지역에 공산주의 또는 사회주의 이념을 근간으로 하는 정당을 결성해 재집권을 시도할 것이며, 이는 남북 간의 정치적 갈등과 극도의 사회적 혼란을 야기할 것이다. 동유럽의 경험에 비추어볼 때 구사회주의 정당들 대부분은 민주화 이후 민족주의 정당으로 탈바꿈해 재집권에 성공했다. 한총련의 이념적 성향조차 흡수하기 어려운 한국의 이념적 토양에서, 그리고 한국 내 각 정당들의 민주적 연합과 연대의 기술이 부족한 상태에서 사회주의 정치세력이 확대된다면 사회통합 시 극심한 정치적 혼란이 발생할 것은 자명하다.

이와 같은 통일의 미래를 생각할 때 현재의 갈등을 해결할 수 있는 민주적 여론 수렴의 문화를 만들어야 한다. 앞서 언급했던 문제의 심각성을 인식해 보수와 진보가 한국 사회 내에서부터 다양성을 인정하는 민주주의 훈련과 공동체적 공존 문화를 창출·정착시키도록 노력해야 한다. 한국 사회 내부에서 민주적 절차에 대한 새로운 자각과 노력이 없다면 한국이 기대하는 평화·번영 정책의 실현은 머나먼 이상에 지나지 않을 것이다.

### 4) 안보의식에 대한 신뢰

한국 국민의 안보관이 안고 있는 문제는 안보의식의 해이가 아니라 상호 간의 불신이다. 다시 말해 국민 개개인이 자신은 누구보다 투철한 안보의식을 갖고 있다고 생각하면서, 다른 사람들은 해이하기 그지없는 안보의식을 갖고 있다고 여기는 것이다.

통일정책의 국민적 합의 기반을 강화하기 위해서는, 한국 정부가 북한의 도발을 결코 용납하지 않는 굳건한 안보관에 기초를 두고 있음을 국민에게 강조해야 한다. 북한이 전시대응체제를 통해 전쟁을 일으킬 경우 자국민들의 최소 생계를 유지하며 체제를 유지할 수는 있겠지만, 전쟁은 그렇게 쉽게 할 수 있는 것이 아니다. 중국과 러시아의 군사적 지원 없이 전쟁을 일으키기는 어려운

데다 고도의 정보력을 갖춘 한미연합 방위 태세는 충분한 전쟁 억지력을 발휘하고 있기 때문이다. 어느 정권도 북한의 도발을 용납하거나 전쟁 대비에 무성의하지 않을 것이라는 신뢰에 기초한 안보관을 보수와 진보가 서로 공유하고 더는 이 문제로 상대를 헐뜯지 말아야 한다.

안보관과 관련해 북한이 변하고 있느냐의 문제는 중요하다. 북한이 변하고 있느냐에 대한 대답은 어떤 각도에서 북한을 보느냐에 달라질 수 있다. 무엇이 변하고 무엇이 변하지 않았는가를 냉철하게 따져보아야 한다. 변하지 않았다는 주장은 '북한 지도부'의 태도를 문제 삼는 것이고, 변했다는 주장은 '국민들의 의식'에 초점을 맞추고 있는 것이다. 변하지 않았다고 주장하는 사람들은 북한의 고집스러운 태도가 변하지 않았음을 지적한다. 동유럽의 공산 정권이 끝까지 항전하다 궤멸되었다는 점을 상기한다면 북한의 정권이 스스로 변하기를 기대하기는 어려울 것이다. 정권의 정체성이 변하기를 기대하는 것은 어리석은 일이다. 북한 지도부의 태도는 크게 달라지지 않을 것이기 때문이다. 그러나 국민들의 의식이 달라졌음은 분명히 인식해야 한다.

## 3. 긍정적 통일미래상 구축

대북·통일정책의 사회적 합의를 이끌어내려면 통일에 대한 긍정적이며 낙관적인 비전을 가져야 한다. 분명 그 과정에서 정치사회적 혼란이 수반되겠지만, 통일은 분단 비용을 줄이고 공간적 확장과 경제적 번영을 구가할 수 있는 한반도 미래 전략이다. 한국 사회는 세계화와 함께 다원화, 민주화가 빠르게 진전됨에 따라 다문화주의적 개방성이 확대되고 민족의식과 통일의식이 매우 약화된 상황이다. 이러한 한국의 사회변화상을 고려해 긍정적이고 희망적인 통일 비전과 가치를 설계할 필요가 있으며, 긍정적 비전 제시로 국내외 지지를 확보할 필요가 있다. 궁극적으로 8,000만 민족의 자유와 인권과 복지가 보장되는 통일을 비전으로 설정하고, 이러한 통일을 달성할 구체적 정책 수립과 역량 강화가 필요하다.

통일미래상을 설정하기 위해서는 주요 대내외 환경 변화와 예상되는 미래상을 여러 측면에서 조망해야 할 것이다. 한반도 대내외 상황 변화에 대한 분석과 향후 추이에 대한 예측이 이루어져야 하며, 동북아를 비롯한 국제 환경의 변화를 분석하고 추이 변화를 예측해보아야 한다. 분단 상황의 지속으로 경제 발전의 한계와 심리적 스트레스가 높은 상황에서 내적으로는 고령화로 야기된 인구 구성의 변화와 다문화 사회로의 변화가 예상되며, 외적으로는 동북아 공동체 간의 인적·물적 네트워크가 한층 강화될 것으로 예상된다. 이런 상황에서 국민에게 통일의 비전과 미래를 보여주고 그들의 공감대를 이끌어내기 위해서는 총체적·분야별 통일 비전과 편익을 제시해주어야 할 것이다. 무엇보다 현재의 분단 상황에서 지불하고 있는 지리적·경제적·군사적·심리적·문화적 비용을 줄일 수 있다는 구체적인 확신을 줄 필요가 있다. 통일이 이루어진다면 한국인의 생활권은 좁고 답답한 삶의 공간을 벗어나 러시아, 중국, 유럽으로까지 확장될 것이고, 이는 경제·사회·문화생활에 큰 유익을 가져다줄 것이다. 북한 핵을 비롯한 안보 불안 요소들이 해소되는 것 또한 한국의 경제적 번영에 긍정적인 영향을 미칠 것이라는 점을 강조할 필요가 있다.

남북한의 분단 구조로 인한 지리적인 밀폐성은 사회의 모든 영역에, 특히 경제에 막대한 피해를 주고 있다. 예를 들어 한국의 경제가 꾸준히 성장한다고 하더라도 북한이 휴전선에서 무력시위를 감행한다면 모든 것이 일시에 무너질 수 있기 때문이다. 북한을 좋아하거나 싫어하는 감정적인 문제와는 상관없이 북한과 협력하지 않고서는 장기적으로 한국의 경제를 안정적으로 발전시켜나갈 수 없다. 북한과의 경제협력과 대북지원을 실시하는 것은 경제권을 대륙으로 연결해 앞서 언급한 경제의 취약성을 극복하고 한국 경제를 안정적으로 발전시켜 나가기 위한 생존 전략이다. 대륙 진출을 위한 사회간접자본(Social Overhead Capital: SOC) 건설은 한국의 입장에서 보면 대중국·대유럽 물류비와 수송비의 절감 효과를 가져온다. 이는 북한에도 이익[7]을 가져다주어 남북 모두 윈윈게임(win-win game)을 할 수 있다.

남북이 경제 분야의 협력을 통해 남북으로 연결된 철도·도로를 이용하면 중국과 동남아시아, 중앙아시아, 유럽 대륙으로 통하는 세계가 열리게 된다. 한반도 평화와 번영, 통일의 미래는 남북 간의 이러한 협력을 통해 시작된다는 현실적 인식을 가지고 경제협력을 진지하게 준비하는 자세가 필요하다. 남북의 산업구조를 보완하는 형태의 교류와 협력을 통해 공동 이익을 창출할 수 있다는 점은 매우 고무적이다. 남북한의 경제협력은 신발, 의류 등 한국의 사양산업을 북한에 이전시키고 자동차, 전자산업의 시장을 북한 지역에 확장해 남북한이 공동으로 경제적 이익을 도모하는 것이다. 단기적으로는 손실처럼 보이는 경우에도 결국에는 통일 비용을 절감하는 효과를 가져오기 때문에 장기적으로는 이익이 된다. 따라서 남북한이 경제 분야 중 상호 보완적으로 발전할 수 있는 부분에서 교류와 협력을 추진할 수 있다는 사실은 통일의 낙관적인 비전이라 할 수 있다.

휴전선에 집결해 있는 남북의 200만 군대를 40만으로 축소할 경우, 즉 남북의 인구 비례로 가정해 한국이 27만 명의 병력을 유지할 경우, 국방비 지출의 감소와 보유 병력의 축소만으로도 연간 평균 4~5조원 정도의 재정을 확보할 수 있게 된다.[8] 치열한 군비경쟁으로 과도하게 지출하고 있는 군사비를 줄여

---

7) 김일성도 사망 직전인 1994년 6월 벨기에노동당 중앙위원장과의 담화에서 중국 쪽의 서해안철도를 중국 상품의 수송 경로로 활용하면 연간 4억 달러의 수익을, 동해안철도를 통해 러시아나 중국 동북3성의 물자를 운송해줄 경우 연간 10억 달러의 수익을 올릴 수 있다는 계산을 한 적이 있다. 김일성, 「벨지끄로동당 중앙위원회 위원장과 한 담화」, 『김일성저작집』, 44(평양: 조선로동당출판사, 1996), 471쪽.

8) 조동호, 「통일의 경제적 비용과 편익」, 『분단 비용과 통일 비용』, 통일연구원·한국개발연구원 공동주최 학술회의 발표논문집(1997.6.5), 99쪽.

경제적인 투자로 전환한다면, 남북경제협력 재정을 마련하는 것은 그리 어려운 일이 아닐 수 있다. 사실 국방비 지출의 감소와 병력 규모의 축소로 발생하는 편익은 통일이 가져올 유·무형의 편익의 일부분에 지나지 않지만, 그럼에도 물가, 성장률, 국제수지, 이자율 등 한국과 북한의 경제 전반에 막대한 영향을 미칠 것이다. 통일된 남북한의 인구(노동력)는 세계 12위, 경제는 20위가 되며, 군사비(병력 5위, 군사비 13위)를 경제력에 활용할 경우 세계 8위권의 경제 강국으로 성장할 수 있다.

분단으로 인한 한국 내부, 남북한 간의 대립과 반목을 넘어 수용적 문화 확산으로 선진화를 지향할 수 있다는 통일 비전을 가져도 좋을 것이다. 분단의 지속과 이로 인한 대립으로 남북한 사회 내부에 불신이 자리 잡은 상황에서 사회적 자본(social capital)인 신뢰(trust) 형성을 위한 분단 극복과 통일 비전은 지속적 성장과 발전을 위한 필수 과제이다.[9] 지리적 공간의 확장은 오랜 남북 대립으로 형성된 적대적이며 배타적인 사회관계를 해소하고 서로를 신뢰하는 사회를 만들 수 있는 절호의 기회를 가져다준다. 남북 분단으로 증폭된 남북 간 불신은 한국 사회 내부의 사회적 자본인 신뢰를 고갈시켰다. 불신은 분단이 빚어낸 최대의 비극이며 분단의 극복, 즉 통일은 최소한의 안정과 신뢰를 갖춘 선진사회를 만들기 위한 필수 과정이다.

평화와 통일은 분단된 민족사를 극복하고 민족구성원 모두가 자유와 복지, 존엄성을 누리기 위한 남북한의 중요한 국가 목표로 추구되어왔다. 민족구성원은 통일을 통해 과거에 겪었던 고통과 불편을 해소하고 자율과 창의가 존중되며 정치적·경제적 자유가 보장되는 사회를 만들길 염원해왔다. 또한 풍요로

---

9) 신뢰가 없는 사회는 불신으로 인해 공직자의 부패가 만연할 뿐만 아니라 부정부패를 감시하는 데 많은 비용이 소모되어 효율성이 떨어지게 된다. 프랜시스 후쿠야마(Francis Fukuyama), 『트러스트』, 구승회 옮김(서울: 한국경제신문사, 1997), 449~450, 457쪽. 현대사회의 신뢰에 관한 연구는 Barbara A. Misztal, *Trust in Modern Societies*(Cambridge: Polity Press, 1998) 참조.

운 경제를 기반으로 민족의 총체적 역량을 신장함으로써 그 혜택이 민족구성원 모두에게 골고루 돌아가는 복지국가의 건설을 희망해왔다. 통일된 한국은 구성원들의 삶을 질적으로 높일 뿐 아니라, 다가올 아시아 태평양 시대를 선도하고, 나아가 세계평화와 인류공영에 기여하는 주역 국가로 발돋움하는 기회를 갖게 될 것이다. 이런 측면에서 통일은 한국이 동북아지역뿐 아니라 세계의 발전과 평화를 위한 활동에 적극 참여해 국제사회로부터 인정받는 평화와 번영의 중심 국가로 발전하는 계기가 될 것이다.

## 4. 시민사회 소통 구조 형성: 사회적 관용의 확산과 심의 민주주의 발전

시민사회의 적극적 참여와 활발한 소통 구조의 형성은 대북·통일정책의 사회적 합의를 형성하는 데 필수적 요건이다. 대북·통일정책을 수립하고 집행하는 과정에서 남남갈등을 줄이고 진보와 보수 사이의 의사소통을 원활히 하려면 우선 시민사회의 다양한 행위자들이 의견을 개진하고 논의하는 공간에 적극적으로 참여해야 한다. 전 세계적으로 국가 중심의 통치 능력이 약화되고 통치 과정에 대한 국민들의 참여가 높아짐에 따라 국가 중심의 통치를 대체하는 인식 틀이 다양한 학문 분야에서 모색되고 있다. 글로벌 거버넌스의 추세가 확산되면서 단일 국가 또는 하향식(top-down) 메커니즘으로는 해결하기 어려운 문제들이 지속적으로 발생하고 있고, 이러한 문제들을 해결하기 위한 새로운 대안 제도에 대한 요구가 증대하는 추세이다.

최근 남북관계나 통일과 관련된 정책의 결정·집행에서 정부의 독점 현상이 무너지고 시민사회의 역할과 영향력이 확대되고 있다. 실제 다양한 분야에서 시민사회가 남북교류를 주도하고, 이 과정에서 시민들의 참여가 증가하면서 정책의 투명성·효율성 제고, 더 많은 시민의 참여 등이 시대적 요구로 제기되는 등 통일정책 환경이 변화하고 있다. 달라진 정책 환경 속에서 정부는 시민사회와의 네트워크를 구축하고 이들을 동반자 삼아 통일정책을 수행해나가야 할 것이다. 최근 한국 사회 내의 정치활동에서 국민 참여를 바탕으로 한 후보 선출과 정책 결정이 중요한 역할을 하고 있고, 이러한 분위기 속에서 대북·통일정책을 둘러싼 이견을 좁히고 갈등을 해소하는 과정에서도 시민들의 참여가 적극 이루어지고 있다.

그러나 시민들의 적극적인 참여가 대립과 충돌을 더 격화시키면서 대화와 소통을 가로막는 양상을 보이는 것 또한 현실이다. 한국인들은 남북의 분단과 함께 냉전 시대를 경험했고 그것이 끝난 지 20년이 지난 오늘날까지도 북한과 치열한 이데올로기 싸움을 벌이고 있다. 이로 인해 한국 사회에서는, 특히 이데올로기와 이념의 공간에서는 적군과 아군을 가르는 흑백논리가 관행처럼 자리를 잡게 되었다. 전쟁과 분단의 구도 속에서 상대 체제를 무조건 배척하고 비난하는 관행을 너무 오랫동안 학습한 나머지 한국인들은 자기와 다른 의견을 가진 사람을 적대시하고 조금도 용인하지 않는 가치와 태도를 내면화한 것처럼 보인다. 앞에서도 지적했지만 정치권에서도 여야가 상대방의 의견을 무조건 비난하고 한 치도 수용하지 않는 관행을 조금도 바꾸지 않고 있다. 여당과 야당의 대북·통일정책에는 타당한 부분과 그렇지 않은 부분이 있을 터인데도 여당이나 야당 어느 편도 이를 인정하는 경우는 거의 없다. 한국 사회는 그만큼 상대의 주장을 인정하고 받아들일 수 있는 관용의 규범이 형성되어 있지 않다는 것이다. 특히 이념 갈등에서는 상대와의 논쟁을 적과의 싸움으로 간주하기 때문에 관용의 문화를 발견하기 힘들다. 흑백논리의 프레임이 지배하는 사회에서 상대의 견해를 조금이라도 인정하는 것은 적을 이롭게 하는 배신의 행위로 간주되는 위험한 일이 된다. 시민사회의 소통 구조를 형성하기 위해서는 프랑스의 똘레랑스(tolérance, 관용) 문화를 적용해볼 필요성이 있다. 프랑스

어로 똘레랑스는 정치, 종교, 도덕, 학문, 사상, 양심 등의 영역에서 의견이 다를 때 논쟁은 하되 물리적 폭력에 호소하지는 말아야 한다는 이념을 말한다.[10) ]어떤 주체(개인이나 단체)가 자신이 나쁘게 또는 혐오스럽게 생각하는 것을 표현·실행하는 다른 주체에 대해 박해 등의 영향력을 행사할 수 있음에도 이러한 권력행사를 삼가고 그 공존을 인정하는 것이다. 이러한 태도는 '개인의 자율성을 촉진하고 발전시키기 위해서는 국가가 개인이나 단체의 생각에 대해 중립적이어야 한다'라는 자유주의적 발상에서 비롯된 것이다.

역사상 최초로 관용이라는 개념이 등장한 것은 종교 문제에서였다. 종교개혁 이후 종교적 대립이 정치의 위기를 초래하자, 질서를 확보하기 위해 국가와 교회의 문제를 구별해야 한다는 소극적인 관용론이 확립되었다. 그 결과 똘레랑스는 자기와 다른 종교·종파·신앙을 가진 사람의 입장과 권리를 용인하는 일로 이해되었다. 즉, 특정한 종교나 신앙의 내용·형식을 절대시해 남을 배제하지 않고 상대의 자유를 인정하는 것이다. 관용의 원리는 사상의 자유 일반으로 그 적용이 확대되어 대중사회의 등장 후 강자(다수자)는 약자(소수자)의 사상을 탄압해서는 안 되고 오히려 인류의 진보를 위해서 의견의 다양성을 증가시켜야(다원주의) 한다는 적극적인 관용론이 등장했다. 현대에는 인종, 성(동성애), 예술 등에서의 모든 '차이'로까지 관용의 적용 범위가 확대되었다.

프랑스 사회에 자리 잡고 있는 똘레랑스 문화의 핵심은 다른 사람의 정치적·종교적 의견의 자유로운 표현에 대한 존중이다. 똘레랑스의 역사적 발전 과정을 종교적 측면과 정치적 측면으로 구분해보면 한국 사회는 적어도 종교적 영역에서는 똘레랑스 문화가 어느 정도 형성되어 있는 것 같다. 한국과 아시아 지역에서는 대체로 이종교가 공존하는 일이 많아 관용이 통례로 되어 있다는 점이 이를 증명한다. 이에 비해 정치적 신념과 이데올로기의 영역에서는 똘레

---

10) 홍세화, 『나는 파리의 택시운전사』(서울: 창작과비평사, 1995).

랑스가 거의 발달하지 못한 모습을 보여준다. 물론 종교 영역에서도 종교 공존의 문제와 종교 간 갈등이 발생할 경우 상황은 달라질 것이다. 갈등을 '양립할 수 없는 목적과 불충분한 자원, 자신의 목적 달성에 대한 다른 사람들의 방해를 인지하는 두 명 이상의 상호의존적인 당사자들 사이에서 표출되는 다툼'[11]으로 볼 때, 한국 사회에서 종교 간 갈등이 발생한다면 정치적 신념과 이데올로기의 영역 못지않게 똘레랑스가 약화될 수 있다. 이런 점에서 한국 사회도 자기중심성에 매몰된 배타성에서 벗어나 상대방의 입장에서 생각해보는 똘레랑스 문화와 규범을 조성하기 위해 다각적인 노력을 기울여야 할 것이다. 그래야만 대화와 소통이 가능하며 근본적인 문제 해결이 가능하기 때문이다.

시민사회의 소통 구조를 형성하는 또 하나의 방법은 숙의 민주주의(deliberative democracy)를 갈등 해결에 활용하는 것이다. 숙의 민주주의는 대의제 민주주의의 문제를 극복하기 위한 대안으로 제기된 것으로, 다양한 사회집단 사이의 상충되는 의견을 조율할 수 있는 유력한 수단으로 민주적 토론을 활용하는 것이다. 숙의 민주주의는 '평등한 사람들의 자유로운 공적 심의'를 통해 집단적으로 정당화되는 민주적 과정을 의미하며 시민이 심의에 직접 참여하는 참여 민주주의를 말한다. 숙의 민주주의라는 용어는 원래 조지프 M. 베셋(Joseph M. Bessette)이 1980년 「숙의 민주주의: 공화당 정부의 주요원칙(Deliberative Democracy: The Majority Principle in Republican Government)」이라는 글에서 처음 사용한 개념으로 그 후 많은 학자들에 의해 연구되었다.[12] 이것은 공적 문제에 대한 의사결정이 선호의 집합과 선택이 아니라 토의, 토론, 심의의 과

---

11) W. W. Wilmot and J. L. Hocker, *Interpersonal Conflict*(6th edition)(New York: McGraw-Hill, 2001), p.41, 정주진, 『갈등 해결과 한국 사회: 대화와 협력을 통한 갈등 해결은 가능한가?』(서울: 아르케, 2010), 85쪽에서 재인용.

12) Wikipedia article, "Deliberative democracy(modified lastly on 2012, July 11)." July 20, 2012, <http://en.wikipedia.org/wiki/Deliberative_democracy>

정에 따라 이루어지기 때문에 다양한 정책 결정 과정에 광범위하게 적용할 수 있다는 장점을 가지고 있다. 숙의 민주주의는 평등한 사람들의 자유로운 공적 논의로 이루어지기 때문에, 몇 가지 조건이 충족되어야 한다. 첫째, 심의 능력이 있는 모든 사람들이 심의 과정에서 동등한 지위를 보장받아야 하고, 둘째, 설령 심의 참가자가 특정한 이념이나 사상을 가지고 있다 하더라도 토론장에서는 전적으로 열린 마음으로 참여해야 하며, 셋째, 심의 참가자가 자신의 주장을 합리적으로 제시하고 설득할 수 있어야 한다.

그러나 숙의 민주주의는 때로 포퓰리즘(populism) 같은 패권적 집단주의로 흐를 수 있는 위험성도 안고 있다. 만약 공적 심의를 공공선(common good)이란 미명하에 억지로 단일화할 경우 패권적 집단의 주장에 대한 동의로 귀결될 수 있다는 점에서 한계를 지니는 것이 사실이다. 숙의 민주주의의 목적은 기존 사회를 비판하고 더 정의로운 사회를 향한 규범적 관점을 제시하는 것으로 이 과정에서 다양한 집단의 구체적이고 특수한 관점이 소개되고 상호 차이와 갈등이 피력되는 것이 필수적이다.

이러한 한계가 있지만 그럼에도 숙의 민주주의는 치열하게 대립하는 시민사회의 소통을 증대하고 합의를 이끌어내는 중요한 역할을 한다. 숙의 민주주의를 실현하는 구체적인 방법으로는 공론조사(deliberative polling) 기법이 있는데, 미국과 일본에서는 갈등하는 집단들 간의 이견을 조정하고 의견을 수렴하는 데 이를 유용하게 활용하고 있다. NHK와 게이오 대학교가 2011년 6월에 일본의 연금제도에 대해 조사한 것이 좋은 예이다. 공론조사는 설문 조사와 토론을 결합한 '숙의형 여론조사'로 미국 스탠포드 대학교가 정치커뮤니케이션 방법론의 하나로 개발한 기법이다. 표본 집단을 선정해 1차 조사를 하고, 이들의 합숙토론 뒤 2차 조사를 해서 조사 전과 후를 비교 분석하는 방법이다. 기존 여론조사의 정확도와 신뢰성이 떨어지는 것을 극복하는 대안으로 주목받고 있다. 미국과 유럽, 일본, 중국까지도 쟁점 현안의 해법을 모색하는 해결책으로 공론조사를 자주 활용한다.

한국에서도 2011년 8월 미국 스탠포드 대학교의 숙의 민주주의 센터와 서울대학교 통일평화연구원, 언론정보연구소, KBS 방송문화연구소가 공동으로 주관해 남남갈등 합의에 관한 최초의 공론조사를 실시한 바가 있다.[13] 우선 보수와 진보가 첨예하게 대립하고 있는 북핵 문제와 교류·협력, 개성공단과 금강산 관광, 통일정책 등의 주제에 관한 토론을 1박 2일간 진행한 뒤 참가자들의 입장을 조사했는데, 갈등의 간극이 줄어들고 보수·진보 집단 간의 의견 수렴이 이루어지는 것을 확인할 수 있었다. 이때 의견 수렴은 전반적으로는 북핵 문제와 교류·협력, 인도적 지원, 개성공단, 금강산 관광 등의 여러 이슈들에서 보수 성향을 가진 사람들이 진보 쪽 의견을 일부 수용하는 형태로 이루어졌다. 공론조사를 통해 대북정책처럼 찬반이 팽팽하게 대립하는 이슈에서 합의점을 찾을 수 있었다는 것은, 시민사회의 소통 구조를 원활히 하고 사회구성원들의 의견을 수렴하는 데 숙의 민주주의가 큰 도움이 될 수 있다는 것을 의미한다. 이러한 숙의 민주주의 실험은 대북·통일정책은 물론 대형 국책사업 등 찬반 논란이 많은 쟁점 현안을 해결하는 데도 활용될 수 있으며 남남갈등 해소에 기여하는 하나의 유력한 방법이 될 수 있다. 이런 점에서 갈등하는 집단 간 의견의 합의를 도출하고 시민사회의 소통 구조를 형성하기 위해 숙의 민주주의를 적극 활용할 것을 제안한다.

13) 공론조사는 합숙 토론에 참가한 198명의 집단을 대상으로 토론회에 참가하기 전과 후에 두 차례 조사를 하고, 같은 기간 토론에 참가하지 않은 국민패널 2,000여 명을 대상으로 두 차례 조사를 해서 이를 서로 비교하는 방식으로 진행했다.

## 5. 실질적 통일 준비에 대한 사회적 합의 도출 방안

### 1) 변화된 통일 환경을 반영한 정책 기획

통일 문제와 대북정책에 대한 국민들의 인식이 달라지고 있는 상황에서 국민적 합의를 기반으로 삼아 대북·통일정책을 추진하는 일은 매우 어려운 과제가 되었다. 대북·통일정책의 국민적 합의 기반을 강화하려면 한편으로는 통일 문제에 대한 인식의 전환이 이루어져야 하고, 다른 한편으로는 대북정책에 대한 국민의 생각을 정확히 파악해 합리적이고 합의 가능한 정책을 추진해야 한다. '통일이 필요하다'라고 생각하는 국민의 비율은 2005년 83.9%에서 2007년 이후 53.3%(2007년) → 45.6%(2008년) → 55.8%(2009년) → 59.1%(2010년) → 53.7%(2011년) → 57.0%(2012년)로 낮아졌고 '조기 통일'을 원하는 사람은 9%로, 통일의 여건이 성숙했을 때 통일을 해야 한다는 생각이 지배적이다.[14] 통일 비용에 대한 국민적 우려도 높은 상황이어서 통일에 대한 국민적 합의를 도출하려면 통일 비용을 줄임으로써 국민의 부담을 최소화하는 통일을 구상해야 한다.

가장 먼저 필요한 것은 통일 문제에 대한 세계사적 인식이다. 한국의 역사는 언제나 시대적 과제의 연속이었다고 할 수 있다. 일제강점기는 독립, 해방 후 1950년대는 국가 건설, 1960~1970년대는 산업화와 경제 발전, 1980~1990년대는 민주화가 국가의 최대 과제였다. 현 시점에서 한국이 안고 있는 시대적 과제는 지속적 성장 동력의 확보, 실업 문제의 해결, 고령화 사회에 대한 대비, 기후변화와 에너지 위기 대처, 다문화 상황에 대한 준비, 동북아 지역화에 대한 적응 등 무수히 많으나, 통일과 평화의 실현이 없이는 한반도의 미래가 불

---

14) 서울대학교 통일평화연구원, 『통일의식조사』 2007~2011 각 연도 및 "2012년 조사 결과" 참조

확실하다. 이런 점에서 남북의 통일과 한반도의 평화는 대한민국이 21세기에 추구해야 할 미래 가치이자 미래 전략이다. 통일 문제가 21세기 대한민국 미래의 가장 큰 국가적·시대적 어젠다라는 사실에 국민적 합의 기반을 모아볼 수 있을 것이다.

통일을 위해 두 번째로 필요한 것은 냉전 종식 후 지난 20년 간 변화한 통일 환경을 통일정책에 반영해야 한다는 점에 대해 국민들이 공감대를 형성하는 것이다. 지난 20년뿐 아니라 향후 30~40년간의 환경 변화를 고려해 그에 맞는 통일을 준비해야 할 필요가 커지고 있다. 경제 분야에서는 시장통합화와 역내 FTA 가능성이 예견되고 있고 정치 분야에서는 비핵화를 둘러싼 한반도 문제의 국제 문제화와 지역화·네트워크화 등이 심화될 것으로 보인다. 특히 정치적·경제적 위상이 신장된 중국이 한반도 문제에 적극 개입하고 있는 상황에서 점차 밀접해지는 북·중관계에 대응하는 통일 구상이 필요하다.[15)] 또 교류와 협력의 증대가 반드시 통일에 한 발자국 더 가까이 가는 것을 의미하지는 않는다는 사실을 보여준 지난 20년의 경험을 바탕으로, 통일 문제의 해결에서도 정치적 협상이 필요하다는 점을 염두에 두어야 할 것이다. 끝으로 통일을 준비할 때는 남한과 북한의 강화된 국가성 역시 고려해야 한다. 남북기본합의서(1991.12), 유엔 동시가입(1992.9) 및 정부 수립 60주년 등을 계기로 한국과 북한은 명실상부한 개별 국가가 되었다. 남북한이 하나의 정치공동체를 실현하기 위해서는 강화된 국가성을 해소할 수 있는 종합적인 검토가 필요하다.

셋째로 통일을 준비하기 위해서는 복합적 기획력을 바탕으로 한 통일 거버넌스가 필요하다. 정보화·세계화의 진전에 따라 FTA 등 경제 분야에서는 이미

---

15) 국제위기그룹(International Crisis Group)의 2009년 11월 2일 보고서는 중국 내에서 북한의 비핵화를 우선시하는 '전략파'와 전통우호관계를 중시하는 '동맹파' 중 동맹파의 입장이 세력을 얻은 것으로 보고했다. 이는 2009년 7월 이후 중국이 한반도 문제에 대한 입장을 정리하고 북한 안정화를 통한 비핵화를 명분으로 대북 진출을 확대하고 있음을 의미한다.

국가적인 규제나 틀을 넘어서서 활발한 움직임을 보이고 있으며, 기후나 범죄, 에너지 등의 문제로 인해 개별 국가 차원을 넘어서는 초국가적·다차원적 접근이 필요하다는 공감대도 널리 확산되고 있다. 따라서 민간 연구기관, 대학, 시민단체, 비정부기구(NGO), 종교단체, 국제기구 등의 역할을 아우르면서 통일 현안을 다루어가는 거버넌스의 재구성이 요구되고 있다. 현재 북한과 통일 문제에 관한 부분적·세부적 연구는 많이 진행되었으나 이것들을 전체적 맥락에서 조율하고 운영하는 종합 전략과 이를 집행할 수 있는 실행계획은 부족한 상황이다. 대북·통일정책을 추진하기 위해서는 여러 행위자들 간 거버넌스를 고려하는 복합적 기획력이 필요하다는 점은 부인할 수 없는 현실이다.

넷째로 남북한의 국력 격차가 증대된 상황에서 한국의 주도적 역할은 매우 중요하며 필수적이다. 통일 과정에서 발생할 위기 상황에 대해 사전에 예측하고 이를 방지할 수 있는 방안을 마련함으로써 통일에 따르는 불확실성을 최소화할 필요가 있다. 통일 과정의 불확실성을 극복하기 위해서는 한국이 주변 상황에 끌려 다니지 않고 주도적으로 통일정책을 수립하고 추진할 수 있도록 하는 구상이 필요하다. 남북관계가 발전하고 남북한이 함께 통일을 추구하려면 남북한 간에 최소한의 제도적 동질성이 확보되어야 하며, 세계적 추세를 고려해 북한의 민주화, 시장화, 개방화를 추구해야 한다. 남북관계의 진전이 안 되는 현실적인 이유는 북한이 '체제 위기'에 직면해 남북교류를 두려워하기 때문이며, 이로 인해 북한의 사회주의 체제가 근본적으로 바뀌지 않고 있기 때문이라 할 수 있다. 통일 과정에서 발생할 북한발 위기를 관리하기 위해서는 지금부터 북한의 변화를 안정적으로 추진할 수 있는 협력 유도 방안을 강구해야 하며, 따라서 이를 모색하는 새로운 통일 구상이 필요하다. 지난 20년 동안 남북 간의 비대칭성이 심화된 상황에서 남북연합의 과정이나 절차, 필요한 비용과 책임 등을 고려하는 과정에서 경제적 비대칭성과 사회문화적 불균등성을 어떻게 반영할 것인가를 고민해야 하며, 이런 점에서 한국은 통일 한반도를 염두에 두고 남북관계를 주도적으로 이끌어갈 필요가 있다.

### 2) 국민 여론에 기반을 둔 통합적 대북정책 추진

한편, 대북정책에 대해서도 국민들의 통일의식과 여론에 기초해 국민적 합의 기반을 강화할 필요가 있다. 최근 5년 동안 북한의 무력도발 가능성에 대한 우려가 높아지면서 북한에 대한 국민들의 부정적·비판적 의식은 늘어났고 통일에 대한 열망은 감소했다. 이러한 안보 불안 때문에 통일을 해야 하는 이유에 대해서도 '전쟁 방지를 위해'라는 의견이 높아지고 있다. 최근 몇 년간 조사한 국민들의 통일의식과 대북정책 여론을 바탕으로 통일정책에 대한 국민적 합의 기반을 구축해야 할 것이다. 이를 위해 가장 시급히 해결해야 할 부분이 안보 불안감을 해소할 수 있는 협력적 정책의 수립이다. 국민들의 안보 불안은 2008년 52.2%에서 2009년에는 63.6%로, 2010년에는 67.3%, 2011년에는 78.3%로 매우 높아졌다. 따라서 국민들의 안보 불안을 시급히 해소할 필요가 있다. 그런데 북한에 대한 국민들의 비판 의식이 높아졌음에도 다수(63.4%)의 국민들은 여전히 북한을 협력 대상(47%) 혹은 지원 대상(16.7%)으로 인식하고 있다. 이는 앞으로도 협력적 남북관계를 유지해나갈 필요가 있다는 것을 의미한다. 남북회담과 경제협력, 사회문화교류 등이 통일에 도움이 된다고 보는 사람들은 여전히 많다. 이런 점에서 남북대화와 교류·협력을 활성화할 수 있는 정교한 방안을 강구함으로써 협력적 남북관계를 유지해나가야 한다. 중요한 것은 이러한 정책을 어떻게 정교하게 집행하느냐 하는 것이다. 북한과 대립하는 방식으로 문제를 풀어감으로써 안보 불안이 커지는 것을 국민들은 원치 않는다. 북한에 대해 요구할 것은 요구하되, 어떻게든 남북관계를 협력의 관계로 만들어나가는 것이 국민들의 바람이다. 이런 점에서 협력관계를 발전시키기 위한 북한 당국과의 대화 재개 노력을 소홀히 해서는 안 될 것이다. 따라서 개성공단과 금강산 관광 같은 협력 사업을 확대함으로써 한반도의 군사적 긴장 완화와 국민들의 안보 불안을 해소해나가야 할 것이다.

둘째로 현실주의에 입각한 대북정책을 추진해야 한다. 국민들은 통일에 따르는 부담을 크게 느끼고 있기 때문에 통일을 서두르기보다 여건이 성숙되기를 기다리면서 준비하는 점진적 통일을 선호한다. 어떤 대가를 치르더라도 통일을 빨리해야 한다는 의견은 전체 국민 여론의 10%에도 미치지 못한다. 물론 현상 유지를 원하는 사람들도 점차 늘고 있지만, 우선은 통일을 점진적으로 이루도록 체계적으로 준비해나가야 한다. 또 북한 인권 개선에 대한 국민의 관심도 매우 높다. 통일을 준비하기 위해 가장 시급히 해결해야 하는 과제로 국민들이 북한 인권 상황의 개선을 꼽고 있는 만큼 북한 인권 개선을 대북정책의 중요한 의제로 설정해야 할 것이다. 북한 당국과의 대화를 통해 북한 인권 개선을 도모한다는 것이 쉽지 않겠지만, 인권 문제는 국민적 요청이니만큼 북한 주민의 인권 개선을 위한 구체적인 정책을 준비해야 한다. 이와 함께 인도주의적 대북지원에 대해서도 지원은 하되 모니터링 확대 등을 통해 분배의 투명성을 현저히 강화해야 할 필요성이 있다. 인도주의적 지원을 남북관계 개선과 북한 인권 개선을 위해 효과적으로 사용할 수 있다면 이에 대한 국민적 공감대는 더 커질 것이다.

셋째로 건설적인 정부의 역할에 대한 기대감이다. 지난 5년 사이에 북한 체제와 지도부를 보는 시선이 비판적·부정적으로 변했으며 북한의 책임을 강조하는 논의도 증대했다. 그러나 대북 비판 의식이 커졌다고 해 이것을 북한과의 전면적인 대결정책을 지지하는 것으로 간주하는 것은 곤란하다. 국민들의 통일의식을 자세히 살펴보면 대립적 대북정책을 지지하지는 않는다. 국민 다수는 남북관계가 바람직하게 진전되는 것을 옹호하며 대북지원 또한 평화로운 형태로 이루어지기를 기대한다. 특히 국민의 여론은 정부가 정교하고 체계적인 대북정책을 입안하고 수행함으로써 남북관계를 더 바람직한 방향으로 개선하고, 이를 통해 궁극적으로 한반도 안정과 북한 문제 개선, 통일 가능성 증대 등의 결과를 불러오기를 기대하고 있다. 정부의 건설적인 역할에 대한 기대가 높은 것이다. 또 북한책임론을 강조한다고 해서 모든 책임을 북한에 넘기고 기다리는 정책을 지지하는 것으로 오해해서도 곤란하다. 오히려 정부의 정교하면서도 적극적인 역할을 요구하는 것으로 해석할 필요가 있다.

넷째로 들 것은 국제 협력에 대한 국민의 높은 기대감이다. 북한·통일 문제의 해결과 국제 협력이 매우 밀접하게 연관되어 있다는 인식이 점점 커지고 있다. 미국을 한국과 가장 가까운 나라로 꼽았고 장차 통일을 위해 협력해야 할 제일의 이웃으로 간주하고 있으며, 주변국의 협조가 필요하다는 인식은 90%에 가까울 정도로 절대적이다. 그러나 이러한 인식만 보고 한반도 문제를 국제관계에 종속시키려 해서는 안 된다. 미국을 포함한 주변국들이 한반도의 통일을 지지하지 않으리라 생각하는 국민의 수도 결코 적지 않기 때문이다 . 결국 냉정한 국제관계의 현실을 적극적으로 활용해 한반도의 상황에 긍정적인 결과를 가져오도록 하는 것이 중요하다. 따라서 미국과 대북정책을 협의해나가는 것이 중요할 것으로 보이며, 이런 점에서 다자채널이나 국제기구를 통한 인도주의적 대북지원과 같은 정책을 적극 시도해 안보 불안을 해소하고 국민적 공감대를 형성하는 것이 바람직해 보인다.

이러한 국민적 합의는 단편적으로 해석할 것이 아니라 21세기 한반도의 미래를 준비하기 위한 근본적인 성찰과 종합적인 지혜, 정책적인 노력을 요구하는 집합적 메시지로 받아들여야 할 것이다. 이제 통일은 그 자체만으로 목적가치가 되기 어려워졌다. 따라서 현 시점에서 통일을 이루기 위해서는 민주주의라는 정치적 가치와 생산과 시장이라는 경제적 가치, 공동체의 복지 책임과 개인의 권리라는 사회적 가치가 한데 맞물려 나아갈 수 있는 접근법이 필요하다. 남북관계의 자산과 긍정적인 효과를 지속적으로 확대해나가면서 그것이 큰 전략적 목표와 결합할 수 있는 방안을 마련해나갈 필요가 있다. 나아가 점차 긴밀해지는 국제관계와 개방화된 현실 속에서 남북관계를 어떻게 접맥시킬 것인가에 대해서도 정교한 구상과 전략이 마련되어야 한다. 이러한 시도가 정략적인 해석이나 이념적인 자기정당화로 오용되지 않고 앞으로의 중대한 정책 구상과 지혜를 모색하는 소중한 계기로 활용되어야 할 것이다.

### 3) 세대·지역·계층을 고려한 공감대 형성

대북·통일정책에 관한 의견들이 세대별·지역별·계층별로 다르게 형성되어 있다는 점을 감안해 세대·지역·계층을 고려한 공감대 형성 방안을 적극 추진해야 한다. 이를 위해 통일 과정에서 갈등이 야기될 수 있는 한국 사회 내의 다양한 사회구조적 배경을 분석하고, 그 결과를 토대로 세대, 성별, 지역 등의 차이를 아우를 수 있는 통일 비전을 제시할 필요가 있다. 이를 위해 방송 프로그램을 포함한 다양한 매체를 발굴하고, 각 매체의 특성을 활용해 통일 비전을 국민에게 제시한다면 공감대를 형성하는 데 큰 도움이 될 것이다.

대북·통일정책에 대한 세대·지역·계층을 아우르는 공감대를 형성하기 위해서는 독일의 시민정치교육과 같은 통일교육 또는 시민교육이 필요하다. 서독은 분단 직후 연방 및 주 정치교육본부를 설립하고 학교·사회단체에 시민정치교육을 위한 다양한 지원을 함으로써 시민정치교육의 기틀을 확립했다. 한국 정부에서도 통일교육원이 학교교육과 시민교육에 필요한 교재를 제작해 제공하고 있고 정부 부처를 비롯해 교사, 종교인, 민간단체 등이 다양한 시민교육을 실시하고 있다. 그러나 서독의 경우 정치적 편향성을 최대한 줄이기 위해 정부는 직접적인 교육이 아닌 교재와 자료 제공만을 담당했고, 실제 교육은 각종 정치·종교·사회단체가 시민정치교육 프로그램을 만들어 진행했다. 반면 한국은 서독과 달리 통일교육원이 직접 통일교육을 담당하고 있고 대통령 직속 기관인 민주평화통일자문회의가 전국조직 및 해외조직망을 통해 통일교육에 직접 관여하고 있는 상황이다. 물론 한국 사회에서도 각급의 학교와 대학에서 통일 문제와 북한, 남북관계 과목으로 통일교육을 실시하고 우리 민족서로돕기운동과 흥사단, 좋은벗들의 평화재단, 한반도평화연구원, 남북물류포럼 등 여러 NGO에서 통일교육을 시행하고 있다.

대북·통일정책의 공감대 형성을 위해 새로운 세대를 위한 통일교육이 매우 중요하다. 예를 들어 서독에서는 새로운 세대의 통일교육을 위해 '학교교육에서 독일 문제에 대한 지침'을 작성하고 배포했다. 이것은 배포 초기 물의를 빚기도 했으나 시간이 지나면서 각 주의 학교교육에서 주요 규정으로 인정되었고, 이것 덕분에 독일의 교육은 정치적 갈등으로부터 상당 부분 벗어날 수 있었다. 이에 비해 한국은 각급 학교에서 사용하는 역사교과서가 정치적 편향성이 있다고 하여 교과서 수정이 단행되기도 했다. 이러한 갈등은 정권이 바뀔 때마다 되풀이될 우려가 있다. 이런 점에서 한국에서도 전문가들과 여야 정치권이 참여해 '학교교육에서 통일 문제에 대한 지침'과 같은 형식의 진보·보수를 아우르는 합의안이 마련될 수 있으면 좋을 것이다. 통일 문제에 관해 학자와 전문가들이 인정하고 여야 정치권에서도 지지하는 공통의 의견들을 모아 지침의 형태로 만들어 학교통일교육 방침으로 사용하면 대북·통일정책에서 세대 간의 갈등을 줄일 수 있을 것이다.

또한 통일 비전을 공유하고 공감대를 형성하기 위해서는 법제도를 비롯해 지금까지 활용해온 다양한 체계들을 분석하고 평가해 향후 나아가야 할 방향과 구체적 실천 과제를 제시할 필요가 있다. 우선 통일 비전의 확산을 저해하는 갈등 상황은 정책네트워크, 민간네트워크 등을 활용해 적극 관리해야 한다. 또 공공 부문(중앙정부, 정부유관기관, 지자체 등)과 민간 부문(학계, 언론, 종교, 시민단체 등)을 대상으로 통일 비전을 확산시킬 수 있는 방안을 제시하고, 그간 활용되어온 전통적 방법과 매체 현황을 파악하는 동시에 그 문제와 활용 방안을 고려하며, 이를 다시 단기적 방안과 중장기적 방안으로 구분해 단계별 중점 사항과 구체적 실천 방안을 강구해야 할 것이다. 이와 함께 공감대 형성을 위한 새로운 방법 및 매체를 적극 모색해야 한다. 특히, 컴퓨터를 매개로 한 의사소통(Computer-Mediated-Communication: CMC)을 활용한 통일 비전 이-리더십(e-leadership) 확립 방안도 활용해볼 필요가 있다.

### 4) 실용적·통합적 어젠다의 개발과 추진

진보와 보수, 현실주의와 이상주의가 대립하는 상황에서도 남남갈등의 모든 주체들이 그 중요성을 인식하고 있는 대북정책의 이슈들이 있다. 바로 경제협력과 이산가족 상봉, 인권 문제이다. 경제협력은 최근 한국의 경제 상황이 어려워지고 노사갈등이 심각해지면서 더욱 주목을 받고 있다. 특히 한국의 중소기업인들은 어려워진 한국 경제를 살리기 위한 유일한 대안이 '북한'이라고 입을 모은다. 중국과 동남아 등지에 진출했으나 큰 성공을 거두지 못했던 국내 기업들은 노동력과 비용 면에서 유리한 북한으로 진출하기를 원한다. 개성공단에 많은 중소기업인들이 참여하며 기대를 걸고 있는 것도 바로 이러한 이유 때문이다.

남북 간 경제협력은 산업 간 보완 발전이라는 각도에서 한층 더 타당한 근거를 제시해야 한다. 이는 북한에 대한 한국의 무조건적인 지원이 아니라 산업구조상의 보완적 교류를 통한 공동 이익의 창출을 목표로 한다는 사실을 강조할 필요가 있다. 남북한의 경제협력은 신발, 의류 등 한국의 사양산업을 북한에 이전시키고 자동차, 전자산업의 시장을 북한 지역에 확장해 남북한이 공동으로 경제적 이익을 도모하는 것이다. 단기적 손실처럼 보이는 경우에도 궁극적으로 통일 비용을 절감하는 효과가 있기 때문에 장기적으로 이익이 된다. 따라서 남북한이 경제 분야에서 상호 보완적으로 발전할 수 있는 형태로 교류와 협력을 추진해야 한다.

한편, 이산가족 상봉사업과 탈북자 인권 문제는 실질적 통일 준비를 위해 진보·보수가 모두 합의할 수 있는 대북정책 어젠다라 할 수 있다. 이산가족과 탈북자 인권 문제는 '이북5도민회'와 보수층이 가장 중시하는 대북사안이다. 이것은 또한 진보진영에서도 주체적으로 관심을 드러내는 주제이다. 이산가족은 북한 내에서 차별받는 집단이다. 재정 지원을 통해 이들의 사회적 지위를 향상시킬 수 있다면, 북한 사회의 변화를 유도할 수도 있기 때문에 이 문제는 북한의 변화 유도라는 입장에서도 매우 중요한 사안이다.[16] 한국 정부는 월남자, 월북자, 탈북자, 납북자, 국군포로 등을 포함해 남북으로 흩어진 모든 이산가족의 생사를 확인하는 작업에 적극적으로 재정적인 지원을 해야 한다. 이산가족들의 만남과 상호 방문을 위해 대대적으로 재정적인 지원을 함으로써 이산가족 문제를 폭넓게 해결할 수 있는 정책을 추진해야 한다.

그런가 하면 대륙 진출을 위한 대중국, 대러시아 외교도 필요하다. 동북아시아의 교류와 협력이 증대하고 있는 21세기에 한국의 국가 경제를 활성화하려면 지리적 폐쇄성을 극복하고 공간의 개방을 실현해야 한다. 이를 위해 구체적으로 서울에서 신의주까지 이어지는 서해안 고속도로를 건설하고, 원산과 청진을 통해 연해주로 나가는 동해안 고속도로를 착공해야 한다. 이 사업을 현실화하려면 북한, 중국, 러시아와 통행협정을 체결해야 한다. 대륙 진출을 위한 북한과의 협상과 대북 경제협력을 바탕으로 중국과 러시아 연해주로 진출하기 위한 외교협상을 추진해야 한다. 이르쿠츠크 가스 사업의 경우에는 북한과의 협력이 불투명해 북한을 우회해 서해 해저터널을 통과하기로 합의했다. 이러한 사업 방식은 한국의 대륙 진출을 위한 좋은 사례이기는 하지만, 북한 지역을 통과하지 못한 아쉬움이 있다. 가급적이면 북한 지역을 통과할 수 있는 사

16) Byoung-Lo Kim, "Changing International Environment and Reunion of Separated Families in Korea," *Korea and World Affairs*, Vol. 21, No. 2(Summer, 1997), pp.183~198.

업을 추진함으로써 북한과 중국, 러시아 등 주변국들이 함께 참여할 수 있는 관계망을 형성해나가야 한다. 대륙 진출의 사회간접자본이 구축되고 외교 관계망이 형성되면 일본의 해저터널 사업도 촉진되어 한반도가 동북아 경제 중심 국가로 성장하는 기반을 갖출 수 있게 된다.

독일 통일이 가능했던 것도 베를린이라는 서독의 땅이 동독의 한가운데에 위치했기 때문이었음을 주시해야 한다.[17] 동서독의 이러한 상황을 남북한에 대입해본다면 평양의 한복판에 한국 땅이 있는 격이다. 이것은 통일 과정에서 지리적·공간적 접근성이 얼마나 중요한 것인가를 새삼스럽게 돌아보게 된다. 북한 땅에 지리적 개방 공간이 만들어진다는 것은 대단히 중요하다. 북한이 변하든 변하지 않든 분명한 것은 나진·선봉과 금강산, 신의주, 개성 등의 지역이 개방되었으며, 개방 공간에 노출된 사람들은 변화의 자극을 받고 있다는 사실이다. 북한의 정권은 스스로 변하지 않을 것이고 변할 이유도 없겠지만, 국민들의 의식과 가치관은 공간의 개방과 더불어 확실히 변해가고 있다. 통일은 지리적 공간의 개방을 통해 가까워진다는 사실을 깊이 새겨둘 필요가 있다.

---

17) 김병로, 「남북한 사회·문화 교류 협력의 실태분석 및 정책 방향」, 『사회과학』, 제32권 1호(1993), 123~148쪽.

제8장

# 성찰적 통일 인식과 통일국민협약의 모색

조한범

## 1. 성찰적 통일 인식의 확산

통일은 남북관계뿐 아니라 국제 환경, 북한 체제의 긍정적 변화를 포함하는 복합적 과정을 수반한다. 특히 대북·통일정책의 효율적 추진은 한국의 정치적·경제적·사회적 발전과 변화, 그리고 여론에 의해 민감한 영향을 받는다는 점에서 통일 문제의 국내적 차원 역시 중요한 의미를 지닌다. 장기간 대북·통일정책의 추진 기반을 약화시켜온 민족문제의 정쟁화 구도와 남남갈등 현상은 통일 문제의 대내적 차원의 중요성을 증명하는 것이다. 이 같은 점에서 통일 문제를 둘러싼 한국 사회의 내적인 모순과 한계에 대한 진지한 검토와 대응이 필요하다.

한국 사회는 장기간의 분단과 냉전적 대립을 지속해왔으며, 북한과는 상이한 이념적 기반 위에서 체제를 수립하고 발전시켜왔다. 한국 사회의 근대화와 발전은 분단 체제라는 구조 위에서 압축적 방식으로 진행되었다. 분단 체제에 기반을 둔 권위주의 정권은 국가 발전이라는 목표의 달성을 위해 이념적·문화적 다양성을 극도로 제약했다. 박정희 정권은 저발전 상태의 대중적 상실감과 이념적 대립을 최대한 활용해 민족주의와 성장 지상주의로 포장된 압축적 발전을 시도했으며, 그 결과 유례를 찾기 힘들 정도의 빠른 산업화를 달성할 수 있었다.

냉전 체제의 최전선에 위치해 있는 한반도의 지정학적 중요성으로 인해 미국은 한국의 적극적 후원자로 기능했으며, 권위주의 정권은 강압적 통제 방식을 활용해 수출주도형 산업화 모델의 논리를 충실히 적용시켰다. 이를 기반으로 한국은 '한강의 기적'으로 표현되는, 제3세계에서는 보기 드문 경제적 발전에 성공했다. 이에 대해서는 다양한 해석이 있지만, 압축적 성장이 한국 사회에 가져온 물질적 풍요만큼은 정당한 평가를 받아야 할 것이다. 문제는 한국 사회의 압축적 발전 과정과 병행해 '압축적 문제'가 발생했다는 점이다. 한국 경제의 발전은 심각한 불균형을 동반했으며, 분배는 성장 논리에 의해 배제되었다. 사회의 다양성은 통제되었으며, 시민사회의 정당한 요구가 종종 반정부, 혹은 반체제적 행위로 억압되었다.[18]

한국 사회의 압축적 성장을 둘러싼 국제정치적 환경은 유럽과 상이했다. 한국과 유사한 분단국가인 서독의 경우 매우 다른 조건에서 국가 발전을 시도할 수 있었다. 동서 진영 간 대립의 최전선에 위치함으로써 한국은 자본주의 진영의 보루 역할이라는 국제정치적 요구에 직면했다. 미국을 중심으로 하는 자본주의 진영은 한국이 민주화와 시민사회의 발전보다는 동북아에서 사회주의 진영의 영향력 확대를 막는 방어선 역할에 충실할 것을 원했다. 이 같은 국제정치적 요구는 한국 사회의 다양한 자기 발전적 가치들보다 우선시되었으며, 특히 한국의 국내 정치적 안정은 민주주의 발전보다 중요시되었다. 분단 체제하에서 진행된 압축적 성장 과정은 자기성찰의 기회를 결여한 것이었으며, 시민사회와 민주주의의 발전에 불균형을 초래했다.

---

18) 조한범, 『남북 사회문화공동체 형성을 위한 대내적 기반구축방안』(서울: 통일연구원, 2004), 48~50쪽.

반면 유사한 분단 상황에 처했던 서독에 대한 국제정치적 요구는 한국의 경우와 달랐다. 서독은 유럽에서 동서 진영 간 대립의 최전선에 있었다는 점에서 한국과 유사성이 있었다. 그러나 서방세계는 막대한 인적·물적 손실을 초래한 나치즘의 부활이 원천적으로 불가능한 체제가 서독에 수립되기를 원했으며, 이는 서독 사회의 계몽과 성찰을 위한 중요한 계기로 작용했다. 나치즘의 청산 과정은 서독 사회의 자기 발전을 위한 중요한 계기로 작용했다. 서방의 지원에 힘입어 서독의 시민사회는 빠른 속도로 성장했으며, 민주주의의 정착도 순조롭게 이루어졌다. '라인강의 기적'으로 불리는 경제적 성장과 민주주의·시민사회의 동반 성장이라는 긍정적 결과를 토대로 서독은 패전의 아픔과 분단국이라는 한계를 극복하고 단기간에 유럽 주요 국가로서 위상을 확립했다.

이 같은 서독의 저력은 준비 없이 진행된 통일 과정의 진통 속에서도 통일 독일을 유럽의 지도적 국가로 자리매김할 수 있게 한 원동력이었다고 할 수 있다. 다소간의 논란이 있기는 하지만, 국제적 위상이 상징하듯 독일 통일은 성공적인 사례로 평가할 수 있다. 독일 통일은 페레스트로이카(perestroika)를 비롯한 동서 냉전 체제의 변화라는 국제 정세의 변화와도 깊은 관련이 있다. 그러나 가장 중요한 원동력은 서독이 경제적 발전과 아울러 민주주의와 시민사회의 동반 성장을 이루어낸 점이라고 할 수 있다. 분단 체제에서도 서독 사회는 지속적인 정치적·경제적·사회적 발전을 이루어냈으며, 이는 한순간에 다가온 통일이라는 과제를 무리 없이 소화해내는 저력으로 작용했다. 서독은 전후 유럽의 국제정치적 특성을 기반으로 분단 체제에서도 자신을 성찰할 수 있는 기회를 얻었으며, 이를 사회 발전의 중요한 자산으로 활용할 수 있었다.

같은 분단국이었던 한국의 상황은 서독과 상당 부분 달랐다. '원조를 받는 국가에서 원조를 주는 국가로 전환한 유일한 사례'는 한국의 경제적 성장을 상징하는 말이다. 짧은 기간에 권위주의 정치체제에서 탈피하고 있다는 점에서 한국의 정치적 발전도 유사한 사례를 찾기 어렵다. 아직 그 역사는 길지 않지만 한국의 시민사회 역시 성장하고 있다. 그러나 이 같은 변화들은 분단 체제로부터 비롯되는 불균형적 발전이라는 중요한 한계를 내포하고 있다. 분단 체제의 경직성은 사회적 관용과 대화, 타협보다는 강요와 배제를 한국 사회의 지배적인 문화적 특성으로 자리 잡게 했으며, 그 속에서 획일성이 다양성을 압도했다. 시장경제, 사회복지, 법치주의와 정치적 민주화의 완성, 문화적 다원주의 형성 등 다양한 차원에서 한국 사회는 아직도 많은 과제들을 남겨두고 있는데, 그중에서도 가장 중요한 과제는 분단 체제로 비롯된 '근대화의 비정상성'의 해소라고 할 수 있다.

분단 체제에서 진행된 한국 사회의 발전은 성과와 아울러 다양한 문제를 수반했다는 점을 직시할 필요가 있다. 이는 한국 사회의 발전에 대한 진지한 고민과 자기반성을 통해 새로운 대안의 모색이 필요하다는 것을 의미한다. '성찰적 근대화'[19] 의 개념은 이 같은 대안의 모색에서 중요한 시사점을 준다. 성찰적 근대화란 근대화의 한계를 반성하고 이를 기반으로 새로운 대안을 모색하는 것이다. 성찰적 근대화의 관점에서 볼 경우 '근대화의 기획'은 미완성에 머물러 있으며, 성찰적 노력을 통해 그 한계를 극복할 수 있다. 현재의 세계는 근대화의 진전에도 전쟁과 기아, 환경, 그리고 민족문제 등 지구적 차원의 다양한 문제들에 대한 대처에 한계를 드러내고 있다. 또 혁신적 과학 기술의 발전에도 현대사회는 핵과 같은 과거에 경험해보지 못한 가공할 만한 위협에 직면했다. 현대인들은 누구나 일상적 위협에 노출되어 있다는 울리히 벡(Ulrich Beck)의 '위험사회론' 역시 같은 맥락에 속한다. 근대화의 불완전성 해소는 성찰적 근대화론이 주목하는 핵심적 명제이다. 기존 근대화의 불완전성을 해소

19) '성찰적 근대화'의 개념은 사회에 대해 지식을 비판적으로 적용시키는 능력의 확대 과정을 의미한다. 앤서니 기든스, 울리히 벡 등에 의해 제시된 이 개념은 자본주의적 근대화와 발전의 한계에 주목, 비판적 대안을 제시한다. 기든스·벡·래쉬(Anthony Giddens, Ulrich Beck, Scott Lash), 『성찰적 근대화』, 임현진·정일준 옮김(서울: 한울, 1998).

하기 위해서는 성찰적 근대화가 필요하다.

앤서니 기든스(Anthony Giddens)는 지구화(globalization)의 심화와 탈전통(post-traditional) 질서의 등장, 그리고 사회적 성찰성(social reflexivity)을 현대사회의 세 가지 주요 발전 경향으로 인식한다. 기든스는 현대사회의 대전환 과정은 기존의 진단과 처방으로 해결할 수 없는 새로운 형태의 위험을 수반한다는 점을 지적하고, 사회주의와 신자유주의, 자본주의 모두 한계를 지닌 것으로 파악한다. 근대성의 한계를 해소하기 위해 기든스는 성찰성에 주목하며, '제3의 길'[20]이라는 대안을 제시한다. 기든스가 제시하는 제3의 길 정치가 가지는 주요한 특징은 '열린 사회, 대화 민주주의와 자율적 개인, 역동적인 시민사회, 효율적인 정부' 등이다. 특히 대화 민주주의는 공적 영역에서 대화를 통해 개인 혹은 전 지구적 차원의 공동체가 상호 관용관계에 있는 타자와 공존할 수 있는 수단을 얻을 수 있다는 점에 주목한다. 대화 자체가 대상을 바로 인식할 수 있는 수단이자 신뢰를 창출할 수 있는 능력이라는 것이다. 성찰적 근대화 모델은 다양한 문제와 한계를 내포하고 있음에도 근대화에 대한 비관적 전망에 머무르지 않는다. 기존의 근대화는 '의도된 기획' 중 절반만을 성취한 성공이며, 성찰적 노력은 나머지 절반을 채우는 긍정적 시도라는 것이다.[21]

성찰적 근대화 모델은 분단 체제에서 발전해온 한국 사회에 의미 있는 시사점을 준다. 압축적 성장 과정에 수반된 다양한 문제들을 해소하는 과정에서 성찰적 근대화가 제시하는 대안들이 적극적으로 검토될 수 있기 때문이다. 한국 사회의 급속한 경제성장은 물질적 풍요와 아울러 대형 재난, 왜곡된 분배, 지역주의와 획일주의, 진영 간 대립과 사회갈등 등의 다양한 문제를 파생시켰다. 더 심각한 문제는 한국 사회의 경우 근대화의 한계가 분단이라는 요소에 의해

---

20) 앤서니 기든스(Anthony Giddens), 『제3의 길』, 한상진·박찬욱 옮김(서울: 생각의나무, 2001).

21) 김영호, 「울리히 베크: 위험사회」, 『현대사회의 구조와 변동』(서울: 사회비평사, 1996), 129쪽.

서 한층 극단화되었다는 데 있다. 근대화의 불완전성과 아울러 분단 체제의 영향은 한국 사회의 근대화를 이중적인 의미에서 제약했다. 한국 사회는 근대화의 불완전성에서 기인한 문제와 아울러 분단과 냉전으로부터 비롯된 문제들을 동시에 지니게 되었다고 할 수 있다.

서구의 선진 자본주의 국가와 달리 지나치게 성장한 국가권력과 권위주의, 시민사회의 미발달, 민족주의에 대한 과도한 신뢰, 다양성의 불용과 획일주의, 관용정신의 미발달 등은 분단 체제의 부정적 유산과 관련이 있다. 남북한 사회에 공히 존재하는 강한 민족주의적 정서 역시 분단의 영향으로부터 자유롭지 못하다. 남남갈등은 이와 같은 문제들이 중층적으로 결합되어 나타나는 것으로 볼 수 있다. 이 같은 문제들의 해소를 통해 한국 사회의 자기완결성을 확보하지 못하는 이상, 통일은 험난한 과정이 될 수밖에 없다. 남남갈등은 분단 체제의 문제들이 복합적으로 작용한 결과이기 때문에 이를 해소하기 위해서는 한국 사회가 안고 있는 근대화의 불완전성에 대한 자기성찰이라는 근본적 인식의 전환이 필요하다. 근대화의 한계에 대한 성찰에 입각해 부정적 영향을 해소하는 새로운 대안이 모색되어야 한다. 이는 '성찰적 통일론'으로 개념화할 수 있을 것이다.[22)]

성찰적 통일론의 기본은 분단된 남북의 양자관계에 초점이 맞추어져 있는 통일 논의를 남북한 사회의 내적인 차원으로 확대하는 것이다. 성찰적 통일론의 관점에서 통일을 위한 노력이 필요한 영역은 남북한 체제의 이질성을 줄여나가는 양자관계에 국한되지 않는다. 분단으로 인한 남북한 양 체제의 내적인 비정상성에 주목하고, 이를 정상화하는 것이 더 중요하다. 대규모 아사의 위기를 수반한 구조적 경제 침체와 3대 세습독재를 이어가고 있는 북한은 사회주

---

22) 조한범, 『남북 사회문화공동체 형성을 위한 대내적 기반구축방안』(서울: 통일연구원, 2004), 47~56쪽; 조한범, 『남남갈등 해소 방안 연구』(서울: 통일연구원, 2006), 48~54쪽.

의 근대화 프로젝트의 완성에 실패했다고 할 수 있다. 이는 북한이 자생성을 상실했으며, 성찰적 노력을 경주할 수 있는 정치적·경제적·사회적 자원을 가지고 있지 못하다는 것을 의미한다. 북한의 체제 내구력에 대해서는 다양한 평가가 있지만, 근본적 변화가 수반되지 않는 한 북한이 체제 위기의 임계점을 넘어설 가능성도 배제할 수 없다. 이는 한국이 통일을 지향하는 성찰적 노력의 중심이 될 수밖에 없음을 의미한다. 한국 사회 스스로 분단 체제하에서 만들어진 근대화의 비정상성을 회복하기 위한 내적 노력을 기울이고, 이를 통해 통일을 위한 기반을 강화하며, 다시 이것을 남북관계에 적용시켜 궁극적으로 통일사회를 실현해나갈 수 있게끔 주체적 역량을 강화해야 한다.

성찰적 인식은 성공한 체제가 실패한 체제를 수렴하는 단순한 방식의 통일을 넘어서야 한다는 것을 강조한다. 이는 통일이 남북한의 물리적 통합을 넘어 분단 체제에서 진행된 한국 사회 발전의 불완전성을 해소하는 화학적 변화의 계기가 되어야 함을 의미한다. 한국 사회는 변화를 위한 주체적인 역량을 확보하고 있다는 점에서 체제로서 전망을 가지지 못한 북한과 다르다. 한국 사회 역시 분단 체제 근대화의 한계를 극복해야 하는 과제에 직면해 있다. 남남갈등 현상과 민족문제의 정쟁화 구도는 한국 사회의 불완전성에 대한 자각과 성찰이 없는 통일 논의가 한계를 지니고 있음을 증명한다. 민족문제를 둘러싼 배타적 갈등 구조와 진영 간 대립은 한국 사회 내적 갈등의 중심으로 작용하고 있다. 남북통일은 한국 사회 근대화의 정상화 과정으로서 해석되어야 하며, 따라서 '성찰적'이어야 한다. 통일은 과거로의 회귀가 아니며, 현재 상태로의 수렴을 의미하는 것도 아니다. 통일은 우리 스스로의 정상화 노력을 포함하는 '과정'의 성격을 지녀야 한다. 따라서 통일의 시제는 현재의 문제들을 해소하기 위한 성찰적 노력을 포함하는 미래완료형이어야 한다. 냉전문화의 영향과 이로 인한 갈등 구조가 반복되고 있는 현 시점의 한국 사회에서 통일을 위한 내적 노력, 즉 성찰적 통일의 노력은 무엇보다 중요하다.

분단은 한국 사회에 냉전문화라는 장애를 초래했으며, 한국 사회의 구성원들은 분단의 피해자이자 가해자라는 이중적 특성에서 자유롭지 않다. 이 장애의 원인을 외부로 돌리는 방법은 바람직하지 않다. 중요한 것은 통일을 위한 근본적 추진력을 확보하는 일이다. 통일에 대한 성찰적 관점의 구체화를 위해 기든스가 제시한 대화 민주주의에 주목할 필요가 있다. 대화 민주주의는 동의보다 대화 자체를 통해 공적 신뢰와 공존의 가능성이 마련될 수 있다는 점에 주목한다. 이는 분열과 고립 속에서 상호 단절의 구조를 형성하고 있는 한국 사회의 보혁 양 진영에 의미 있는 시사점을 준다. 배타적인 양 진영이 대화의 장을 마련하는 과정 자체가 새로운 시도일 수 있으며, 이를 통해 극단적 대립 구도가 완화되는 계기가 마련될 수 있기 때문이다. 동의의 확보라는 목표의 달성에 집착하기보다는 대화의 창구를 열어가는 노력을 통해 단절을 극복하고, 사회적 합의의 여지를 확대할 수도 있다.

성찰적 노력의 출발점은 분단 체제의 비정상성과 한국 사회 발전의 불완전성에 대한 진지한 고민이다. 통일의 여정은 한국 사회 발전의 새로운 기회이자 긍정적인 미래 전망을 구현하는 과정이 되어야 할 것이다.

## 2. '통일국민협약'[23]의 모색

남남갈등은 장기적인 분단 체제와 냉전문화, 그리고 민족·통일 문제의 정쟁

23) 통일국민협약의 개념은 사회협약의 개념을 응용한 것이다. 한국 사회에서 사회협약을 주목한 것은 1997년 IMF 경제 위기 때였다. 당시 한국 사회는 노사정위원회를 구성해 노동과 자본, 그리고 정치권의 동참을 통한 사회협약을 시도했으며, 이는 경제 위기의 극복을 위한 국민적 공감대 형성 노력의 일환이었다. 통일국민협약은 갈등 해소와 협력의 대상이 민족문제라는 점에서 경제적 이해관계의 조정을 축으로 하는 사회협약과 구별된다.

화 구조에 기반을 두고 있다는 점에서 단기적 해소가 어려운 난제에 해당한다. 분단 체제는 한국 사회 갈등 구조의 중심을 형성하며 제반 영역에서 다양한 갈등을 확대·재생산하고 있다는 점에서 심각한 문제라 할 수 있다. 또한 다양성과 관용이라는 시민사회의 일반적 가치보다는 배제와 강요라는 분단 사회의 특성이 한국 사회에 아직도 중요한 영향을 미치고 있다는 점도 문제에 해당한다. 한국 사회는 다양한 갈등의 이슈들이 민족문제에 대한 진영 간 대립으로 이어지고, 이러한 갈등 구조가 다시 다양한 사회적 갈등의 이슈를 만들어내는 악순환 속에 놓여 있다.

현재 한국 사회에서는 수도권 이전이나 군 가산점 문제, 학생인권조례, 4대강 사업 등 논리적으로 민족문제와 관련이 없는 이슈들까지 결과적으로 진영 간 대립을 야기하는 동시에 민족문제에 대한 갈등 구조를 고착화시키는 경향을 보이고 있다. 천안함 폭침 사건을 둘러싸고 제기된 여론의 분열 양상은 민족문제를 둘러싼 한국 사회의 갈등 구조의 원인이 신뢰의 위기라는 근본적인 부분에 있다는 점을 보여준다. 천안함 폭침 사건을 둘러싼 논란의 진행 과정에서 진영 논리에 입각한 주관적 판단이 객관적 진실에 우선하는 양상을 보였다. 이와 같은 갈등 구조는 정부의 정책적 추진력의 약화는 물론 한국 사회의 성장 잠재력 약화와 신뢰의 위기를 야기한다는 점에서 심각한 문제라고 할 수 있다.

남남갈등의 구조는 복합적이고 중층적이며 따라서 해소를 위한 노력 역시 전 사회 차원에서 경주되어야 한다. 아울러 천안함 폭침 사건과 관련된 논란에서 증명되었듯이 남남갈등은 한국 사회가 감당하기 어려울 정도의 사회적 고비용 구조를 형성하기 때문에 시급히 해소해야 한다. 끝으로 남남갈등 구조가 상존하는 상황에서는 막대한 재원과 사회적 합의가 필요한 통일에 대한 실질적 준비도 효과적으로 이루어질 수 없다는 점에 주목해야 할 것이다.

정치권이나 시민사회, 여론 주도층 등 어느 한 영역의 노력과 시도만으로 구조적 차원의 남남갈등 문제를 해소하기는 어렵다. 또한 실현가능성에 기반을 둔, 더 구체화된 노력도 필요하다. 이와 같은 점에서 통일 문제에 대한 일종의 사회협약(social pact), 가칭 '통일국민협약'의 체결이 적극적으로 검토되어야 할 것이다.

사회협약은 일찍부터 자본주의가 발달한 서유럽의 전통에서 시작되었다. 사회협약의 기초는 노동과 자본관계의 제도화이며, 이는 코퍼러티즘(corporatism) 전통에서 출발한다. 자본주의 발달에 따라 노동과 자본 간의 갈등과 협력은 핵심적 관심의 대상이 되어왔다. 마르크스주의는 갈등관계에 주목해 노동의 주도적 역할을 인정하며, 자유주의에 기반을 둔 다원주의는 노동과 자본 양자 간의 '집단협상(collective barganing)'을 강조한다. 노동과 자본 간의 거시적·전반적 협의·협력관계를 강조하는 사회협약 개념의 기원은 이러한 마르크스주의나 자유주의적 다원주의와는 또 다른 코퍼러티즘의 전통에서 찾을 수 있다. 코퍼러티즘 전통은 사회협약 이외에도 '사회협의(social concertation)'와 '사회적 동반자관계(social partnership)' 등 다양한 개념을 포함한다.[24)]

사회협약과 관련해 주목할 수 있는 또 하나의 이론적 논의는 신제도주의이다. 제도주의는 개인과 집단의 행동에 영향을 미치는 공식적·비공식적 규칙, 법, 계약 등 제도의 범주에 속하는 요인들에 주목한다. 제도는 개인과 집단의 행위에 영향을 미치는 중요 요소이기 때문이다. 공식적·법적 차원에 주목하는 제도주의와 달리 신제도주의는 제도의 비공식적 측면과 환경적 조건, 제도와 제반 요인과의 상관관계 등에 주목한다. 신제도주의는 시장의 중요성에 주목하는 신자유주의와 달리 개별 사회의 고유한 제도적 조건들이 시장의 기능에 영향을 준다는 점을 강조한다. 1990년대 들어 경제학에서 주목받기 시작한 신제도주의는 신자유주의적 시장경제의 기본 가정에 대한 반성에서 출발한다.[25)]

---

24) 강명세, 『경제 위기와 사회협약』(서울: 세종연구소, 1999), 52쪽.

코퍼러티즘은 노동과 자본에 대한 국가의 통제 방식이라는 개념에서 출발한다. 따라서 국가가 노동과 자본 간 갈등관계에 폭력적 방식으로 개입하거나 애국심을 이용해 국가에 대한 노동조합의 맹목적 충성심을 이끌어낸 제2차 세계대전 이전의 독일, 이탈리아, 프랑코(Francisco Franco) 치하의 스페인 등의 경우는 국가주의적·파시즘적 코퍼러티즘에 해당한다. 반면 사회협약의 개념은 유럽 방식의 민주적 코퍼러티즘 전통에서 출발한다. 북유럽의 민주적 코퍼러티즘에 기반을 둔 사회협약은 노동과 자본을 대표성을 갖춘 행위자로 전제하며, 국가는 중립적인 존재로 상정된다. 노조와 경제단체 등 대표성을 갖춘 협상 주체들이 협상을 통해 경제문제에 합의하고 국가는 협상의 이행을 감독하는 한편 실업자 재교육, 노동계의 임금 손실 방지, 투자 신뢰도 확보 등을 통해 노동과 자본 양자를 지원한다. 경제 위기에 대한 사회협약의 목표는 협력을 통해 노동은 고용 안정, 자본은 생산 안정을 확보하는 것이라고 할 수 있다.[26)]

한국 사회에서 사회협약의 개념에 주목한 것은 1997년 IMF 경제 위기가 발생했을 당시로 경제 위기 극복을 위해 노사정 협약이 시도되었다. IMF경제 위기 상황에서 출범한 김대중 정부는 1998년 초 정부 주도로 노사정위원회를 구성, 당면한 경제문제의 해소 과정에 노동과 자본을 동참시키는 동시에 노사정 사회협약을 통해 개혁정책 추진을 위한 국민적 합의 기반의 마련을 시도했다. 1997년 김대중 대통령 당선자가 IMF 경제 위기 극복을 위한 노사정협의회로의 참여를 요청함으로써 1998년 1월 노사정위원회가 출범, '경제 위기 극복을 위한 노사정 간의 공정한 고통 분담에 관한 공동선언문'에 합의했으며, 2월 6일 '경제 위기 극복을 위한 사회협약'을 체결했다. 이처럼 협약 체결 과정이 빠

25) 같은 책, 9~10쪽.

26) 유럽에서 시도된 사회협약의 경우 오스트리아와 영국은 각각 성공과 실패사례에 해당하며, 프랑스의 경우는 중간 사례에 해당한다. 같은 책, 66~73쪽.

른 속도로 진행된 것은 당시 초유의 경제 위기를 극복해야 한다는 사회적 공감대가 형성되었기 때문이다. 사회협약은 기업의 경영 투명성 확보와 구조조정의 추진, 물가 안정, 고용 안정과 실업 대책, 국민대통합 등 10대 의제 90개항의 내용을 담고 있다. 4기 노사정위원회는 2007년 4월 출범했다.[27)]

한국에서 시도된 비경제적 영역의 사회협약으로는 '투명사회협약'을 들 수 있다. 투명사회협약은 '반부패국민연대'[28)]가 2004년 처음으로 제안했으며, 대통령을 포함한 주요 인사 120인 중 39인의 서명으로 협약이 체결되었다. 이 협약은 반부패 선언으로 부패 척결을 위한 결의와 구체적 실천 내용을 담고 있으며, 협약의 이행은 별도의 기구인 투명사회협약실천협의회에서 담당하도록 되어 있다. 정부기관의 일종으로 운영되는 노사정위원회가 자율성, 독립성 등에 문제를 지니고 있어 협약 이행을 점검하는 데 한계가 있다는 점을 극복하기 위해 투명사회협약실천협의회는 자율적인 민간기구의 형태로 출발했다. 투명사회협약에는 정부와 정치, 경제, 시민사회의 대표들이 참가했으며, 노사정협약과 달리 노동계 대신 시민사회와 정당이 참여했다.

2006년 6월에는 '저출산 고령화문제 해결을 위한 사회협약'이 체결되었다. 저출산 고령화대책 사회협약은 2005년 10월 정기국회에서 노무현 대통령이 시정연설을 통해 당면한 경제적·사회적 의제를 다룰 사회적 협의의 틀로 경제계, 노동계, 종교계, 여성, 시민사회단체 등이 참여하는 '국민대통합연석회의'를 제안하면서 구체화 되었다. 이에 따라 대통령비서실을 중심으로 연석회의

---

27) http://www.img.go.kr 참조.

28) 1990년대 개별 단체 차원의 반부패운동의 한계를 극복하기 위해 YMCA와 흥사단, 언론개혁시민연대 등 20개 주요 단체의 발의와 837개 단체의 참여로 1999년 8월 24일 '반부패활동을 통해 국민들의 의식을 개혁하고 부정부패를 예방하기 위한 활동을 전개함으로써 사회 전반의 부정부패를 없애고 밝고 정의로운 사회 건설에 기여하는 것'을 목적으로 반부패국민연대가 출범했다. 반부패국민연대는 2000년 9월 29일 국제투명성기구의 한국 본부로 인준 받았으며, 2005년 1월 '한국투명성기구'로 개칭되어 활동해오고 있다. http://www.ti.or.kr 참조.

태스크포스 팀을 구성했으며, 국무총리가 전면에 나서 각계 대표들에게 취지를 설명하고 사회협약을 추진했다. 2006년 1월 시민단체와 노동계·재계, 여성계, 종교계, 정부 등을 대표하는 인사들이 참가하는 '저출산 고령화대책 연석회의'가 출범했으며, 여러 차례의 본회의와 실무회의, 그리고 기타 실무적 협의를 거쳐 '저출산 고령화 문제 해결을 위한 사회협약문'을 도출했다. 협약문은 출산과 양육에 어려움이 없는 사회 실현, 건강하고 행복한 노후 생활 구축, 그리고 모든 사회주체의 실질적 역할 분담 등에 관한 협약과 구체적 실행 방안을 담고 있다.

사회협약의 역사가 길지 않다는 점에서 한국에서 시도된 사회협약은 일정한 성과와 아울러 시도 자체로서 의의를 지닌다. 그러나 한국의 사회협약은 이행 점검을 위한 지속적인 체제의 정비와 함께 참여 주체의 대표성 문제의 해소가 필요하다는 지적을 받고 있다. 협약의 구체적 이행과 점검, 지속적 추진을 위해 체제를 정비하고, 각 부문을 대표할 수 있는 대표성 있는 주체들이 형성될 필요가 있다는 것이다.[29]

통일국민협약은 통일 문제의 정쟁화를 방지하고 생산적 정책협력 구도의 형성을 위한 사회협약으로서의 성격을 지닌다. 통일국민협약은 여야와 보혁 진영의 이해관계와 차이를 인정하는 기초 위에서 최소주의적 합의 형식을 통해 민족문제에 대한 기본적 행위규범을 마련하는 것이다. 통일국민협약은 대북·통일정책의 국민적 추진 기반의 형성을 위한 사회적 합의라고 할 수 있다. 통일국민협약의 가장 중요한 내용은 '통일에 대한 국민적 동의', '합의에 기반을 둔 정책 추진', '대북·통일정책의 정쟁화 방지', '민족차원의 정책 추진 원칙' 등이며, 이를 사회협약형식으로 구체화하는 것이라고 할 수 있다. 통일국

29) 라영재, 「한국에서 정책협의의 시도와 전망: 노사정사회협약, 투명사회협약, 저출산 고령화대책 사회협약 사례비교」, ≪한국정책학회보≫, 제7권 3호(2008.9), 61쪽.

민협약을 통해 대북·통일정책의 정쟁화 구도의 해소와 국민적 합의에 기반을 둔 정책 추진 구조의 형성이 가능할 것이다.[30]

통일국민협약은 민족문제에 관한 갈등 구조와 이로 인한 사회적 고비용 구조를 핵심적인 위기로 간주하며, 이것의 해소를 목표로 한다는 점에서 다른 사회협약과 차별화된다. 노사정사회협약은 IMF 체제에 대한 국민적 위기감이라는 공감대 속에서 빠른 속도로 추진되었다. 투명사회협약이나 저출산 고령화 대책 사회협약 역시 부패·사회문제의 심각성에 대한 정부, 시민사회, 노동계와 재계, 종교계 등의 공통된 인식을 바탕으로 체결되었다는 공통점을 보인다. 그러나 남남갈등의 경우 문제의 심각성에 대한 공통된 인식에도 그 원인이 상대방으로부터 비롯된다는 대결적 인식에 기반을 두고 있기 때문에 사회적 합의 구도 형성에 어려움이 따른다.

보혁 진영 간 배타적 대립 구조라는 상황에서 시도되는 것이기 때문에 통일국민협약은 추진 과정에서부터 다양한 갈등이 제기될 가능성이 크다. 가장 비관적 시나리오는 통일국민협약 추진 과정이 남남갈등과 진영 간 배타적 대립 구조를 심화시키는 계기가 되는 것이다. 따라서 통일국민협약은 제안·추진, 체결 과정과 이행의 관리 과정에 이르기까지 중립적이며 투명한 방식의 적용 등 세심한 주의가 요구된다.

우선 협약의 제안 방식의 경우 노사정협약과 저출산 고령화대책 사회협약과 같은 정부 주도형을 지양하고, 자발적인 형태를 띠는 것이 바람직하다. 여야 간의 대립 구도에서 정부 주도 방식이 적용될 경우 협약의 정략적 이용이라는 논란을 피하기 어렵기 때문이다. 이 같은 점에서 시민사회와 여야 정치권이 자발적 결합을 통해 협약을 제안하는 방식이 바람직하다. 남남갈등의 폐해에 공감하는 진보·보수 진영의 시민단체 간 대화와 협의를 통해 통일국민협약의

30) 조한범, 『남남갈등 해소 방안 연구』(서울: 통일연구원, 2006), 68~69쪽.

필요성을 제기하는 것을 출발점으로 삼을 필요가 있다. 아울러 여야 개혁성향 의원들이 협력 구도를 형성[31]해 정치권 내에서 시민사회와 연대함으로써, 시민사회와 정치권 공동 제안 방식을 채택하는 것이 바람직하다. 특히 정치권의 경우 여야의 각 진영에서 자발적으로 통일국민협약 체결을 추진하는 주체가 형성되고 세력화하는 것이 필요하다. 통일국민협약의 성사와 효력의 발생을 위해서는 초당적 추진 과정이 무엇보다 중요하기 때문이다.

제안 이후 한국 사회를 대표하는 진영과 세력, 각 분야를 대상으로 외연을 확장해 가칭 '통일국민협약 추진 범국민연석회의'를 구성하는 것이 필요하다. 통일국민협약 정신에 동의하는 보혁 시민사회와 여야 정치권을 중심으로 종교계, 노동계 및 재계, 여성계, 언론, 그리고 정부 등 한국 사회의 주요 행위 주체들을 협약 추진 과정에 끌어들여야 할 것이다. 그리고 이들의 대표를 중심으로 국민연석회의를 구성, 협약의 구체적 내용과 추진 과정에 대해서 토의하는 구도를 형성해야 할 것이다. 연석회의는 기본 방향과 틀을 논의하는 본회의와 실무회의로 구분해 운영함으로써 논의의 효율성을 제고할 수 있을 것이다.

연석회의를 통해서 도출된 통일국민협약은 체결 과정을 통해 공식적으로 선포되어야 할 것이다. 협약 체결 과정은 사회 각 분야의 대표들이 협약의 주요 내용에 대해서 결의하고 이행 의지를 확인하는 것이라는 점에서 중요하다. 협약 체결과 이행 의지의 확인과 추진력의 확보를 위해 각 분야별·지역별 통일국민협약 또는 이행 실천대회 등도 검토될 수 있을 것이다. 우선 국가수반 차원에서 협약의 이행 의지를 공개적으로 천명해야 할 것이다. 아울러 정치권은 대북·통일 문제의 탈정쟁화와 정책적 합의에 대한 의지를 초당적 차원에서 대

31) 여야 정치권 내에서도 남남갈등의 폐해를 자각하고 대북정책의 국민적 합의 구도 형성의 필요성이 제기되어 왔다는 점을 주목할 필요가 있다. 「대북정책, 국민적 합의 도출방안」, 송민순·진영의원 공동주최 토론회 자료(2009.12.3).

국민 선언 형식으로 천명하고, 국회 내 실질적인 정책협의기구를 설치·운영해야 할 것이다. 시민사회는 정치권의 대북·통일정책의 정쟁화와 언론의 보도 경향, 남남갈등의 추이 등 협약 이행 여부·과정을 모니터링하고 평가하는 역할을 수행해야 할 것이다. 아울러 보혁으로 양극화된 시민사회 스스로 진영 간 배타적 대립 구조를 해소하고 대북·통일정책에 대한 생산적 합의와 소통 구조를 형성하는 데 앞장서야 한다. 종교계의 화합과 평화의 정신은 통일국민협약 체결의 밑거름이 될 수 있으며, 종교계의 인프라를 통해 협약의 정신과 민족문제에 대한 화합의 필요성이 전파될 수 있을 것이다. 명망 있는 종교지도자들이 통일국민협약의 필요성에 공감할 경우 큰 효과를 기대할 수 있다.

사회협약의 추진에서는 실질적인 이행의 과정이 무엇보다 중요하다. 특히 통일국민협약은 정부의 재정 및 법제도를 통한 관리·감독이 사실상 어렵다는 점에서 창의적인 이행·관리 방식이 필요하다. 이 같은 점에서 '통일국민협약 실천협의회'의 출범을 고려할 수 있다. 협의회는 연석회의에 참가한 주요 주체들 간의 네트워크 형태가 되는 것이 바람직하며, 중앙협의회와 아울러 각 지역협의회의 형태로 구성되는 것이 효율적이다. 중앙의 경우 산하 사무국을 두고, 이를 통해 각 지역별 협의회에 대한 지원·협력관계를 강화할 수 있을 것이다. 협의회는 비정부 민간 주도형으로 운영되는 것이 바람직하며, 재정적 문제가 발생할 경우 정부에서 일정 정도 운영재원을 지원하는 것이 바람직하다. 통일국민협약 실천협의회는 협약의 이행을 위한 사회운동의 거점으로서의 기능과 협약의 위반에 대한 감시 기능을 담당해야 한다. 협약의 이행과 위반 사례들은 중앙협의회를 통해 평가하고 백서 형태로 발간함으로써 협약 이행의 강제력으로 작용할 수 있을 것이다. 특히 계량화된 '이행 지수'를 통해 시기별 이행 상태를 정기적으로 공개하는 방법도 고려할 수 있다.

통일국민협약은 추진 과정에서 많은 논란이 야기될 수 있다는 점에 주의할 필요가 있다. 진영 간 배타적 대립 구조 속에서 이를 해소하기 위한 주도적 세

〈표 8-1〉 통일국민협약 추진 과정

| 단계 | 제안 | 연석회의 | 체결 | 이행관리 |
|---|---|---|---|---|
| 내용 | • 보수·진보 시민사회 및 여야 정치권 주도로 협약제안 | • 주요 부문의 대표를 중심으로 '통일국민협약 추진 범국민연석회의' 구성<br>• 본회의 및 실무회의를 통해 협약내용과 추진 과정 논의 | • 협약 체결선포 | • 민간 주도 '통일국민협약 실천협의회' 구성<br>• 협약 이행의 감독, 평가 및 백서 발간 |

력의 형성 자체가 어려울 수 있으며, 이를 위한 보혁 간 연대와 네트워크 구축에 어려움이 있기 때문이다. 정치권의 경우 협약 정신에 동의하는 개혁적 성향의 의원들조차 여야 간의 대립이 반복되는 악순환 구조가 지속될 경우 초당적 협력을 위한 세력화의 한계에 직면할 수도 있다. 아울러 협약 추진의 대표성, 참여 범위 등을 둘러싸고 시민사회와 각 진영이 다양한 문제를 제기하거나 갈등할 가능성도 간과할 수 없다. 비경제적 민족문제라는 점에서 협약 이행의 강제성 확보에도 어려움이 예상된다.

그러나 천안함 폭침 사건에서 목도했듯이 남남갈등은 신뢰의 위기를 야기하고 있으며, 한국 사회 내에서 다양한 갈등의 중심에 위치하고 있기 때문에 방치할 수 없는 문제이다. 이 같은 남남갈등의 구조 속에서는 어떠한 정권과 정파도 효과적인 대북정책의 추진과 통일 로드맵의 이행에 한계를 노출할 수밖에 없다. 남남갈등 해소를 위한 구체적이고도 실현가능한 노력이 시급한 상황이라는 인식이 필요하다.

통일국민협약은 대북·통일 문제에 대한 전반적이고도 일사불란한 합의를 지향하는 것이 아니다. 민족문제에 대한 정쟁화 구조와 고비용·저효율의 대북·통일정책 추진 문제를 해소하는 것이 협약의 기본 정신이라고 할 수 있다. 통일국민협약은 통일 문제에 대한 '최소주의적 합의 정신'을 지향하는 것이다. 남남갈등을 해소하고 저비용·고효율의 대북·통일정책의 추진 기반을 마련하는 것이 통일국민협약 추진의 목표이다. 민족문제는 특정 정파의 이해관계를 넘어 민족공동체 전체의 안위와 미래에 관계된 사안이기 때문이다.

향후 중국의 부상 및 미·중 간 패권 경쟁 등 한반도 문제를 둘러싼 외교안보적 상황이 유동적으로 변할 개연성이 크다. 아울러 최근의 추이에 비추어볼 때 전 세계 차원의 경제 위기의 가능성도 예상할 수 있다. 김정은 체제의 등장에도 북한 체제의 위기구조가 완화되는 조짐은 없으며, 자생적으로 위기를 해소할 수 있으리라 보기도 어려운 상황이다. 아울러 북핵 문제는 한반도 안보 환경을 근본적으로 위협하는 요소로 작용하고 있다는 점에서 우려가 있다. 중요한 것은 이 같은 상황에서도 지속가능한 남북관계 형성을 위한 노력은 중단될 수 없으며, 통일을 위한 실질적 준비도 지속적으로 이루어져야 한다는 점이다.

통일국민협약은 이 같은 노력의 기본적인 출발점으로서의 의미가 있다. 다양한 어려움이 예상되기는 하지만 통일국민협약을 시도하는 것 자체는 한국의 사회갈등을 해소하는 노력으로서 중요하기 때문이다. 진영 간 배타적 대립 구조가 상존하는 한 대북·통일정책의 효율적 추진은 가능하지 않으며, 정책적 추진력의 확보에도 어려움이 따르게 된다. 민족문제의 정쟁화와 남남갈등 구조의 해소는 통일을 지향하는 모든 노력 중에서도 가장 우선해야 하는 과제이며, 이를 위한 구체적인 대안이 모색될 시점이다.

## 참고문헌

### 1. 단행본


강명세. 1980. 『경제 위기와 사회협약』. 서울: 세종연구소.

국토통일원. 1980. 『조선노동당대회 자료집』. 서울: 국토통일원.

국토통일원 남북대화사무국. 1982. 『남북대화백서』. 서울: 국토통일원.

김보영. 1997. 『제네바 정치회담과 남북한 통일정책의 비교연구』. 서울: 국사편찬위원회.

김학성. 1995. 『서독의 분단질서관리 외교정책 연구』. 서울: 민족통일연구원.

민족통일연구원. 1992. 『남북한 국력추세 비교연구』. 서울: 민족통일연구원.

삼성경제연구소. 2009. 『한국의 사회갈등과 경제적 비용』. 서울: 삼성경제연구소.

신세호 외. 1993. 『독일 교육통합과 파생문제점 분석연구』. 서울: 한국교육개발원.

신영석. 2008. 『역대 정권의 통일정책 변천사』. 서울: 평화문제연구소.

심병철. 2003. 『조국통일 문제 100문 100답』. 평양: 평양출판사.

심지연. 2004. 『한국정당정치사』. 서울: 백산서당.

아태평화재단. 2000. 『김대중의 3단계 통일론』. 서울: 도서출판 한울.

양영식. 1997. 『통일정책론』. 서울: 박영사.

오기평. 1998. 『한국외교론: 신국제 질서와 불확실성의 논리』. 서울: 도서출판 오름.

임을출. 2012. 『김정은 체제의 미래를 묻다』. 서울: 도서출판 한울.

기든스, 앤서니(Anthony Giddens). 2001. 『제3의 길』. 한상진·박찬욱 옮김. 서울: 생각의 나무.

정주진. 2010. 『갈등 해결과 한국 사회: 대화와 협력을 통한 갈등 해결은 가능한가?』. 서울: 아르케.

기든스·벡·래쉬(Anthony Giddens, Ulrich Beck and Scott Lash). 1998. 『성찰적 근대화』. 임현진·정일준 옮김. 서울: 도서출판 한울.

조한범. 2004. 『남북 사회문화공동체 형성을 위한 대내적 기반구축방안』. 서울: 통일연구원.

_____. 2006. 『남남갈등 해소 방안 연구』. 서울: 통일연구원.

통일노력 60년 발간위원회. 2005. 『하늘길 땅길 바닷길 열어 통일로』. 서울: 다해.

통일부. 2003. 『국민의 정부 5년, 평화와 협력의 실천』. 서울: 통일부.

_____. 2003. 『참여정부의 평화번영정책』. 서울: 통일부.

______. 2007. 『2007 통일백서』. 서울: 통일부.

통일부 통일교육원. 2008. 『통일교육지침서(일반용)』. 서울: 통일교육원.

최장집. 1993. 『한국민주주의의 이론』. 서울: 한길사.

홍세화. 1995. 『나는 파리의 택시운전사』. 서울: 창작과비평사.

황병덕 외. 2000. 『신동방정책과 대북포용정책』. 서울: 두리.

후쿠야마, 프랜시스(Francis Fukuyama). 1997. 『트러스트』. 구승회 옮김. 서울: 한국경제신문사.

Ash, Timothy G. 1993. *Im Namen Europas: Deutschland und der geteilte Kontinent*. Ulm: Hanser Verlag.

Bahr, Egon. 1991. *Sicherheit für und vor Deutschland*. München: Carl Hanser Verlag.

Bender, Peter. 1964. *Offensive Entspannung: Möglichkeiten für Deutschland*. Köln: Kiepenheuer & Witsch.

Campbell, Kurt M., Nirav Patel and Vikram J. Singh, 2008. *The Power of Balance: America in Asia*. Center for a New American Security.

Campbell, Kurt M. et al., 2009. *Going Global: The Future of the U.S.-South Korea Alliance*. Center for a New American Security.

Glaab, Manuela. 1999. *Deutschlandpolitik in der öffentlichen Meinung: Einstellungen und Regierungspolitik in der Bundesrepublik Deutschland 1949 bis 1990*. Opladen: Leske + Budrich.

Görtemaker, Manfred. 1999. *Geschichte der Bundesrepublik Deutschland: Von der Gründung bis zur Gegenwart*. München: Verlag C.H.Beck.

Griffith, William. 1978. *The Ostpolitik of the Federal Republic of Germany*. Cambridge, Massachusetts: The MIT Press.

Hacker, Jens. 1992. *Deutsche Irrtümer: Schönfärber und Helfershelfer der SED-Diktatur im Westen*. Frankfurt a.M.: Ullstein.

Hanrieder, Wolfram. 1989. *Germany, America, Europe: Forty Years of German Foreign Policy*. New Haven: Yale University Press.

Hillgruber, Andreas. 1995. *Deutsche Geschichte 1945-1986: Die 'deutsche Frage' in der*

*Weltpolitik*. 8. Aufl. Stuttgart: Verlag W. Kohlhammer.

Ingelhart, Ronald. 1977. *The silent Revolution: Changing Values and Political Styles among Western Publics*. Princeton: Princeton University. Press.

Institute für Demoskopie Allensbach. 1974. *Jahrbuch der Öffentlichen Meinung 1968~1973*. Bd. V. Allensbach: Verlag für Demoskopie.

______________________________. 1976. *Jahrbuch 1974~1976*. Bd. VI. Allensbach: Verlag für Demoskopie.

Jaspers, Karl. 1990. *Freiheit und Wiedervereinigung*. 2. Auflage. München: Piper Verlag.

Lederarch, John Paul. 2003. *The Little Book of Conflict Transformation*. Intercourse: Good Books.

Marienfeld, Wolfgang und Manfred Overesch. 1986. *Deutschlandbild und Deutsche Frage in den geschichtlichen Unterrichtswerken der Bundesrepublik Deutschland und in den Richtlinien der Bundesländer 1949-1983*. Braunschweig: Georg-Ecken-Institut.

Misztal, Barbara A. 1998. *Trust in Modern Societies*. Cambridge: Polity Press.

Niclauß, Karlheinz. 1977. *Kontroverse Deutschlandpolitik: Die politische Auseinandersetzung in der BRD über den Grundlagenvertrag mit der DDR*. Frankfurt a.M.: Alfred Metzner Verlag.

Pittman, Avril. 1992. *From Ostpolitik to Reunification: West German - Soviet political Relations since 1974*. Cambridge, Massachusetts: Cambridge University Press.

Schmid, Günther. 1979. *Entscheidung in Bonn: Die Entstehung der Ost - und Deutschlandpolitik 1969/1970*. Köln: Wissenschaft und Politik.

Smith, Gayle. 2008. *In Search of Sustainable Security: Linking National Security, Human Security, and Collective Security to Protect America and Our World*. Center for American Progress.

Snyder, Scott(ed.). 2012. *The U.S.-South Korea Alliance: Meeting New Security Challenges*. New York: Lynne Rienner Publishers.

Stedman, Stephen J., Bruce Jones and Carlos Pascual. 2008. *Managing Global Insecurity: A Plan for Action*. Washignton D.C.: The Brookings Institution.

Wilmot, W. W. and J. L. Hocker. 2001. *Interpersonal Conflict*. 6th edition. New York: McGraw-Hill.

## 2. 논문


권세기. 1999.「독일 연방의회」.『독일의 대의제 민주주의와 정당정치』. 서울: 세계문화사.

권장희. 1999.「박정희 대통령의 정치성향과 안보환경인지가 통일정책에 미친 영향에 관한 연구」. 서울대학교 박사학위논문.

김갑식. 2004.「남남갈등을 넘어: 진단과 해법」.『남남갈등 진단 및 해소 방안』. 서울: 경남대학교 극동문제연구소.

_____. 2007.「한국 사회 남남갈등: 기원, 전개 과정 그리고 특성」. ≪한국과 국제정치≫, 23권 2호.

김공열. 2003.「남남갈등의 원인, 배경, 그리고 본질: 난국 아닌 합의 가능한 갈등」. ≪통일한국≫, 제21권 10호.

김근식. 2004.「노무현 정부의 평화번영정책」. ≪통일 문제연구≫, 제16권 제1호.

_____. 2010.「노무현 정부의 평화번영정책과 위기의 한반도」. ≪광장≫, 통권 제7호.

김병로. 1993.「남북한 사회·문화 교류 협력의 실태분석 및 정책 방향」. ≪사회과학≫, 제32권 1호.

김수민·윤황. 2008.「북한의 6자회담 협상전략·전술: 평가와 전망」. ≪세계지역연구논총≫, 제26집 3호.

김연철. 2011.「1954년 제네바 회담과 동북아 냉전 질서」. ≪아세아연구≫, 제54권 제1호.

_____. 2011.「대북정책과 통일정책의 상관성: '과정으로서의 통일'과 '결과로서의 통일'의 관계」. 2011년 북한연구학회 하계학술대회 발표문.

김영재. 2006.「노무현 정부 평화번영정책의 분석」. ≪영남국제정치학회보≫, 제9집 1호.

김영준. 1973.「유신헌법과 조국의 평화통일: 유신헌법과 제4공화국」. ≪국회보≫, 제127권.

김영태. 2007.「제17대 대통령 선거와 북한변수」. 한국 정치정보학회. ≪정치·정보연구≫, 제10권 제2호.

김영호. 1996.「울리히 베크: 위험사회」.『현대사회의 구조와 변동』. 서울: 사회비평사.

김일성. 1996.「벨지끄로동당 중앙위원회 위원장과 한 담화」.『김일성저작집』, 44. 평양: 조선로동당출판사.

김지형. 2008.「7.4공동 성명 전후의 남북대화」. ≪사림≫, 제30호.

김학성. 2000.「대북포용정책의 중간평가와 향후 과제」. 통일연구원 개최 학술세미나.

김형준. 2007.「제16대 대통령 선거와 북한 변수」. 한국 정치정보학회. ≪정치·정보연구≫, 제10권 제2호.

남궁영. 2001.「대북정책의 국내 정치적 갈등: 쟁점과 과제」. ≪국가 전략≫, 7권 4호.

라영재. 2008.「한국에서 정책협의의 시도와 전망: 노사정사회협약, 투명사회협약, 저출산고령화대책 사회협약 사례비교」. ≪한국정책학회보≫, 제17권 3호.

박재규. 2004.「남남갈등을 넘어 한반도의 평화와 통일을 위해」.『남남갈등 진단 및 해소 방안』. 서울: 경남대학교 극동문제연구소.

박찬봉. 2008.「7.7선언체제의 평가와 대안체제의 모색: 기능주의에서 제도주의로」. ≪한국 정치학회보≫, 제42집 제4호.

백종천. 2009.「남북관계 발전과 평화번영을 위한 선언 : 주요 내용과 의미」. ≪세종정책연구≫, 제5권 제1호.

성경륭. 2008.「김대중-노무현 정부와 이명박 정부의 대북정책 추진 전략 비교: 한반도 평화와 공동 번영정책의 전략, 성과, 미래과제」. ≪한국동북아논총≫, 제13권 제3호.

성경륭·윤황. 2008.「이명박 정부의 대북정책: 주요 쟁점과 추진방향」. 세계평화통일학회. ≪평화학연구≫, 제9권 2호.

엄상윤. 2010.「대북정책을 둘러싼 남남갈등 해소 방안」. 통일부 용역과제 연구보고서 (2010. 9).

오경섭. 2010.「북핵공조의 한계와 정책보완방안」. ≪세종정책연구≫, 제6권 2호.

윤병익. 1993.「한민족공동체 통일 방안과 남북관계」. ≪민족통일논집≫, 제8권.

이상호. 2010.「한국의 대북전쟁억제력 강화방안연구」. ≪세종정책연구≫, 제6권 2호.

이 석. 2012.「5·24 조치 이후 남북교역과 북중무역의 변화」.『북한 경제리뷰』. 서울: 한국개발연구원.

이신철. 2006.「북의 통일정책과 월·납북인의 통일운동(1948~1961년)」. 성균관대학교 박사학위논문.

이우영. 2005.「남남갈등과 사회통합」.『화해·협력과 평화번영, 그리고 통일』. 서울: 도서출판 한울.

______. 2012.「6·15 이후 남남갈등의 전개 과정과 시사점」. 경남대학교 극동문제연구

소. ≪한반도 포커스≫, 7·8월호.
이인호. 2009.「통일지상주의는 현실 외면한 복고주의: 남남갈등 해결의길-상호 이해와 협력 그리고 사회통합」. 검색일: 2009.9.27. <http://www.hani.co.kr/arti/culture/religion/161184.html>.
이재호. 2008.「대북정책의 다차원적 연계성과 햇볕정책의 효율성」. 고려대학교 박사학위논문.
이정우. 2011.「한국 통일정책의 전개 과정: 현실주의적 해석의 관점에서」. ≪북한연구학회보≫, 제15권 제2호.
이태환. 2010.「천안함 외교와 중국」. ≪정세와 정책≫, 통권 171호(7월호).
______. 2010.「한중 전략적 협력동반자관계: 평가와 전망」. ≪세종정책연구≫, 제6권 2호.
이헌경. 2010.「김영삼 정부의 민족공동체 통일 방안」. ≪동아시아: 비교와 전망≫, 제9집 제1호.
전성훈. 2010.「북한비핵화와 핵우산강화를 위한 이중경로 정책」. ≪국가 전략≫, 제16권 1호.
정규섭. 2011.「남북기본합의서: 의의와 평가」. ≪통일정책연구≫, 제20권 1호.
정철호. 2012.「미국 2012 신 국방 전략과 한국의 군사전략 발전방향」. 세종연구소. ≪정세와 정책≫, 2월호.
조동호. 1997.「통일의 경제적 비용과 편익」.『분단 비용과 통일 비용』. 통일연구원·한국개발연구원 공동주최 학술회의 발표논문집(1997.6.5).
조성렬. 2006.「북한핵실험과 새로운 대북정책 방향」. 제6차 충남 민주평화통일포럼 세미나 논문집(2006.11.8).
조한범, 2012.「김정은 체제 대남 협상전략」.『안보학술논집』. 서울: 국방대학교 국가안전 보장문제연구소.
주독대사관. 1991.「통독을 전후한 연방정치교육센터 활동」.『독일통일관련 자료』.
주봉호. 2007.「한국 사회의 남남갈등: 현황과 과제」. 동북아시아문화학회 국제학술대회 발표 자료집(2007.11).
최용섭. 2001.「한국의 정당과 사회 제집단의 북한·통일관: 남남갈등을 중심으로」. ≪한국동북아논총≫, 제20권.
최재훈. 2012.「이란의 핵 개발 갈등과한반도」. 세종연구소. ≪정세와 정책≫, 3월호.
코리아연구원. 2012.「천안함사건과 남북경협 및 남북관계」. ≪코리아연구원 특별기획≫,

제30-6호.

통일부. 2011.「천안함 피격 사건 이후 대북정책 추진방향」. 천안함 피격 사건 1주년 대북정책 설명자료(2011.3).

허영식. 1996.「정치교육의 체계와 운영」.『독일연방공화국: 정치교육, 민주화 그리고 통일』. 서울: 대왕사.

허태회. 2001.「부시공화당 정부의 한반도정책과 남북관계」.『극동문제』. 서울: 경남대학교 극동문제연구소.

_____. 2009.「향후 대북정책의 과제와 보완방안」.『대북포용정책과 한반도평화』. 통일정책연구소 개최 국제학술회의 발표논문집.

허태회·윤영미·윤황. 2009.「한국 정부의 대북정책변수분석과 대북정책의 안정성확보 방안」. 동아시아국제정치학회. ≪국제정치연구≫, 제12집 2호.

허태회·윤황. 2010.「민주화이후 한국 정부의 대북정책성향 및 전략비교」. ≪국제정치연구≫, 제13집 2호.

홍현익. 2010.「천안함사건 이후 한국의 대북정책기조: 평가와 제언」. ≪정세와 정책≫, 통권 171호(7월호).

Kim, Byoung-Lo. 1997. "Changing International Environment and Reunion of Separated Families in Korea." *Korea and World Affairs*. Vol. 21, No. 2(Summer).

Azar, Edward and Steve Lerner. 1981. "The Use of Semantic Dimensions in the Scaling of International Events." *International Interactions 17*.

Campbell, Kurt M. 2009. "The U.S. and China in 2025." Council on Foreign Relations, Washington D.C..

Cha, Victor D. 2011. "The End of History: 'Neojuche Revivalism' and Korean Unification." *Orbis*, Vol. 55, No. 2.

Chanlett-Avery, Emma. 2012. "North Korea: U.S. Relations, Nuclear Diplomacy, and Internal Situation." *Congressional Research Service*(December 27, 2013). <http:-//www.fas.org/sgp/crs/nuke/R41259.pdf>.

Ford, Christopher. 2011. "Stalemate and Beyond: The North Korean Nuclear Impasse and Its Future." *International Journal of Korean Unification Studies*. Vol. 20, No. 2.

Gates, Robert. 2009. "A Balanced Strategy." *Foreign Affairs*. 88-1.

Joffe, Josef. 1989. "The Foreign Policy of the Federal Republic of Germany." Roy C. Macridis(ed.). *Foreign Policy in World Politics: States and Regions. Englewood Cliffs*. New Jersey: Prentice Hall,

Lewis, Peter M. 2007. "US Foreign Policy toward the Korean Peninsula: An Anti-Unification Policy or Just Too Many Uncertainties to Account For?" *International Journal of Korean Unification Studies*. Vol. 16, No. 2.

Manyin, Mark E., Emma Chantlett-Avery and Mary Beth Nikitin, 2012. "U.S.-South Korea Relations." *Congressional Research Service*(December 27, 2013). <http://-fpc.state.gov/documents/organization/191602.pdf>.

McAdams, A. James. 1989. "Inter-German Relations." Gordon Smith et als(eds.). *Developments in West German Politics*. London: Macmillan,

Niksh, Larry. 2009. "North Korea's Nuclear Weapons Development and Diplomacy." *CRS Report*.

Nye, Joseph S. 2010. "The Future of American Power." *Foreign Affairs*. 89-6(November-December).

The White House Office of the Press Secretary. 2009. "Joint Vision for the Alliance of the United States of America and the Republic of Korea."

Brandt, Willy. 1968. "Status quo oder die Schwierigkeit der Realität." Willy Brandt(ed.). *Friedenspolitik in Europa*. Frankfurt a.M.: S. Fischer Verlag.

Glaab, Manuela. 1999. "Die deutsche Frage im Bewusstsein der Deutschen: Einstellungen und Perzeptionsmuster der Bevölkerung in Ost und West." Peter März(ed.). *40 Jahre Zweistaatlichkeit in Deutschland: Ein Bilanz*. München: Bayerische Landeszentrale für politische Bildungsarbeit.

Hacker, Jens. 1994. "Die Ostpolitik der Konservativ-liberalen Bundesregierung seit dem Regierungsantritt 1982." *Aus Politik und Zeitgeschichte*. B.14.

Hahn, Walter F. 1973. "West Germany's Ostpolitik: The Grand Design of Egon Bahr." *Orbis*.

Knapp, Manfred. 1990. "Die Außenpolitik der Bundesrepublik Deutschland." M. Knapp and G. Krell(eds.). *Einführung in die Internationale Politik*. München:

Oldenbourg Verlag.

Merkl, Peter H. 1981. "Die Rolle der öffentlichen Meinung in der westdeutschen Außenplitik." *Im Spannungsfeld der Weltpolitik: 30 Jahre deutsche Außenpolitik-(1949-1979)*. Stuttgart: Verlag Bonn Aktuell GmbH.

Schwarz, Hans-Peter. 1984. "The West Germans, Western Democracy, and Western Ties in the Light of Public Opinion Research." James A. Cooney et als.(eds.) *The Federal republic of Germany and the United States: Changing Political, Social, and Economic Relations*. Boulder Colorado: Westview Press.

Wettig, Gerhard. 1997. "Die sowjetische Politik während der Berlinkrise 1958 bis 1962: Der Stand der Forschungen." *Deutschland Archiv*. Bd.30, Heft.3.

Zeitler, Franz-Christoph 1976. "Die Menschenrechte im geteilten Deutschland." Dieter Blumenwitz et als(eds.). *Partnerschaft mit dem Osten*. München: Verlag Martin Lurz GmbH.

### 3. 기타 자료

<http://en.wikipedia.org>

<www.crisisgroup.org/>

통일부. 『2008년 통일부 업무보고』. 2008년 3월 25일.

≪내일신문≫.

≪뉴시스≫.

≪동아일보≫.

≪대한매일≫.

≪미디어오늘≫.

≪세계일보≫.

≪연합뉴스≫.

≪조선일보≫.

≪조선중앙통신≫.

≪프레시안≫.

≪한겨레≫.

*Der Freitag*

*Der Spiegel*

*Die Zeit*

*Frankfurter Algemeine Zeitung(FAZ)*

Obama, Barack. Remarks by President Barack Obama at Suntory Hall, Suntory Hall, Tokyo, Japan, November 14, 2009

Clinton, Hillary Rodham, "Remarks on Regional Architecture in Asia: Principles and Priorities." Imin Center-Jefferson Hall, Honolulu, Hawaii, January 12, 2010.

## 지은이(수록순)

### 조한범

독일 상트페테르부르크 대학교 사회학 박사

현재 통일연구원 선임연구위원

주요저서 및 논문: 『독재 정권의 성격과 정치변동: 북한관련 시사점』(공저, 2012), 『체제 전환 비용-편익 사례연구』(공저, 2011), 『북한의 체제 위기와 사회갈등』(공저, 2010), 『대북정책의 대국민 확산방안』(공저, 2009), 『북한 사회개발 협력방안 연구』(2007), 『남남갈등 해소 방안 연구』(2006), 『러시아 탈사회주의 체제 전환과 사회갈등』(2005) 등 다수.

### 이정우

성균관대학교 정치학 박사

현재 경남대학교 극동문제연구소 연구교수

주요저서 및 논문: 『꼭 알아야 할 통일·북한 110가지』(공저, 2011), 『통일한국의 정치체제』(공저, 2010), "The Reinforcement of Military Capability and Its Effects in Asia"(2013), 「글로벌 인권거버넌스의 역할과 한계: 북한인권에 대한 천안문사태의 교훈」(2013) 등 다수.

### 허태회

미국 워싱턴 주립대학교 정치학 석사, 덴버 대학교 국제정치학 박사

현재 선문대학교 국제관계학과 교수

주요저서 및 논문: 「통일한국의 외교안보 이념: 미래 안보가치의 모색」(2012), 「커뮤니케이션 융합시대의 국가안보 : 전망과 과제」(공저, 2011), 「민주화이후 한국 정부의 대북정책성향 및 전략비교」(공저, 2010), 「미래 세계안보 및 정보환경 변화와 한국의 정보개혁방향」(공저, 2009), 「동북아 평화협력 체제의 조건·과제와 방향·전망: 6자회담의 합의근거를 중심으로」(공저, 2007) 등 다수.

### 전재성

미국 노스웨스턴 대학교 대학원 정치학 박사

현재 서울대학교 정치외교학부 외교학과 교수

주요저서 및 논문: 『정치는 도덕적인가: 라인홀드 니버의 초월적 국제정치사상』(2012), 『동아시아 국제정치』(2011), 「구성주의 국제정치이론에 대한 탈근대론과 현실주의의 비판 고찰」(2010), 「유럽의 국제정치적 근대 출현에 관한 이론적 연구: 중첩, 복합의 거시이행」(2009), 「강대국의 부상과 대응 메카니즘: 이론적 분석과 유럽의 사례」(2008) 등 다수.

**임을출**

경남대학교 정치학 박사

현재 경남대학교 극동문제연구소 연구교수

주요저서 및 논문: 『김정은 체제의 미래를 묻다』(2012), 『동북아 법제협력과 북한의 체제 전환: 과제와 전망』(공저, 2012), 『웰컴투 개성공단: 역사, 쟁점 그리고 과제』(2006), 『악의 축과 의 대화: 북·미 핵·미사일 협상의 정치학』(2004) 등 다수.

**김학성**

독일 뮌헨 대학교 정치학 박사

현재 충남대학교 평화안보대학원 교수

주요저서 및 논문: 『한미관계론』(2012, 공저), 『분단과 통합』(2006, 공저), 『신동방정책과 대북 포용정책』(2000, 공저), 「대북·통일정책의 변증법적 대안모색: '통일 대비'와 '분단 관리'의 대립을 넘어서」(2012), 「증오와 화해의 국제정치: 한일간 화해의 이론적 탐색」(2011), 「통일연구 방법론 소고: 동향, 쟁점 그리고 과제」(2008), 「남북관계와 한미관계에 대한 한국인의 인식 변화와 국민적 공감대 형성 문제」(2007) 등 다수.

**김병로**

미국 러트거스 대학교 사회학 박사

현재 서울대학교 통일평화연구원 부교수

주요저서 및 논문: 『녹색평화란 무엇인가』(공저, 2013), 『남북통합지수 2008~2013 변동과 함의』(공저, 2013), 『한반도 분단과 평화부재의 삶』(공저, 2013), 『연성복합통일론』(공저, 2012), 『북한 김정은 후계체제』(공저, 2011), 『노스코리안 이아스포라』(공저, 2011), 『북한-중국 간 사회경제적 연결망의 형성과 구조』(공저, 2008) 등 다수.

한울아카데미 1670

# 지속가능한 통일론의 모색
## 대북·통일정책에 대한 성찰과 남남갈등의 대안



지은이 | 조한범·이정우·허태회·전재성·임을출·김학성·김병로
펴낸이 | 김종수
펴낸곳 | 도서출판 한울

편집책임 | 조인순
편　집 | 박준규

초판 1쇄 인쇄 | 2014년 2월 28일
초판 1쇄 발행 | 2014년 3월 14일

주소 | 413-756 경기도 파주시 파주출판도시 광인사길 153 한울시소빌딩 3층
전화 | 031-955-0655
팩스 | 031-955-0656
홈페이지 | www.hanulbooks.co.kr
등록 | 제406-2003-000051호

Printed in Korea.
ISBN 978-89-460-5670-1 93340(양장)
978-89-460-4835-5 93340(무선)

* 가격은 겉표지에 표시되어 있습니다.
* 이 도서는 강의를 위한 학생판 교재를 따로 준비했습니다.
강의 교재로 사용하실 때에는 본사로 연락해주십시오.